THE LOGIC AND LIMITS OF BANKRUPTCY LAW

破产法的逻辑与限制

〔美〕
托马斯·H. 杰克逊 著
Thomas H. Jackson

马学荣 / 译

陕西新华出版
陕西人民出版社

图书在版编目（CIP）数据

破产法的逻辑与限制 / (美) 托马斯・H. 杰克逊（Thomas H. Jackson）著；马学荣译 . — 西安：陕西人民出版社，2023.6

ISBN 978-7-224-14969-2

Ⅰ . ①破… Ⅱ . ①托… ②马… Ⅲ . ①破产法—研究 Ⅳ . ① D912.290.4

中国国家版本馆 CIP 数据核字（2023）第 106519 号
著作权合同登记号　图字：25—2023—173

责任编辑： 白艳妮
整体设计： 白明娟

破产法的逻辑与限制
POCHANFA DE LUOJI YU XIANZHI

作　者	〔美〕托马斯・H. 杰克逊
译　者	马学荣
出版发行	陕西人民出版社 （西安北大街 147 号　邮编：710003）
印　刷	西安市建明工贸有限责任公司
开　本	787 毫米 ×1092 毫米　1/16
印　张	19
字　数	250 千字
版　次	2023 年 10 月第 1 版
印　次	2023 年 10 月第 1 次印刷
书　号	ISBN 978-7-224-14969-2
定　价	45.00 元

如有印装质量问题，请与本社联系调换。电话：029-87205094

托马斯·H.杰克逊 罗切斯特大学杰出政治学和工商管理教授，罗切斯特大学名誉校长。1975年在耶鲁获得法学博士学位（JD）。1994年至2005年，任罗切斯特大学（University of Rochester）校长。在杰克逊校长工作期间，该大学经历了一系列重大发展，包括将独立的学校整合到文、理、工学院；大学主要部门的权力下放。实施全国著名的复兴计划，显著提高了学院学生的质量；其破产法和商法教材被全美各地法学院使用。曾担任美国最高法院特别主事官，处理涉及美国各州的经纪公司无人认领股息处置纠纷。弗吉尼亚大学前副校长兼教务长。弗吉尼亚大学（University of Virginia）法学院前院长。曾在斯坦福（Stanford）、哈佛（Harvard）和弗吉尼亚大学法律系任职。1975—1976年，在纽约担任美国地方法院法官马文·E.弗兰克尔（Marvin E. Frankel）的助理。1976—1977年，担任最高法院法官威廉·H.伦奎斯特的助理。

马学荣 中国政法大学法学博士，国际破产协会会员。主要研究方向为破产法、经济法。先后参与或主持了国家级、省部级、厅局级课题十余项。研究成果或译作分别在《征信》《比较》《破产法论坛》《破产法茶座》等刊物上发表。论文分别在困境企业拯救与特殊资产投资征文活动、南方破产法论坛等荣获二等奖、三等奖。

献给理查德（*Richard*）

前　言

这本书是过去五年来我在教学和写作中努力使破产法变得有意义的成果。我越来越深刻地认识到智性上的融汇构成了破产法的基础。正如我希望证明的那样，它的第一性原理是少而精的。然而，与此同时，我已经确信，破产法影响并需要考虑法律领域几乎所有其他主要的实质性领域，这一事实经常使这种融汇变得模糊。它往往导致破产分析者在对特定的互动做出特别的反应时，忽略了破产法第一性原理。如果本书能促使分析家们在分析破产问题时思考第一性原理，那么这本书的目标就实现了。

比起我所倡导的任何具体解决方案，我更相信在这几页中概述的原理在解决问题方面的有用性。写这本书的一点优势是我回溯了我的早期作品并尝试将其整合起来。在这样做的过程中，以及在回应他人的工作时，有时我会发现自己的观点发生了微妙的变化，确切地说，在一些情况下，也会发生相当戏剧性的变化。我毫不怀疑我的观点会继续演进（evolve）。如果一门学科要保持智性上的活力，那就理应如此。然而，我也发现，我对破产分析的第一性原理的观点随着时间的推移也在增强。

这本书反映了我对当前破产法的思考。尽管如此，部分内容还是大量借鉴了一些以前发表的作品。第 1、3、5 章的部分内容反映了《破产、非破产权利和债权人的讨价还价》［“Bankruptcy, Non-Bankruptcy Entitlements, and the Creditors’ Bargain,” 91 Yale L.J. 857（1982）］；第 2、4、5 章的部分内容反映了《将资产与负债转至破产程序》［“Translating Assets and Liabilities to the Bankruptcy Forum," 14 J. Legal Studies 73（1985）]；第 3 章和第 6 章的部分内容反映了《破产中的撤销权》["Avoiding Powers in Bankruptcy," 36 Stan. L. Rev. 725（1984）]；第 7 章的部分内容反映了贝尔德（Baird）和杰克逊（Jackson）《公司重整与不同所有者权益的处理：破产中担保债权人的充分保护》["Corporate Reorganizations and the Treatment of Diverse Ownership Interests: A Comment on Adequate Protection of Secured Creditors in Bankruptcy," 51 U. Chi. L. Rev. 97（1984）]；最后，第 10 章和第 11 章的部分内容反映了《破产法中全新开始政策》["The Fresh-Start Policy in Bankruptcy Law," 98 Harv. L. Rev. 1393（1985）]。

这本书很大程度上要归功于很多人，其中有几位是我的学生，他们迫使我思考（并修改）我的一些试探性的和不那么试探性观点的内涵。约翰·艾耶尔（John Ayer）、罗伯特·克拉克（Robert Clark）、弗恩·考垂曼（Vern Countryman）、西奥多·艾森伯格（Theodore Eisenberg）、罗纳德·吉尔森（Ronald Gilson）、路易斯·卡普洛（Louis Kaplow）、安东尼·克朗曼（Anthony Kronman）和史蒂文·沙维尔（Steven Shawell）对书稿的各个部分都提出了有益的意见。然而，我最大的智性之债要归功于一位经常合作的人——道格拉斯·贝尔德（Douglas Baird），他在处理破产法的很多内容上与我发生了思维碰撞，激发了我无数个小时的思考。这本书在很多方面有他的促进。最后，我要感谢邦妮（Bonnie），当我试图将我的想法写在纸上时，她一直支持着我，陪我度过漫长而紧张的时刻，她挑剔的眼光使这本书更易于阅读。

T.H.J

中文版序言

我从事法律教学之初，在法学院只参加了一次公司重组研讨会（也就是说，我没有上过标准的破产课程，因为在20世纪70年代初，当我还是一名法学院学生时，美国的破产法几乎是一门落后的学科）。我最初主要关注的反而是个人财产领域的担保物权和合同法。但我所在的法学院，即斯坦福大学法学院，需要一名常驻教员来讲授破产法，而我是合乎常理的人选。1981年秋，我开始授课，时值美国颁布了一项新的破产制度，即1978年的《破产法典》，该法典在措辞和章节编号上——有时在实质内容上——都与之前的《1898年破产法》大相径庭。因此，我认为现有的案例书册用处不大，决定制作自己的课程材料，包括1898年《破产法案》中的一些“经典”破产案例，以及涉及1978年《破产法典》的早期意见中提出并解决的一些问题，大部分（尽管不完全是）来自破产法院中破产法官的意见。

这便给我提出了一个关于如何讲授这门课程的结构层面的问题。在我早期关于个人财产的担保物权和合同法的著作中，我一直对“为什么”这个基本问题很感兴趣。这就是（例如）：当乍看之下赋予一个债权人（担保债权人）优先权（从而降低利率）只会导致其他无担保债权人收取的利率上升时，我们为什么要建立个人财产的担保物权制度？为什么这不是一场零和“博弈”？

我决定按照同样的主题来编排我的破产课程：在一个已经有非破产收债程序的世界里，一个独立的破产法律制度有什么意义？一个独立的破产法律制度带来了什么有用的而不是重复的东西，或者更糟糕的是，在选择此制度而非彼制度时受到操纵？而且，从这个角度来看，1978 年的《破产法典》在条款方面的表现如何？

因此，至少对我来说，我确定破产法做了两件事情，从根本上说与其他已经存在的以个人为中心的收债制度非常不同，而这需要成为审查的重点。第一，在所有债务人（即个人、公司、合伙企业）的背景下，集体（collective）收债和分配制度的意义或优势是什么？如果有这样的优势，它如何影响我们在 1978 年《破产法典》中看到的各种条款？第二，但是（but）在我看来，这只与债务人是个人的情况有关，为什么我们观察到对基本债务的免责：所谓的“全新开始”政策？而且，重要的是，从某种意义上说为什么这种免责是“强制性的”，比如说，个人不能放弃其在破产中“免责”债务的权利以换取较低的预先利率？［我认为这只与个人有关，因为“免责”本质上是一种工具，可以将未来的收入和资产——核心是人力资本——从预先存在的债务中解放出来。在我看来，公司不需要“全新开始”，因为根据适用的非破产法，债权人最终拥有公司 100% 的股份（包括它可能创造的任何未来收益），虽然权益股东在资不抵债公司的利益可能会被抹去，但这只会影响他们在公司中的利益，因为股东受到公司“有限责任”理论的保护，使其免受债权人超越股票所有权的影响。考虑到这一点，没有“公司”等同于“人力资本”，其可以通过单独的破产制度免责以从现有债权人手中解放出来。］

因此，有了这些基本的“为什么”问题，我试图首先挖掘一个合理的答案。既然个人收债制度已经存在，为什么还要建立一个集体收债制度？为什么在破产程序结束时，强制免责个人先前存在的债务？

对于第一个问题——为什么是集体破产制度——我的“突破性”见解来自标准的经济分析：答案是对某种形式的“公共池塘”或“集体行动”问题的回应。就像许多人在一个湖里捕鱼一样，为了限制个人今天的捕鱼，以便在湖里留下鱼来繁殖和提供未来的鱼进行捕鱼的规则集体化——典型的“公共池塘”或“集体行动”问题（因为湖泊的“唯一所有者”可以按照唯一所有者的最佳利益来实现这一结果），因此，破产单独收债制度的理由同样也可以被看作是基于这样一种可能性，即有时债务人的资产维持在一起比分开的价值更高，而当有多个分散的债权人时，在现有的单独收债制度中，要实现这一点并不容易。因此，我设想了一个单独的破产制度的根本理由是（暂时搁置对个人的“全新开始”政策），它的存在是为了解决类似的“公共池塘”或“集体行动”问题，通过将资产集中在一起，同时对债权人相对于资不抵债债务人的权利进行排序（根据定义，资不抵债的债务人没有足够的资产来全额支付所有人）。

有了这种洞察力，我们可以看看1978年的《破产法典》，并看到其中许多条款的智慧，尽管（据我所知）很少（如果有的话）是在明确考虑这一愿景的情况下通过的。偏颇性清偿法的“回溯”，是为了收回单个债权人在破产前夕拿走的资产，以避免在集体制度中受到限制（以及“撤销权”，其达到类似的活动）。为什么债务人可以选择在待履行的合同中“承继”该合同（得出的结论是资产部分的价值超过负债部分的价值）或“拒绝履行”该合同的结论（得出的结论是负债部分的价值超过资产部分的价值）。在处境相似的债权人之间按比例分配规则。诸如此类，不一而足。

与“公共池塘”或“集体行动”合理结合起来，我看到了一个平行的原则：为了避免在个人收债制度和集体收债制度之间“挑选法院”（例如，破产），集体收债制度应尊重存在于破产之外的权利，除非任何此类权利从根本上与单独的破产制度的基本理由相冲突。在这两个关于所有债务人破产法的见解中——集体行动和尊重非破产权利——基本上就是我1986年那本书的书名，它强调了破产法的“逻辑”（例如，“集体行动”）及其“限制”（例如，不改变非破产权利，除非这是集体收债制度的基础）。

有了这些见解以及它们逐渐被破产世界的大多数人所接受，1978年的《破产法典》及其解释就发生了变化。也许这在公司重整的情况下最为明显，公司重整不是遵循1978年《破产法典》第11章的“限制性谈判”规则，而是在很大程度上演变为以“持续经营”的方式出售资产，然后在破产程序中将收益分配给债权人。事实上，这一基本思想构成了我和斯坦福大学胡佛研究所（Hoover Institution）一个工作组的其他成员在大约十年前提出的一项提案的核心，该提案旨在解决“具有系统重要性的金融机构”的破产问题——基本是“一夜之间”破产，其中金融机构的资产被转移到一家新成立的金融机构，该机构在全世界看来基本上是无债务的，而新成立的金融机构的所有权将由“旧的”具有系统重要性的金融机构的债权人来分配。虽然我相信这一观点的有效性显示了几十年前在《破产法的逻辑与限制》一书中提出的原始著作的演变，但不幸的是，虽然纳入该解决方案的法案在美国众议院多次轻松通过，但它们在美国参议院从未取得任何进展。

虽然上述内容解决了在个人收债救济措施之上建立集体收债制度（例如，破产）的正当性，但它没有解决我所认为的个人“免责”的根本不同的问题，即所谓的“全新开始”政策——其基本目的是将个人的人力资本从先前存在的债务中释放出来。为什么在个人债务人和债权人之间的合同中不能放弃这一点，以换取债务人的较低利率？为什么破产法要通过强制免责债务来“阻止”这种合同？

在这里，我的基本见解来自于当时的认知和意志心理学研究［特别是阿莫斯·特维斯基（Amos Tversky）和丹尼尔·卡尼曼（Daniel Kahneman）的研究］，侧重于个人的“冲动控制”和认知“缺陷”。也就是说，一个人可能存在严重的处理“缺陷”，这将导致个人过度沉迷于信贷（“冲动”）和/或对个人偿还债务的能力过度自信（“认知”）。如果这些都是真的，而且我假设其他地方有大量的经验证据证明它们是真的，那么确实有合理的理由进行强制免责。除此之外，还有一些原因使得一些债务仍然不能免责。（例如，与其他形式的债务相比，允许个人获得人力资本的债务可能对该人力资本的收益——未来收入——有更高的要求。）

以上就是《破产法的逻辑与限制》是如何产生的“历史”。事后看来，这一切发生得如此之快，对我而言是不可思议的。虽然我在 1986 年出版《破产法的逻辑与限制》后继续在该领域工作，但该书中的观点都是在 1981 年至 1986 年大约五年期间内形成的（我发表的第一篇探讨这些观点的文章出现在 1982 年）。虽然我当时并不认为这有什么了不起，但 35 年后，回过头来看，这在我看来是短时间内的大量智力产出。我相信，尽管世界继续在发展，今天的参与者看起来与我开始工作时的普通参与者大不相同，但基本的洞察仍然有效，即使只是为了表明，有时"集体行动"的程序并不是必要的，因为存在一些大型债权人实体，他们可以在破产之外（或在"预重整"破产中）实现几乎相同的结果。或者，正如大卫·斯基尔（David Skeel）教授和我在 2012 年《哥伦比亚法律评论》（Columbia Law Review）的一篇文章［《交易一致性和破产中的新金融》（Transaction Consistency and the New Finance in Bankruptcy）］中试图展示的那样，人们可以利用《破产法的逻辑与限制》中概述的工具，探索对新形式信贷（如互换、衍生品和回购）的合适的破产处理。

我相信，与之相关，同时考虑基于这些根本性前提的破产制度如何"适合"或在另一个国家"发挥作用"，比如中国——重要的是要理解《破产法的逻辑与限制》中所阐述的是前提，而非严格束缚。因此，虽然后来我（与其他人）在调整破产以应对具有系统重要性的金融机构方面的工作从未被颁布为法律，但 2010 年的《多德—弗兰克华尔街改革和消费者保护法案》（Dodd-Frank Wall Street Reform and Consumer Protection Act of 2010）——该法案是美国国会对 2008 年至 2009 年期间金融危机的回应，这场危机主要是由金融机构引发困难造成的——该法案制定了一个框架，使联邦存款保险公司（FDIC）能够做同样的事情，用美国人的话来说，这表明确实有不止一种方法可以"解决问题"（skin a cat）。换句话说，解决破产的地方不需要是"司法的"，就像在美国大多数情况下一样，破产法院和美国地区法院是破产程序的焦点，破产法也不需要"托管人"。一个类似破产的程序很可能在一个行政机构的程序中进行，由该行政机构遵循相同的基本前提。

因此，不同的国家也可能对个人不可免责的债务有不同的看法，比如说，得出结论认为某些教育贷款不值得为构建人力资本而获得信贷（这在美国是，或者说应该是美国的一个“真正的”问题，因为有许多有问题的营利性“教育”机构在发放贷款）。或者关于免责和不免责非合意债务之间的权衡，例如，因侵权行为产生的债务，因为合意债务和非合意债务之间的“意志”和“认知”的启发式框架可能存在显著差异。或者社会是否有其他机制，使个人的认知和意志问题不那么严重，从而不那么需要破产“解决方案”。或者一些（或大多数）个人债务人是否应该在用现有资产或人力资本（未来收入）“支付”之间做出选择——1978年《破产法典》第13章赋予一些个人这样的选择（最近还扩大了范围，尽管目前将于2024年到期）。

诸如此类的判断需要从基本前提开始，而不是否认这些前提。《破产法的逻辑与限制》中的前提是开始的地方，从这些前提出发进行分析必然遵循一个高层次的路线图，该路线图的精确细节可以而且应该由当地的规范和经验来填补，并根据一些基本假设的变化（例如，小而分散的债权人是规范——我在20世纪80年代初期使用的前提），或其他新兴手段［如“自救（bail in）”债务］进行调整。分析框架的一个伟大之处在于，框架内的调整永远不会结束，永远不会超出创造性的智性思考。这本书，当时和现在一样，是思考破产和破产法及其在社会中的地位的一个起点，而不是一个成品。

最后，我要认可并感谢马学荣女士在将《破产法的逻辑与限制》翻译成中文方面所做的出色（incredible）工作。马学荣不仅完成了艰巨的翻译工作，还仔细地与我核对了几点，以确保翻译的准确性和完整性。我很荣幸这项工作是在如此用心的情况下进行的。

推荐序

“我想不出任何一本关于破产的书在广度和理论上都能与这本书相媲美。”

——安东尼·科隆曼（Anthony Kronman）

耶鲁大学法学院

随着有关现金充裕的公司申请破产法第11章的头条新闻愈加频繁地出现，破产法被公众们严格地审查。批评者认为，不负责任的公司和个人可能正在不公正地使用破产法。本书写作精妙，法律学者托马斯·H.杰克逊确定了破产法的基本原理，并对其主要问题进行了经济/心理分析——这一框架使其将该领域视为一个整体，而不是作为不同的政策和历史构建的集合。

杰克逊教授首先处理了利用破产来调整债权人之间的关系，他表示，个别债权人将试图尽可能多地收回破产公司的资产。债权人必须采取集体行动，根据破产前存在的应享权利的优先权来分配资产，这样才能使资产价值最大化。

这一主张影响广泛，杰克逊教授论证精当、令人信服，而且详细研究了采用这一主张的各种后果。他讨论了当今破产政策中最有争议的几个问题，包括在破产中对集体劳动协议的处理，以及对Manville破产案中涉及的未到期侵权索赔的承认。他深思熟虑分析后得出的结果与他的经济框架一致，但不支持单一的政治意识形态。

然后，谈及个人债务（而非公司债人）的财务全新开始的权利时，杰克逊借鉴了心理学的最新观点，解释了为什么存在这种权利，以及为什么不能放弃这种权利。

通读全文，他提供了一个全面的方案来评估现有破产制度的主要特征，并将其与过去和未来的可替代方案进行比较。本书引人入胜，不仅会引起专家的兴趣，也会激发那些想更多了解破产制度及其在法律体系中地位的人的阅读兴趣。

译者序言

“遨游”于破产法浩瀚“海洋”以来，我发现了自己的学术热爱，在我的心里也种下了探索破产法基本原理的种子。美国破产法历史悠久、几经迭代，已然成为世界先进的破产法之一，被一些国家破产立法所借鉴。第一次翻开托马斯·杰克逊教授所著的《破产法的逻辑与限制》时，我被其深邃的思想、清晰的表达所触动。此书发表于 1986 年，至今有近 40 年的“书龄”，是一部诠释美国破产法基本原理的经典著作，在美国乃至全球破产法界享有盛誉。时至今日，书中的观点并不过时，对于解决错综复杂的破产问题仍然富有启发性与警示性，提醒我们注意破产法的适用限制。正如杰克逊教授在中文版序言中所说，“《破产法的逻辑与限制》中的前提是开始的地方，从这些前提出发进行分析必然遵循一个高层次的路线图，该路线图的精确细节可以而且应该由当地的规范和经验来填补，并根据一些基本假设的变化……进行调整”。这一清晰的路线图跃然纸上。

作者杰克逊教授的履历富有传奇色彩，他在美国享有崇高的学术声誉，本书深为学术界、实务界所瞩目。杰克逊教授不仅在耶鲁获得法学博士学位，还是罗切斯特大学杰出的政治学与工商管理教授，罗切斯特大学名誉校长。在他任职期间，罗切斯特大学经历了部门权力下放、学校整合与实施美国复兴计划等。同时，杰克逊教授富有法律实务工作经验，曾先后在纽约担任美国地方法院法官马文·E. 弗兰克尔（Marvin E. Frankel）的助理，以及最高法院法官威廉·H. 伦奎斯特（William H. Rehnquist）的助理。

在翻译过程中，我时常能感受到破产法的魅力、深邃与广博，杰克逊教授行文流畅、逻辑缜密、知识底蕴深厚，表达富有启发性与趣味性，将其深刻的洞见与观察以尽可能清晰的、简洁的文字表达出来，将破产法的作用、确定负债、改善负债、确定可供分配的财产、待履行合同、破产时机、重整、全新开始政策、免责范围与豁免财产等有关重要主题，沉淀于 20 余万字的书稿中。教授在引言部分阐述了破产法的第一性原理，并认为“先确定第一性原理是有帮助的……可以通过定义这些原理在现有社会、经济和法律世界中的潜在运作来发展这些原则，从而准确地确定破产法应包含什么内容，如何实现其目标，以及对其执行能力的限制……将破产法的规范性观点与已颁布的《破产法》进行对比，看看现有制度是否以及在多大程度上遵循了原理所建议的路径是恰当的。”整本书的内容发端于此，作者非常关注第一性原理，并进行了深入阐释与论证。

例如，本书第 2 章“确定负债和非破产法的基本作用”，作者认为破产的基本程序“旨在改善一个常见的公共池塘问题”（common pool problem），并且认为触发破产的前提是“当且仅当符合债权人整体利益”；维护整体利益，还需要分开处理两个问题，即资产池价值最大化（将破产法限制在此处）与法律如何分配权力给任何现存的资产池。又如，第 11 章“免责范围与豁免财产”，作者认为财务全新开始政策代表了破产法的“独立实质性目标”，作者进一步对不受债权人影响的资产种类、免责的效率与豁免财产的属性、为执行社会规范拒绝获得免责等内容进行了规范性分析，其中，作者分析免责的本质是“释放债务人的人力资本”的一种手段，但随后又提出新的问题，即“为什么一个人应该因为他在过去所犯的任何错误而被拒绝免责呢？”紧接着便如抽丝剥茧一般探索答案。

全书围绕破产法的逻辑与限制展开，尽管不同章节内容独立于彼此，但是作者在“破产法双重作用”的基础上提炼出贯穿始终的破产法逻辑，将书中每章的内容、不同章节中的相关内容紧密联系，例如，第 2 章、第 3 章研究的主题是破产中的负债，第 4 章研究的主题是破产中的资产，这 3 章是对作者在“引言”部分关于破产法作用的观点的“充实”，分别对“资产”与“负债”主题进行研究，解释了为什么“将破产程序视为至少保护特定的非破产权利的相对价值，而不是权利本身”，以及确定资产和负债有助于“确定债务人可分配给特定债权人的财产”；在阅读第 9 章“重新考虑重整”时，我们需要回溯到第 1 章作者对“公共池塘问题”的分析，在此基础上，作者进一步论证并指出在重整中与破产有关的一个问题是“在给定初始权利的情况下，如何最恰当地部署公司的资产组”。类似的内容不胜枚举，这样的巧妙安排贯穿于整本书。因此，这意味着在阅读中，如果读者想进一步理解作者的观点，理解破产法的“逻辑与限制”，可以按照作者显性的或者隐性的提示，翻阅到相应的章节仔细学习或比较，才能“发现”这些逻辑或限制是如何形成或者存在的。

原著出版于 1986 年，这一年 12 月 2 日，《中华人民共和国企业破产法（试行）》通过，直至被 2006 年 8 月 27 日通过、2007 年 6 月 1 日起施行的《中华人民共和国企业破产法》废止，这样的时空“巧合”，引发我在理论层面与实务层面的思考，并给杰克逊教授发了一封邀请信，邀请教授为本书中文版撰写前言，教授欣然应允。让我欣喜的是，在教授专门为本书撰写的中文版序言中，杰克逊教授回溯了这本书的写作“背景”，比如作者结缘于破产法时所处的时代背景，斯坦福大学法学院选择杰克逊教授讲授破产法的缘由，破产法课程是如何组织建构的，以及本书在适用于中国或其他国家的过程中值得注意的事项等；而且，作者一如既往地、有逻辑地运用这本书的原理对今日美国的新破产问题进行合理分析，比如个人破产问题、预重整问题等。教授撰写的中文版序言，宛若一场穿越时空的对话，揭开了这本书的更多故事，并分享了他对今日破产法的真知灼见。

这里，要真诚地感谢美国道格拉斯·G. 贝尔德（Douglas G. Baird）教授、何塞·加里多（José Garrido）先生、梅丽莎·米德（Melissa S. Mead）女士等，在翻译中为我提供的友好且善意的帮助或建议，这些努力让翻译过程更为顺畅。

我在翻译书稿过程中，几乎每个词、句、段、章经历了第一版到第十几版的打磨过程，每每想到原著的学术价值与经典口碑，我便不断地提醒并鼓励自己，要有“铁杵磨成针”的耐心、细心、信心与恒心，要竭尽全力精准地翻译，使中文版趋近于原著具备的品质。为了精准掌握词义、弄懂背景知识，我会通过阅读相关英文参考文献、查阅比对多个专业英美法词典、结合上下文理解，以及精读国内经典的破产法作品或者译著，比如出自李曙光教授、王欣新教授、李永军教授、徐阳光教授、许德峰教授、韩长印教授、赵炳昊教授、郭帅老师、何欢老师等。

对译著一轮又一轮的打磨中，我愈发体会到这本书里蕴含的智性之美，作者用“匠心”打磨了一本关于破产法基础逻辑与限制的经典作品。这种“匠心”深刻地感染着我，我用百分之百的努力呈现出这部不尽完美的译作——作者知识功底雄厚、语言表达风格鲜明，且原著内容覆盖法学（包括破产法与非破产法）、法律经济学、逻辑学等，加之译者水平有限，翻译谬误难以避免，还请各位读者不吝赐教、多多包涵。

在书稿完成后，我将翻译、校对中遇到的若干疑难或重点词语（如 forum、law、even、lien、limit 等）、句子或段落等进行了整理——这些看似简单，但有着多项含义的词语、复杂的内容，如果翻译不精准，将直接影响读者对原书内容的理解，也难以真实延续作者的表达艺术——我尝试尽可能原汁原味地保留原著风格。经过反复推敲后仍然无解，于是我将整理好的问题请教杰克逊教授，教授的答复是清晰、完整与明确的，并将不同词语之间的区别与联系予以阐释、对比，将复杂的句子等展开分析与阐释，并询问我是否能够理解他的书面答复。当我将这些答复“还原”到原文中重新理解时，才逐一化解了卡顿或疑难之处。相应地，我对译作予以修改，或以“译者注”等形式融入文中，便于读者理解。此外，就本书题目的翻译而言，杰克逊教授也给予了详尽且清晰的阐释。最终，杰克逊教授在中文版序言中表达了对我的认可，我感到很荣幸。

在过去的一段岁月里，有幸联系到教授并多次得到教授的建议、帮助与提醒，令我受益匪浅。非常感谢杰克逊教授。我深感杰克逊教授是一位谦逊、博学、严谨与耐心的教育家、法学家，他的品质潜移默化地影响了我，不仅激励我“雕琢”好这部译作，也启发了我对当前破产法的新问题、新挑战与新机遇进行思考与研究。

感恩母校中国政法大学，这里的历史人物、良师益友，这里的学术氛围、求知热情，这里的高洁玉兰、丰富馆藏，以及第一次参观“钱端升纪念馆”时“老院长”的生平之旅带给我的震撼与深思……这些都是我生命中珍贵的礼物，潜移默化地影响我的知与行，润物无声地滋养我的学术素养与家国情怀，让我得以心无旁骛地遨游于破产法的浩瀚海洋，为我心中探索破产法基本原理的种子灌溉养分。

感谢陕西人民出版社的相关工作人员，你们的付出让译著更加完善。尤其感谢本书的责任编辑白艳妮女士，她慧眼识珠认可本书翻译的价值，在编辑、出版过程中给予大力的帮助支持，与出版社工作人员齐心协力，在书稿交付后进行了大量琐碎且细致的编辑工作，为本书注入更多有益的改动，包括内容、格式等，让中文版得以面世。

感谢我亲爱的家人们，特别是已经离开我们的外公，总在我人生的关键时刻给予我富有建设性的建议，培养儿孙感恩品质、家国情怀，感谢我的父亲母亲，感谢我的先生，始终关心我的生活与健康，在这段漫长、简单而充盈的岁月里陪伴我。

本书的读者也许是学者、法官、律师、学生，或者是其他对破产法有着浓厚兴趣爱好的人们，开卷有益，无论泛读还是精读本书，都会有所收获、有所启发。正如杰克逊教授所述，智性上的融汇构成了破产法的基础，破产法的第一性原理是少而精的。杰克逊教授力求将破产实践中混沌的融汇状态予以撇清，激发人们保持智性上的活力，如果读者在阅读中感受到了“问渠哪得清如许，为有源头活水来”，那么，作者的目标就实现了，我的目标也就实现了。

马学荣

2023 年 6 月

目录

引言

破产法的双重作用

1 破产法已经存在，尽管是间歇性的，但几乎与信贷的历史一样悠久。它的起源可以追溯至罗马法时代；事实上，它的名字来自意大利城邦法规，它被称为 banca rupta，因为中世纪的习俗是打破携带债权人财产逃跑的银行家或商人的长凳。[1] 在这个领域经历了一段几经沉浮的起步之后，1898 年以后，它已经成为法律版图的一个固定特征。[2] 但是，只有在 20 世纪 80 年代，破产法才变得流行起来并且在法律上得到重视。随着破产法愈发引人注目，它也变得更具争议性，其有用性也被认为是愈加广泛的。例如，现在很流行的一种说法是，破产法的目标之一是维持公司的持续运营。同样流行的一种观点是，破产法彰显其自身实质性目标，需要与（其他法律中）劳动法、环境法或担保债权人或其他财产债权人的权利进行“平衡”。[3]

2 所有这些命题都源于一个本质上的真相：破产法可以用以维持公司的运

1. Treiman, “Acts of Bankruptcy: A Medieval Concept in Modern Bankruptcy Law,” 52 *Harv. L. Rev*. 189（1983）. 1542 年，国会颁布了一项“反对破产者法案”（Act Against Such Persons As Do Make Bankrupt）, 34 & 35 Henry VIII, ch. 4（1542）. See generally Treiman, “Escaping the Creditors in the Middle Ages,” 43 *L.Q. Rev*. 230（1927）.

2. 国会于 1800 年通过了第一部破产法案，2 Stat. 19；它于 1803 年被废除。1841 年，它被再次引入，5 Stat. 440，18 个月后再次被废除。国会于 1867 年通过了另一项破产法案，14 Stat. 517；该法案于 1878 年被废除。1898 年《破产法案》（The Bankruptcy Act of 1898）是美国第一部“永久性”破产法；直到 1978 年被现行的《破产法典》所取代，它才得以延续（经过大量修订，尤其是在 1938 年）。通常，See C. Warren, *Bankruptcy Law in United States History*（1935）.

3. 例如，一个案例将破产法的使命视为维持公司继续运营，并认为有必要限制对担保债权人的保护，see *In re* South Village, Inc., 25 Bankr. 987（Bankr. D. Utah 1982）, 这是拉尔夫·马贝（Ralph Maby）撰写的一份意见书，他可能是当时法官席上最受尊敬的破产法官。

营，但不可避免的是破产法会触及其他法律体系。但是没有任何政策反映出破产法在历史上的功能（historical function），而且没有充分关注将这些政策引入破产法将如何影响其长期作用。通过本书，我希望阐明破产法在实现其历史目标方面的重要性，以及这一概念对破产政策隐藏的限制。我相信我对破产法存在之目的的观点几乎是毋庸置疑的。但这种被广为接受的关于破产法应该做什么的观点也带有一定的局限性，其表明破产法不应该做某些事情。就像太多的香料会破坏汤的原有味道一样，在破产法中加入太多东西也会破坏每个人都认为它最初应该做的事情。

当一家公司对其所有者来说，活着比死了更有价值时，破产法能够（can）而且应该（should）帮助它继续经营下去。然而，这与说让企业继续经营是破产法的一个独立目标相去甚远。并非所有的企业对其所有者或社会来说，活着比死了更有价值，一旦人们认识到这一点，就必须确定破产应该帮助哪些企业以及为什么要这么做。说破产法的“存在”是为了帮助企业继续经营根本无助于划定这条界限。反之，一个关于破产法能够和应该做什么的理论是必要的。

此外，由于破产法在调整债权人和其他所有者之间的权利时影响到所有的法律领域，因此，必须处理劳动法、环境法和税法以及担保债权人和其他财产索赔者的权利。所有这些人都有合同的或法定的权利对债务人及其资产主张权利。因此，他们不可避免地受到破产法的影响。但是，说他们受破产法影响是一回事，而将破产法视为包含一系列实体法律权利，而这些其他权利必须与之妥协是另一回事。在得出破产政策需要与这些其他政策相平衡的结论之前，人们必须清楚破产法可以且应该做什么，以及不应该做什么。

在分析破产法时，就像分析任何其他法律制度一样，首先确定第一性原
3 理（first principles）是有帮助的。然后，可以通过定义这些原则在现有社会、经济和法律世界中的潜在运作来发展这些原则，从而准确地确定破产法应包

含什么内容，如何实现其目标，以及对其执行能力的限制。[4]可以将破产法的规范性观点与已颁布的《破产法典》进行对比，看看现有制度是否以及在多大程度上遵循了原则所建议的路径是恰当的。

本书的目的旨在对破产法的基础应该是什么提出建议，然后将有关知识应用于解决各种各样的问题，同时审查《破产法典》的现行规定是否适用于这些问题。这种方法并不独特。在像反垄断、石油和天然气、知识产权和公司金融这样不同且复杂的领域，对互不相关的法律问题的分析通常始于对法律所依据的理论框架。[5]但这种做法几乎是破产法独有的。许多破产分析都有缺陷，因为它在确定所要解决的问题以及为什么它是破产法适当关注的问题时缺乏严谨性。因此，当在破产程序中发现一个新的紧迫“问题”时，法院、立法者和评论家们常常以一种临时的方式来解决这个问题，认为破产法在某种程度上与其他紧迫的社会或经济目标相冲突，甚至可能凌驾于这些目标之上。

我认为这种方法从根本上讲是错误的。破产法的核心是收债法。对此我们都同意。当公司或个人举债时，有时事情不会按照预期发展。出于各种原因，4
如运气不好、农作物歉收、意外侵权责任、不诚实，或其他原因，不可避免的是，一些借款人无法偿还他们的借款。在一个债权人可以要求州剥夺债务人资产的世界里，有必要确定当负债大于资产时该如何处理。这样就产生了两个问

4. 破产法是联邦法，而不是州法。See U.S. Constitution, Art. I, Se. 8, cl. 4. 将其置于此处与我们联邦系统中对州法院属地管辖权力的限制概念有关。例如，在典型的信贷交易中，居住在伊利诺伊州（Illinois）的债务人可能从位于北卡罗来纳州（North Carolina）的信贷公司借款，并可能拥有位于加利福尼亚州（California）的财产。伊利诺伊州影响北卡罗来纳州信贷公司对位于加利福尼亚州的财产征收的权利的权力可能是有限的。See, e.g., International Shoe Co. v. Washington, 326 U.S. 310（1945）. 这一概念既适用于债权人救济，也适用于免责。See Ogden v. Saunders, 25 U.S.（12 Wheat.）212, 358–68（1827）（根据一个州法律的免责不是对另一州公民在另一州法院提起诉讼的抗辩）。同样的问题也可以在国际上复制，例如，自动冻结不会影响在美国没有“合同”的债权人在其境外追讨财产。在这里，礼让是必要的。See § 304.

5. See, e.g., R. Bork, *The Antitrust Paradox*（1979）； R. Posner, *Antitrust Law: An Economic Perspective*（1976）； V. Brudney & M. Chirelstein, *Cases and Materials on Corporate Finance*（2d ed. 1979）； Libecap & Wiggins, “Contractual Responses to the Common Pool: Prorationing Crude Oil Production,” 74 *Am. Econ. Rev*. 87（1984）； S. McDonald, *Petroleum Conservation in the United States*（1970）； Friedman, “The Economics of the Common Pool: Property Rights in Exhaustible Resources,” 18 *UCLA L. Rev*. 855（1971）.

题：（1）我们是否可以对债权人从债务人那里拿走什么进行限制；（2）当没有足够的资产流通时，我们如何决定债权人之间的权利？

许多收债法都解决了这些问题。破产法也是如此，但它是在其他收债法的背景下实施的。事实上，破产法是收债法的一个辅助的、平行的制度。这一地位既决定了它的有用性，也设定了它的局限性。历史上，破产法做了两件事：允许个人全新开始某种形式的财务活动，并为债权人提供了一个强制性的集体程序，以厘清他们对债务人资产的相对权利。与免责有关的政策和全新开始的概念实际上代表了一项独立的实质性政策，该政策是通过破产法制定的，必须与其他关切事项相平衡，最明显的是首先开放信贷市场的概念。它解决的问题是，是否应该对债权人可以从债务人那里获得什么设定限制。

这种财务全新开始的实质性政策，虽然在处理作为个人的债务人时很重要，但在一个重要方面也受到限制。当涉及公司而非个人时，无论是破产法还是其他法律都没有对债权人可以从其“债务人”那里得到的东西加以限制，因为债务人是一个虚构的法律实体。谈论一家公司或其他商业实体需要利用破产来全新开始，是将不少问题混为一谈，其中没有任何问题与给予一个诚实但不幸的人第二次财务上的机会相关。我们可能关心公司资产的有效使用，但如何使用资产是一个不同于给“拥有”资产的个人第二次机会的问题。没有必要给公司章程一个全新的开始。当所涉及的单位是一个公司时，“债务人”总是其他东西的缩写术语——股东、经理、工人或其他什么，我们应该意识到这是我们正在谈论的。为什么我们赋予个人财务上全新开始的权利，而且是他们不能通过合同放弃的权利（尽管他们事实上可以通过其他方式放弃这个权利，以及其他一些权利，例如通过谋杀），这个问题当然很重要，而且
5 它的答案在某种程度上是不确定的，也是有争议的。我们将在第 10 章中回到这个问题的讨论上。

在本书前九章的讨论中，我暂且搁置个人财务全新开始问题的讨论。公司需要一个全新开始的说法反映了一种截然不同的观点——公司应该继续它

正在做的事情。这个问题是资产所有者应该如何使用资产的一个问题，而不是赋予一个人更新其财务生活的权利问题。

资产如何使用的问题是另一个破产法主要作用的关注要点，要弄清其含义将消耗本书前九章的注意力。破产法的这一作用——从历史上看是其最初的功能——是指破产作为一种集体收债手段，它处理债权人（或所有者）之间的权利。但是首先必须明确这意味着什么。一旦人们抛开个人需要财务全新开始的问题，破产法的剩余主要作用一直是而且应该是程序性的而非实质性的。这个目标是允许资产所有者在面对个别所有者最大化其受偿地位的动机时，以最有利于他们作为一个整体来说最具生产力的方式使用这些资产，并非所有的收债规则都是平等的。关于收债的规则实际上会影响债权人可用的资产总额。当人们与公司交易时，问题是如何将资产的所有权从债务人手中转移给债权人，而不是如何将资产留给债务人。但转换过程成本高昂。破产法的核心就是要降低转换的成本。这是破产法公认的起点，也是对破产法应该做什么的限制（limitations）的来源。这是大部分破产法和《破产法典》的大部分条款所致力于实现的目标，我们首先要讨论的正是其相关限制。[6]

6. 需要提出一个可行的假设。我将在前九章中使用的规范模式的经验教训，有时会被一些人否定，他们认为这些教
训是建立在“不现实”的假设之上的，特别是他们假设了某种程度的合理性或计算，而这种合理性或计算根本不存在。
然而，就目前的形式而言，这些批评都没有集中到足以证明对这一规范模型的否定是合理的。认知和意志上的缺陷
与个人行为的分析——免责所涉及的行为类型——更为相关，而不是与机构或市场行为的审查相关。企业投资确实
有市场约束。可以肯定的是，那些系统性地冲动行事或低估投资风险的公司可能会被淘汰，取而代之的是那些更谨
慎地计算风险的公司。然而，这种结果似乎是受欢迎的，而不是不可取的。请记住，一个公司的财务失败与拥有公 6
司的个人的财务失败是不同的。当关注后一个问题时，我们正处于个人财务全新开始的领域，这个话题我们暂时放
在一边。至于前一个问题，没有太多理由认为个人的认知或意志的偏见会导致市场定价机制的任何系统性偏见。例如，
如果这种行为导致个人投资者对一家生物技术公司的最新公开募股做出过度热情的反应，那么更熟练的投资者将能
够利用这一点。由于这些熟练的投资者可能存在，最终的总价格水平（即市场价格水平）不应显示出任何系统性低
估风险的迹象。正是这个因素使我们能够将对个人因素的审查推迟到第 10 章讨论。

1

7 破产法的作用与收债中的集体行动

破产法（Bankruptcy Law）和政策一直备受争议。这种争议不是关于破产法是否应该存在，而是关于它应该做多少。所有人一致赞同破产法是一种集体收债手段。当涉及企业时，破产法是否应该做得更多是争论的关键所在。我计划从这里开始，即通过在本章中确立公认的智慧已经承认的——破产的集体化收债系统，原则上是有优势的。接下来，本书的主要篇幅将涉及探讨如何实现上述优势，以及同等重要的是，把破产视为一种集体化收债手段是如何限制破产在其他方面出色表现的。正是在后一领域发生了大量的矛盾。它之所以存在，是因为破产分析人士未能遵循建立集体化收债体系的第一性原理。本书旨在说明为什么破产的主要作用限制了其可以有效地执行其他功能。为此，我们将首先考察为什么破产法应该做每个人都认为是理所当然的事情。

破产法是对信用的一种回应。信用经济的本质是人（people）和企业——可以称为债务人（debtors）——借钱。就个人而言，信用可以作为一种手段，通过以未来的收入为抵押进行借贷，使得消费模式变得顺畅。对于公司和其他企业，它可能是融资和投资决策专业化的一部分。正如借款的原因多种多样，借款方法也各不相同。典型的债权人可能是银行或其他贷款的金融机构，
8 但这只是授信的众多方式之一。一位分期付款的卖方予以授信。一个工人 12 月 1 日领取其 11 月完成的工作的工资，也是这个道理。政府，当其作为收税者角色时，也会通过授信使得税在一年中逐渐累加并于年末到期。同样，一

位侵权受害者也算得到了授信，其今天受伤了并且必须等到诉讼结束后才能获得赔偿，尽管是非自愿的和（可能）不愉快的。最后，信用不仅仅是由“债权人”授予的。一家公司的普通股和优先股的第一轮购买者也在向债务人借款。他们的还款权是不同的（他们是剩余索赔者），但是将他们视为有明确权利来要求用债务人资产进行偿付，也是合适的。

无论贷款的理由如何、形式如何，提供合意信贷的条件在很大程度上取决于自愿还款的可能性以及强制还款的方法。[1] 在这里，我们关心的不是当债务人有偿付能力时进行付款的方法（即当债务人有足够的资产完全履行所有义务时），而仅是心胸狭隘地或是真诚地讨论债务人是否有付款的义务（因为债务人可能与我们假设的侵权受害者在一起，或者与债务人认为向其出售有缺陷货物的供应商在一起）。当债务人是有偿付能力的，强迫付款的法律补救措施涉及债权人使用州权力（power）来实现其债权的权利（rights）。这是债务人—债权人法（debtor-creditor law）的一个问题，破产法在历史上对此没有补充，至少没有直接补充。

破产法可以被认为从债务人—债权人关系的一个独特方面发展而来的：债务人偿还对债权人 A 欠款的义务对其剩余债权人的影响。只有当债务人没有足够的资金来全额偿还每位债权人时，这个问题才会有特殊的意义。然而，即便如此，仍存在一个成熟的制度可以在不破产的情况下偿还债权人。[2] 与之相关的问题是现有信贷救济体系是否存在任何缺陷，其可以通过被称为破产法的辅助制度加以改善。

为了探究这个问题，从熟悉的事物开始是有用的。破产之外的债权人救 9

1. 非自愿信贷的条款，如侵权债权（也许还有税收债权等），不是通过协商确定的，因此不太可能受到自愿还款可能性或强制还款等事项的影响。然而，其他利益，如侵权规则的威慑作用可能会受到影响。See Schwartz, “Products Liability, Corporate Structure, and Bankruptcy: Toxic Substance and the Remote Risk Relationship,” 14 *J. Legal Studies* 689（1985）; Halpern, Trebilcock, & Turnbull, “An Economic Analysis of Limited Liability in Corporation Law,” 30 *U. Toronto L. Rev*. 117（1980）; Note, “Tort Creditor Priority in the Secured Credit System: Asbestos Times, the Worst of Times,” 36 *Stan. L. Rev*. 1045（1984）.

2. 通常，see S. Riesenfeld, *Creditors' Remedies and Debtors' Protection*（3d ed. 1979）.

济（以及其他正式的、非破产集体制度之外）可以被准确地描述为一种“掠夺法”，表现出先到先得（first-come, first-served）的关键特征。首先对债务人特定资产主张权利的债权人，通常有权从这些资产中首先获得偿付。[3]这就像购买一场流行摇滚活动或歌剧的门票：排在队伍最前面的人得到最好的座位；那些排在最后的人可能什么都得不到。

当问题涉及信贷时，一个人可以在队伍中占有一席之地的方式是多种多样的。有些涉及债务人的“自愿”行动：债务人可以简单地向债权人清偿债务，或者给予债权人某些资产的担保物权，债权人以规定的方式（一般是通过对其债权发出必要的债权公告）予以“完善”。[4]在其他情况下，尽管没有得到债务人的同意，债权人在队伍里的位置仍然是确定的：在法院介入后，债权人可以获得对债务人资产的“执行担保权（execution lien）”或“扣押（garnishment）”。[5]或者，有些时候，通过政府法令赋予特定债权人一个排队的位置，具体是以法定担保权（statutory lien）的形式或其他类似的方式。[6]

虽然确定排位的方法（methods）各不相同，但基本的排序原则是相同的。债权人根据其在特定资产中的排位得到偿付。除少数例外情况，一个人的排位在他获得了资产权益并采取适当措施将其公之于众时就已经固定了。[7]有偿
10 付能力的债务人，就像一场演出，有足够的票可以容纳所有潜在的顾客，而且所有的座位都被认为是同等好的。在这种情况下，一个人的排位问题很大

3. 通常，see Baird, “Notice Filing and the Problem of Ostensible Ownership.” 12 *J. Legal Studies* 53（1983）.

4. 在不动产中，这通常需要在适用的县登记处（recorder）登记信托契约或抵押贷款契约。对于受《统一商法典》（Uniform Commercial Code）第 9 条调整的个人财产，其通常要求在可以适用的一个或多个办事处提交融资声明或由担保方占有该财产。See Uniform Commercial Code §§ 9-302 through 9-305；9-401（1978）.

5. 执行担保权一般是指在行政司法官作出判决并签发执行令状后，在扣押财产时或前后产生的担保权。对于不动产，适用的担保权有时称为判决担保权，它是在将判决记入适用档案时产生的。对于许多种类的无形个人财产来说，如雇主向债务人支付工资的义务或银行向债务人支付银行存款的义务，适用担保权被称为扣押担保权（garnishment lien），它在向雇主或银行送达扣押令时产生，视情况而定。对债权人收债细节的简要概述可在 D. Baird & T. Jackson, *Cases, Problems, and Materials on Bankruptcy* ch.1（1985）中找到。

6. 最常见的标签是法定担保权，尽管其他术语［如法定信托（statutory trust）］也常被使用。See Selby v. Ford Motor Co., 590 F.2d 642（6th Cir. 1979）. 这一点将在第 4 章中有更全面地讨论。

7. 参见，例如，纽约规则（the rules for New York），就包含于 N.Y. CPLR §§ 5202, 5203, 5232, 5234（b），5236.

程度上是无关紧要的。但是，当不足以全部满足所有请求者时，这种排序方法将主要根据人们排队的时间来确定赢家和输家。

破产法的核心问题是，能否设计出一种更好的排序系统，与实施新系统有关的不可避免的成本相匹配。就流行摇滚活动或歌剧的门票，肯定有赢家和输家，撇开价格调整不谈，[8]也许没有比先到先得的原则更好的分配座位的方法了。然而，在信贷领域，有充分的理由认为有一种比先到先得更好的方式来分配破产债务人的资产。

破产法旨在处理的基本问题，无论是作为一个规范性问题还是作为一个积极问题，是当没有足够的资产可供分配时，单个债权人救济制度可能对作为一个整体的债权人是不利的。由于债权人的权利相互冲突，他们的收债努力中有一种使糟糕的情况变得更糟的趋势。破产法回应了这个问题。通过单个债权人救济方式进行收债，会产生一个普遍问题的变种（variant）。描述这个问题的方式之一是多方博弈——一种“囚徒困境（prisoner’s dilemma）”。[9]因此，它具有博弈论者所描述的末期博弈的元素，在这种博弈中，对于作为一个整体的玩家群体而言，合作的基本问题通常会导致不良后果。[10]另一种考虑问题的方式是将其视为一种所谓的公共池塘问题（a common

8. 当一场演出以给定的价格被超额认购时，除非存在有效的倒票法（scalping laws），排在第一位的人可以以市场清算价格（market-clearing price）转售门票。推销商对票面价格的上调可能只是让他（而不是那些排队的人）收取差价。虽然价格调整作为一种分配门票的方式可以说比排队更好，但是，对于我们的目的来说，这是一种我们可以放心搁置的解决方案。债权人催收手段的最终目的是收款。在收款时（与贷款时相反，在贷款时以较低的利率换取安全性可能是有意义的——排在队伍前面的位置），花钱改善自己的排队位置只是一种毫无意义的金钱交换。

9. “囚徒困境”建立在三个基本的前提之上（正如一个公共池塘问题一样）。第一，参与者无法（因为这样或那样的原因）聚在一起做出集体决策。第二，参与者是自私的（或冷酷的、精打细算的）而不是利他的。第三，个人行动所达到的结果比合作解决方案更糟糕。See A. Rapoport & A. Chammah, *Prisoner’s Dilemma*（1965）.

10. 当一个人希望这个游戏被无限次地玩下去时，合作可能是最好的策略——这与制造囚徒困境的必要前提之一是相互矛盾的。See R. Axelrod, *The Evolution of Cooperation*（1984）； Hirshleifer, “Evolutionary Model in Economics and Law: Cooperation Versus Conflict Strategies,” in 4 *Research in Law and Economics* 1（1982）. 然而，当玩游戏的次数具有已知的有限范围时，这是不正确的。接着，它呈现出一个末期博弈的属性，其中占优势的策略是自私的行为。See R. Axelrod, supra. 尽管，破产可能标志着与一个债务人的关系结束，但许多债权人会因为彼此的重复交易而倾向于合作。但并不是所有的人都会期待此类重复交易，一些“害群之马”可能会引发破坏性的资产争夺赛。在Jackson, “Bankruptcy, Non-Bankruptcy Entitlements, and the Creditors’ Bargain,” 91 *Yale L.J.* 857（1982）一文中，我将破产分析为囚徒困境。

pool problem），这是石油和天然气等其他领域的律师所熟知的。[11]

11 在很大程度上，破产法的这一作用是毋庸置疑的。但由于这一作用限制了破产法能做的其他事情，因此，我们有必要考虑这个问题的基础原理，以便我们在考察信贷是否以及为什么会出现这个问题之前理解它的本质特征。车辆会是一个典型的公共池塘的例子，尽管比较简单。想象一下，你拥有一个湖，湖中有鱼，你是唯一有权在湖里捕鱼的人，没有人限制你捕多少鱼的决定。你有能力在今年捕捉所有鱼，然后出售这些鱼，比如说以 10 万美元的价格。[12] 然而，如果你这样做了，明年湖里就没有鱼了。还有一种方式对你来说可能更好，如果你今年捕鱼并出售它们，并把其他鱼留在湖里让它们繁殖，接下来的几年里你也会有鱼，你可能会因此从捕鱼中获得最大的整体回报。假设，采用这种方法，你每年可以赚 5 万美元（根据通货膨胀进行调整）。这样的结果就像拥有每年支付 5 万美元的永久年金。它的现值可能是 50 万美元，比 10 万美元要好，你作为唯一的所有者将限制你今年的捕鱼量，除非有其他因素影响到你。[13]

12 但如果你不是唯一能在这个湖里捕鱼的人呢？如果有 100 个人可以这样做呢？最优解决方案没有改变：最好是在湖里留一些鱼让它们繁殖，因为这样做的现值是 50 万美元。但在这种情况下，与你必须控制自己的情况不同，在实现这一结果的过程中存在一个障碍。如果有 100 个渔民，你不能通过限

---

11. See Hardin, "The Tragedy of the Commons," 162 *Science* 1243（1968）; Libecap & Wiggins, "Contractual Responses to the Common Pool: Prorationing Crude Oil Production," 74 *Am. Econ. Rev*. 87 （1984）; Friedman, "The Economics of the Common Pool: Property Rights in Exhaustible Resources, " 18 *UCLA L. Rev*. 855（1971）.

12. 这个讨论假设没有成本——或者更确切地说，没有把成本排除在外；然而，在这个例子中没有任何内容涉及这个问题。它还假设你对鱼感兴趣只是为了它们给你带来的钱；正如我们将在后面看到的，这种假设也没有什么实际意义。

13. 这些其他因素在数量上可能很少。如果你认为你明年就会死去，你仍然可以将你的捕鱼权传给你的孩子，或者以 50 万美元的价格出售，从其他来源购买 10 万美元的鱼，并将 40 万美元捐给其他慈善机构。只有当你（以及任何可能购买你权利的人）确信世界将在明年终结，或者政府将在明年无偿没收你的权利时，你的最佳策略才可能是在今年尽可能地捕捞所有的鱼。在计算今年的捕鱼量时，你需要权衡各种因素，无疑会面临许多不确定因素。例如，你将估计鱼类的繁殖率和死亡率，酸雨等因素影响未来鱼类产量的可能性，等等。因此，在评估捕鱼量时，你会面临一个概率分布，而且是一个具有一定程度不确定性的概率分布。一旦你做出这个决定，你还会面临一个控制自己的问题。然而，这一切都没有削弱文中的观点：你会尝试采取你认为以现值计算会给你带来最大回报的路径。

制你的捕鱼来确保明年会有更多的鱼，除非你也能控制其他人。那么，你今天可能有动机去捕捞尽可能多的鱼，因为对你来说，最大化你今年的捕鱼量(平均捕捞价值 1,000 美元的鱼）比延迟更好（比如，今年只捕捞价值 500 美元的鱼），而其他人争夺并完全耗尽了资源。[14] 如果你推迟，你的总回报只有 500 美元，因为明年或后年什么也不会剩下。但是，这 100 个渔民每一个人的这种推理，将意味着鱼类资源即将在第一季结束时消失。今年渔民们将平分 10 万美元，但在未来几年，将没有鱼，也没有钱。利己主义导致他们平分 10 万美元，而不是 50 万美元。

需要制定一项规则，以使 100 个渔民都像一个唯一的所有者那样行事。这就是破产法介入的地方，在信贷世界而不是鱼的世界里。非破产法的抢夺规则及其在先到先得基础上对资产的分配，为单个债权人创造了一种激励，使其一旦感觉到债务人的负债可能大于资产时，今天就去排队（例如，通过让治安官执行债务人的设备），因为如果他们不这么做，他们就面临一无所获的风险。然而，由众多个人债权人做出的这一决定，对于债权人整体来说可能是错误的。即使债务人资不抵债，如果他们将资产集中在一起，情况可能会更好。破产提供了一种方式，通过对这些不同的单个债权人施加集体的 13
和强制的程序，使他们像一个人一样行动。然而，与典型的公共池塘解决方案不同，破产法的强制解决方案并非在任何时间适用于所有地方。相反，它与单独的债务催收规则体系并行运行，并在需要的时候可以替代它们。

这是历史上公认的破产法目的，也许本身就没有太大争议。然而，因为对破产政策的更有争议的限制由此而来，更少寓言的和更精确的分析是必要的，确切地说破产法是如何使债权人作为一个群体要更好？要找到这个问题的答案，考虑一个简单、假设的涉及信贷的而不是鱼的例子。债务人有一家小型印刷企业。潜在的债权人估计，债务人（品行端正且不会有不良行为）

14. 注意，这就像囚徒困境一样，假设你是自私的而不是利他的。在有 100 个渔民的情况下，只需要一个自私的人就能打乱其他人的利他主义。因此，这个假设似乎很合理。

有20%的可能性会由于运气不佳、普遍的经济衰退或其他原因而资不抵债。（资不抵债，我指的是债务人没有足够的资产来清偿其债权人的情况。[15]）到了资不抵债的时间点，我会把这个问题说得简单一点，如果零散出售，这家企业的价值预计会达到5万美元。债权人也知道，如果债务人资不抵债且无法偿还债务，他们每个人都将不得不花费1,000美元进行各自的催收工作。在这种情况下，债务人分别向四个债权人借款25,000美元，即债权人1到4。由于债权人知道有这20%的可能性，他们可以在向债务人收取的利率与相关的收债成本中说明这一点。假设每一方都能关注自己的利益，让我们看看是否像在捕鱼的例子中一样，有理由认为这些人会喜欢对自己的行为进行一系列限制（除了家长主义或其他类似的考虑）。

鉴于这些债权人可以留意自己的利益，需要解决的问题是，这些债权人应该如何保护自己。如果债权人不得不通过一个昂贵而低效的系统来保护自己，那么债务人将不得不付出更多以获得信贷。[16]因此，当我们把债权人1至
14 4与债务人放到一起考虑时，相关的问题是：破产体系的可用性会降低信贷成本吗？

这就要求我们努力识别破产的优势可能是什么。然而，识别抽象的优势并不是问题的终点。人们还必须将这些可能的优势与拥有一个破产系统的成本进行比较。需要确定破产系统是否会降低信贷成本需要对费用进行净评估（net assessment）。

首先来看破产的优势。关于湖中鱼的公共池塘的例子表明，集体制度的优势之一是有一个更大的聚生馅饼。在信贷的情况下，这种优势存在吗？在与企业打交道时，答案似乎是“是”，至少在某些时候是这样。使用单个债

---

15. 顺便说一下，这几乎正是破产法中对资不抵债的定义。第101（29）条将破产定义为“指除合伙企业以外的实体，其财务状况是该实体的债务总额大于该实体的全部财产，按公允价值计算，不包括——（i）转移、隐藏或移走财产，意图阻碍、迟延或欺诈该实体的债权人；和（ii）根据本篇第522条规定，可从破产财产中豁免的财产。”

16. 这种调整将在多大程度上导致成本全部转回债务人，取决于信贷的供求的弹性。See Meckling, “Financial Markets, Default, and Bankruptcy: The Role of the State,” 41 *Law & Contemp. Probs*. 13（Autumn 1977）； Weston, “Some Economic Fundamentals for an Analysis of Bankruptcy,” 41 *Law & Contemp. Probs*. 47（Autumn 1977）.

权人的补救方法，可能导致债务人企业因不合时宜地转移债务人必要的经营性资产而零散地解体。如果一个非零散的集体程序（无论是以清算或重组的形式）有可能增加资产池的总价值，那么，用这种程序取代单个救济措施将有利于作为一个整体的债权人。这源于一个司空见惯的概念：资产组合在一起有时比同一资产随风飘散（Spread to the winds）更有价值。它通常被称为持续经营价值超过清算价值的盈余。

因此，债权人集体收债制度最明显的理由是确保债权人在寻求单个补救办法时，不会实际减少未来用于偿还债权的资产的总价值。在我们的例子中，这种情况会发生，例如，一台印刷机可以以 2 万美元的价格出售给第三方，留下 3 万美元的其他资产，但整体业务可以产生足够的现金使其价值超过 5 万美元。[17] 因此，它直接类似于湖中鱼的情况。即使在应该出售资产和拆分业 15
务的情况下，通过将这些资产组合在一起（例如，带有定制模具的印刷机）作为单独的物品出售，也可以增加资产的总价值。

然而，这种优势并不是债权人从集体制度中获得的唯一优势。想想如果没有破产制度，债权人会得到什么（抛开最终的催收成本）。在没有集体制度的情况下，我们例子中的所有债权人都知道，在债务人资不抵债的情况下，前两个债权人到达（并通过）法院（或到达债务人，说服债务人自愿还款）将获得 25,000 美元，第三和第四个债权人将一无所有。除非债权人认为他们中的一个系统地（systematically）更快（或对债务人更友好），否则他们有 50% 的机会获得 25,000 美元，有 50% 的机会一无所获。[18] 然而，一个集体制

17. 造成这一结果的原因很复杂。假设印刷机在第三方手里只值 2 万美元，但在债务人手里价值更高。然而，如果是这样的话，人们可能会认为第三方可以转而以超过 2 万美元的价格将印刷机出售给债务人（使其在第三方手中的价值超过 2 万美元）。事实上，沿着这条路走下去会让人产生这样的疑问：为什么一开始就会出现违约？ See Klein, Crawford, & Alchian, "Vertical Integration, Appropriate Rents, and the Competitive Contracting Process," 21 *J.L. & Econ*. 297, 298–299（1978）. 简而言之，为了我们的目的，信息和交易障碍往往足以允许这种差异存在。

18. 这些假设可能与实际结论无关。由于"竞赛"的存在，一个债权人所拥有的许多特殊优势可能毫无价值。对所有债权人来说，参与或监控这场竞赛代价太大。无论如何，相对排名的不确定性的剩余因素仍将存在，为了所有债权人的利益，可以消除此种不确定性。最后，这样的法律规则会有明显的优势，即假定享有类似法律权利的全部债权人地位平等，而不是钻研对各种因素的逐案审查（case-to-case examination），例如"知识"或者"友谊"。参见第 2 章。

度将确保他们每个人都能得到 12,500 美元。

债权人是否会事先同意一种制度，即在债务人资不抵债的情况下，为债权人提供 12,500 美元的担保，而不是给他们一种制度使其有 50% 的机会获得 25,000 美元——全额支付——以及 50% 的机会一无所获？这个问题的解决实际上取决于债权人有了这个是否比有其他情况更好。有两点理由认为债权人是这样的，即使不考虑持续经营的盈余问题，也不考虑单个收债制度的成本。首先，如果这些债权人厌恶风险，那么得到 12,500 美元的担保好过有 50% 的机会得到 25,000 美元以及 50% 的机会一无所获。即使他们可以分散风险，例如把钱借给很多人。可能更好的办法是在一开始就消除风险。[19] 因此，这代表了进行集体程序的净优势。

16 还应注意到集体程序的另一个可能的优势：个性化的收债方法可能会产生成本（除了 1,000 美元的收债成本）。[20] 例如，由于每个债权人都知道，如果它（it）想得到全额还款，必须“击败”其他债权人，所以它将花时间监督债务人和其他债权人——可能会经常检查法院记录——以确保它在竞赛中不会比第二名差（因此仍然得到全额还款）。虽然这些活动中的一部分或许是有益的，但许多可能不是；它们将只是作为与其他债权人竞赛的成本，并且它们之间会相互抵消。这就像在跑步机上跑步：你消耗了大量的能量，但却一无所获。如果每个债权人都这样做，每个人仍然不知道是否有超过一半的机会能得到全额还款。但从某种意义上说，除非债权人能够彼此谈判达成协议，否则债权人别无选择。每个债权人都必须花掉这笔钱，才能继续参与竞赛，因为如果它不这样做，其他债权人几乎肯定会抢在它前面抵达付款台。当然，

19. 此外，并非所有债权人都能以具有成本效益高的方式实现必要程度的多样化。将不确定性成本降至最低所需的多样化数量可能相当大。See Langbein & Posner, “Market Funds and Trust Investment Law,” 1976 *Am. B. Found. Research J.*1.

20. 如示例中所述，对债权人来说，单个债权人救济成本是 4,000 美元（并且可能还有债务人的一些额外的费用）。破产成本可能（但不一定）会更低。最有可能节省成本的情况是，债权人几乎同时试图收债，正如人们所预期的那样，当得知债务人资不抵债时就会出现这种情况。对反复出现的收债问题进行一次调查，可能比个人主义补救制度中所需要的多次调查的成本要低（对债权人和债务人来说都是如此）。See Weistart, “The Costs of Bankruptcy,” 41 *Law & Contemp. Probs*. 107（Autumn 1977）. 破产程序的其他成本将在第 8 章中考查。

债权人可以决定不想参加这场竞赛，只要在借钱时向债务人收取最后到达的费用，条件是债务人是资不抵债的。然而，债务人不太可能同意为拥有较低优先级条款而向债权人支付额外的费用，因为一旦支付了额外费用，债权人可能会有动机采取措施继续参与竞赛并以这种方式赚钱。[21] 出于这个原因，债权人可能很难选择退出竞赛并因此获得补偿。

使用单个债权人救济制度的各种成本表明，在有些情况下，收债法的集体制度可能确实更为可取。破产提供了这种制度。考虑破产的唯一最有效的方式是将其视为改善由单个债权人救济制度造成的公共池塘问题。破产提供 17
了一种方式，能推翻债权人对自行救济的追求并使他们合作。[22]

这种方法即刻表明了破产法的几个特点。首先，破产法律必须取代单个债权人的救济，以便使债权人以利他和合作的方式行事。因此，这个程序本质上是集体的。而且，这种制度只有在所有债权人都受其约束的情况下才能发挥作用。允许债务人与债权人签订合同以避免参与破产程序，将破坏集体制度的优势。因此，该程序也必须是强制性的。但与石油和天然气或渔业中的公共池塘解决方案不同，它不是分配资产的唯一制度。相反，它取代了现有的单个债权人救济制度，正如我们将要看到的，正是这一特征使得对其局限性的认识至关重要。

请注意破产制度的存在并不强制要求在出现公共池塘问题时使用它。破产法为债权人规定了一套最低限度的权利。这反过来又允许他们“在法律的庇护下谈判”，并在破产程序之外实施一项合意的集体程序。[23] 因为使用破产

---

21. 债权人可以约定将这笔贷款置于次要地位，其他人可能被视为该合同的第三方受益人，从而使该合同具有可执行性。但这种解决方案有其自身的成本，除非债权人能够控制债务人对信贷的吸收。

22. 因此，它反映了这样一个合同，即如果多个债权人在授信之前能够相互协商而同意的合同。这是著名的罗尔斯（Rawlsian）概念的一个应用，即在“无知之幕（veil of ignorance）”背后的“原始位置（original position）”进行谈判。See J. Rawls, *A Theory of Justice* 136–42（1971）.

23. See Mnookin & Kornhauser, “Bargaining in the Shadow of the Law: The Case of Divorce,” 88 *Yale L.J.* 950（1979）. 事实上，非破产“解决”的情况很常见。See “The Business in Trouble —A Workout without Bankruptcy,” 39 *Bus. Law*.1041（1984）; Coogan, Broude, & Glatt, “Comments on Some Reorganization Provisions of the Pending Bankruptcy Bills,” 30 *Bus. Law*. 1149, 1154–60（1975）; Krause, “Insolvent Debtor Adjustments under Relevant State Court Statutes as against Proceedings under the Bankruptcy Act,” 12 *Bus. Law*. 184, 185（1957）.

程序有其自身的成本（正如我们将在第 8 章中看到的），如果债权人可以一致同意获得破产带来的集体行动的各种好处，他们就可以避免这些成本。因此，人们会预期，破产程序之外的债权人之间往往会首先尝试达成协商一致的交易。正式破产程序大概只有在多方谈判的背景中，当个人占便宜导致达成一致同意交易的成本过高而无法达成时，才会使用。但是，随着债权人数量的增加，这种情况可能会经常发生。

18 这些关于破产的最佳使用的问题是第 8 章的主题。规定何时可以提出破产申请的规则可能会阻止集体程序的启动，直到为时已晚，无法将债务人的资产从各个债权人的利己行为中拯救出来。然而，另一种可能性是集体程序过早启动。迫使全体债权人不采取单个行动（其中许多行动具有监督债务人和防止其行为不端的效果）会带来其自身的成本。因此，说破产是为了解决公共池塘问题，并不是告诉我们如何设计出能够很好地解决这个问题的规则。然而，这些担忧并没有削弱关于破产法到底是什么的基本洞察。

此外，像所有的理由一样，这个理由也受限于一些条件。说公共池塘问题的存在并不是说个人行为完全是利己的，也不是说法律规则可以解决全部集体行动问题。我们经常观察到人们随着时间的推移以合作的方式行事，即使这看起来与他们的短期利益背道而驰。[24] 例如，在信贷领域，每当债务人似乎陷入财务困境时，债权人并不总是急于占有债务人的资产。然而，尽管有这样的限定，基本要点仍然是：有时人们会以自私自利的方式行事，如果需要一起工作，作为一个群体可能会更好。20 世纪上半叶得克萨斯（Texas）油田的悲剧就是一个典型的例子，说明了自私自利如何导致了石油的枯竭，而这些石油本来是可以由油田所有者整体享用的。[25] 几乎可以肯定，债权人关系是该重要真理发挥有效性的另一个领域，特别是考虑到以下事实，当在债务

24. R. Axelrod, supra note 10，探讨了其中一些原因。

25. See D. Glasner, *Politics, Prices and Petroleum* 32, 143–43（1985）； S. McDonald, *Petroleum Conservation in the United States: An Economic Analysis*, 31–42（1971）.

人破产时，债权人的合作动机可能比当与债务人有更好前景的重复性交易来说要少一些。

我们也不能确信破产规则本身不会产生问题。它们确实如此，我们将在后面研究应该如何处理这些问题。然而，由于这些复杂情况是在基本破产原则的背景下发生的，因此目前最好做两个简化的假设。第一个假设是，破产发生时没有警告。通过该假设，我们排除了对战略行为的考虑，因为当一些债权人感觉到破产集体程序即将发生并试图避免它时，可能会存在战略行为。这一假设将在第 6 章被放宽。第二个假设是破产程序不会花费时间。通过这一假设，我们可以搁置因时间流逝而发生的问题以及时间流逝以不同的方式 19
影响各个债权人的事实。我们还可以撇开在破产期间债务人需要鼓励人们与之交易而产生的复杂情况，以及这些人当中的一些人可能同时戴着申请前和申请后的帽子这一事实。在第 7 章中，这一假设将被放宽 。

虽然强加这两个假设有些不切实际，但这样做澄清了破产法的几个关键特征。我们可以以后通过使得考察更切实际来扩展我们的研究。就目前而言，只需要问一问实际上是否存在一个无法通过债权人之间签订合同来解决的公共池塘问题就够了。如果债权人的数量足够少且足够确定，那么，他们有可能在破产时谈判达成一项解决方案，即使不是在法律的阴影下讨价还价（bargaining in the shadow of the law），也可以避免个人补救制度的许多甚至大部分成本。[26] 但是，在债权人数量众多或者债权人在特定时间无法立即为人知晓的情况下［可能是因为他们持有或有（contingent）或未显现（non manifested）债权］。债权人可能丧失通过实际协议解决单个救济制度问题的能力。破产通过在破产发生后建立一种集体制度来提供预期的结果。[27] 我们现在可以开始探索这种破产法观点的含义。

---

26. See Hoffman & Spitzer, "Experimental Tests of the Coase Theorem with Large Bargaining Groups," 15 *J.Legal Studies* 149（1986）; Libecap & Wiggins, supra note 11.

27. 破产并不是唯一可能的法律回应。人们可能会设想，一个干预性较低的制度是这样一种制度，即债务人可以通过自行选择来决定是否同意让其资产受到集体救济制度（如破产法）的约束，并通过一份不可撤销的公开文件予以公开。如果这样的选择实际上是普遍的，那么，诸如我们现行破产法的法律制度可能更容易管理。

2

20 确定负债和非破产法的基本作用

破产为理清“所有者”（债权人和对债务人资产拥有权利的其他人）权利提供了一个集体平台，并且被证明是合理的，因为当没有足够的资产可供分配时，它提供了保护以防止单个救济制度的破坏性影响。这使得基本过程成为决定谁（who）到什么（what），以什么顺序（what order）的一个过程。谁（who）根本上是一个债权问题，或通常被称为负债（liabilities）。什么（what）根本上是一个财产问题，或者通常被称为资产。一定意义上，这些基本构建并无奇特之处。负债是让你变得不那么有价值的东西——你愿意花钱摆脱它。资产是让你变得更有价值的东西——有人会付钱给你。

纵观以上内容，从以下几点思考破产是有益的。抽象地说，破产应该做的是询问一个人愿意为债务人的资产支付多少钱，假设这些资产可以无负债出售。然后，根据负债持有人的非破产权利，拿走由此产生的资金并进行分配。本质上看，本章和接下来的三章只是对破产法的基本作用的观点进行了充实，我们在前一章已探讨过。本章和下一章要解决的问题，是在考虑破产中应当如何对待债权人时，这到底意味着什么。基本答案包括将破产程序视为是至少保护特定的非破产权利的相对价值，而不是权利本身。这是确定破产中负
21 债的主题，涉及如何分配资产的问题。第4章的主题是资产是什么的问题，其中，我们将看到资产问题与负债问题是紧密相关的。

破产中相对权利变化的破坏性影响

破产的基本程序旨在改善一个常见的公共池塘问题。有效实现这一目标

的关键是，当且仅当符合债权人整体利益的情况下才触发破产。想想这意味着什么。资不抵债可能是迄今为止集体化单个救济制度的一个机会。然而，这并不能证明实施一套不同的相对权利是合理的，除非这样做是脱离单个救济制度所必需的。这不仅仅是因为他（he）对集体程序的需要与新的权利不一致，也因为在破产中确立新权利与集体化目标相冲突。这种变化促使特定资产持有人诉诸破产，以便让自己获得这些变化的好处，即使破产程序不符合投资者群体的集体利益。这些动机是可以预见的，且适得其反，因为它们重新引入了破产法旨在解决的根本问题：个人利益破坏了整体利益。这些改变最好是广泛地进行，而非仅在破产中进行。

在破产中改变相对权利的问题不仅是本书关于破产法的规范性观点的基础，也是已经颁布的破产制度的基础。最高法院在一个案例中指出了这点，这个案例对于承认这一点很重要，尽管实际判决的问题并不重要。1979 年判决的 *Butner v. United States* 案，[1] 涉及在提交破产申请后担保债权人对作为抵押物的财产上累计产生的租金的债权，其通常是相对于无担保债权人的债权而言。如最高法院所述，根据相关州法，只要债务人仍然占有或者直到州法院根据请求下令将租金支付给担保债权人，债务人就有权获得租金。在破产中，破产债务人的无担保债权人可以被视为债务人的新股东，因此有权享有债务 22
人在破产之外享有的权利。这引发了担保债权人和作为无担保债权人代表的受托人之间的冲突。最高法院在布特纳（Butner）案中考虑的问题是：在决定担保债权人如何实现破产后的租金时，法源应该是什么（州或联邦）？法院认为法源是非破产的（nonbankruptcy），并指出，“联邦破产法院应采取一切必要措施，以确保担保债权人在联邦破产法院获得与如果没有发生破产时根据州法他将所享有的相同保护”。[2] 得出这一结论的理由是：

---

1. 440 U.S. 48（1979）.

2. Id., at 56.

> 财产利益是由州法创设和定义的。除非某些联邦利益要求不同的结果，否则没有理由仅仅因为某个利益相关方涉及破产程序，就对这些利益进行不同的分析。在一个州内，州法院和联邦法院对财产利益的统一处理有助于降低不确定性，阻止挑拣法院，并防止当事人“仅因为破产偶发事件而获得意外之财”。[3]

在挑拣法院的概念中，最高法院表达了基本观点。

然而，谈及 Butner 案斥责了只在破产时改变相对权利并不能结束这个问题。重要的是要理解为什么这种规则的改变与破产法的公认目标相悖。这要求将债务人破产时出现的两个问题分开：第一，有必要决定如何处理债务人的资产；第二，有必要决定谁得到这些资产。我想在此确立的主要观点是只有将第二个问题的答案视为非破产问题，才能避免它对第一个问题的答案产生不利的改变。换言之，作为一种集体收债手段，破产法不应该创造权利。相反，它应该采取行动以确保维护现有权利。唯有如此，破产法才能最大限度地降低将破产债务人的资产转移给债权人的转换成本。

要证明这一点，最简单的方法是审查一个案例，该案中，没有必要使用破产来回应公共池塘问题——只有一个人对债务人的资产拥有权利。这样一
23 个人作为资产的唯一所有者，将没有债权人。不考虑任何破产的想法，这个唯一的所有者会不断地重新评估他对资产的使用。如果他正在制造赶马鞭子，他会时刻（至少在理论上）重新评估这是否是那些资产的最佳用途。如果是，他会继续；但如果不是，他就会停下来，或者将这些资产用于其他目的，或者将它们零散地或作为一个整体出售给其他人。这个决定将是他一个人的事。而且他可能会在确定哪种行动能让他从资产中获得最大收益后作出决定。[4]

---

3. Id., at 54–55.

4. 最多什么呢？一般来说，我会说它可能是最多的钱，对我们的目的来说，这就够了。从技术上讲，最（most）应该用经济学家所说的效用（utility）来定义，这将允许个人表达他的非货币偏好。See J. Hirshleifer, *Price Theory and Applications* ch.2（2d ed. 1980）.

当然，这是一种过于简单化的说法。没有人对资产拥有完全的所有权，从某种意义上说，他可以绝对不受限制地控制资产的使用。我无权出售可卡因（cocaine），即使我这样做可以赚很多钱。同样，一个制作赶马鞭子的人可能需要遵守有关他可以使用的材料类型、他必须支付的最低工资或他必须遵守的环境控制规定。这些规定将限制他的决定，并可能导致他选择一种不同于没有这些规定时他会选择的用途。

然而，这一限定条件并没有从根本上削弱基本点，即在现有的一系列法律规则下，一位唯一所有者可能会决定以能给他带来最大收益的方式使用资产。从定义上看，他没必要利用破产来改善公共池塘问题，因为只有当不止有一个人拥有权利时，公共池塘才会存在。因此，他将对破产政策彻底无动于衷，除非债务人使用破产政策使其受益（例如，允许债务人逃避不想要的非破产收费）。如果只在破产法中对资产收取一项费用（例如，债务人不能在没有事先保护雇员的情况下停业），这位所有者仍然在不使用破产的情况下可以通过停业来忽略它。只有当这种费用是由非破产法规定的时候，他才有义务考虑这种费用。

然而，当资产的权利[5]被分散给很多人时，事情就变了，这种情况几乎总是如此。然后，不仅需要决定如何最好地部署（deploy）资产，还需要决定 24
如何分配这些资产的收益。[6]由于所有者的多样性，部署问题会产生一个常见的公共池塘问题。破产法的存在就是为了解决这个问题。但从公共池塘得到

5. 我用所有者指代根据非破产法对债务人的资产拥有权利的任何人。我用权利（rights）来表示公司资产所产生的收入流的权利，从资产中获得支付的权利，或在解散时对资产的权利。拥有权利的人不仅包括债权人，还包括，例如股东，他们与其他所有者一样，对公司的资产享有权利（受债权人权利的限制）。

6. 如果资产被出售，这些收益可能是现金或另一家公司的有价证券。如果公司被重整，这些收益可能是针对公司资产的新的权利主张。这种关于资产部署和收益的决定，也是在公司存在的每一天做出的，至少是隐式的，因为公司的所有者每天都必须决定是否继续经营。对于一个健康的公司来说，分割资产收益的方式是由合同或州法律预先确定的。

的教训表明，分配问题的答案不应影响如何部署资产的决定。[7] 作为一个群体（group），这些不同的所有者（债券持有人、侵权受害者、贸易债权人、股东和其他人），将希望遵循与唯一所有者相同的路线。这符合所有者整体的利益，换言之，防止分配问题扩展到部署问题上。

破产法最好将这两个问题分开来处理：一个问题是如何使给定资产池的价值最大化，另一个问题是法律应如何分配权利给任何现存的资产池，并将破产法限制在第一个问题上。这种区分明确了破产规则和非破产规则之间的关系,并提供一种破产政策的原则,能够识别哪些非破产规则可能需要被替换。

因为在破产政策中可能没有比这一点更容易被误解的了，所以值得谨慎处理。接下来我们考虑一个老生常谈的观点，即破产法应该做什么。这种观点认为，破产法的存在一定程度上是为了帮助企业因为社会价值的增加和/或保住的就业机会而继续经营下去。在某种程度上，这只是重申了公共池塘问
25 题，即如果不受约束，不同的所有者将会拆分那些如果维系在一起将会对所有者整体有更高价值的资产。然而，在通常情况下，让公司继续经营的概念似乎是一项独立的政策。为了使这项政策具有独立的效力，就意味着无论所有者的意愿如何,公司的资产应该保持当前的形式,因为这样做会使某些人(如社会或员工）的境况更好。[8]

然而，如果有人接受这样一种观点（每个人似乎都这样认为），即破产

---

7. 它类似于金融理论中另一个常见的分离：投资（即收购资产）和融资（即为资产付款）之间的分离。See, e.g., R. Brealey & S. Myers, *Principles of Corporate* Finance 91, 254–56（1981）. 所有者的目标可能不同。许多人可能寻求资产价值最大化；然而，有些人可能追求其他目标。当然，这种情况在破产之外也存在，它不需要特别的干预。See id.（公司所有者可以自由地最大化资产价值）。Engel, "An Approach to Corporate Social Responsibility," 32 *Stan. L. Rev*. 1（1979）. 当把它作为一个公共池塘来处理时，不会引入新的问题。那些追求金钱以外的目标的人可以拿着他们在破产中得到的钱，购买被出售的资产（或其他资产）的新股份，并追求他们的目标。Cf. DeAngelo, "Competition and Unanimity," 71 *Am. Econ. Rev*. 18（1981）； Makowski, "Competition and Unanimity Revisited," 73 *Am. Econ. Rev*. 329（1983）.

8. 这可能很难证明。虽然在卡拉马祖（Kalamazoo）公司的工人在汽车厂关闭时可能会失去工作，但这些资源在奥斯汀（Austin）公司的使用可能会为那里的人们提供新的工作。只关注在 Kalamazoo 公司失去工作的工人，是无法理智地解决这个问题的。无论这一调查的适当规范性结果如何，重点仍然是：这是一项有争议的（或应该是）非破产法政策，而不是破产法政策。

法的存在也是为了应对公共池塘问题，那么将这样一项政策纳入破产法，就如同混淆了苹果和橘子。这个问题实际上是一个界定实质性权利的问题。如果有问题的群体（社会、工人或其他群体）应该享有这种权利，那么仅仅将他们置于破产法规中是适得其反的。例如，根据现行非破产法，工人没有实质权利来维持资产当前的形式；他们不是对资产拥有实质权利的所有者。因此，所有者可以不考虑工人的利益而自由关闭企业，如果这样做能给自己带来更多的钱。事实上，这些所有者有一个公共池塘问题，需要使用集体程序来改善这一问题，这并不是突然给予一个新的群体（工人）权利的理由，否则他们不会有这些权利，如果避免破产程序，这些权利就可能被忽视。他们是否应该拥有这种权利的决定不应该是特定于破产的。它解决了分配问题与部署问题。[9]

另一种说法是，要注意某些事情是国会应该解决的问题与某些事情是国会应该通过破产法解决的问题之间的区别。第一个是联邦制问题，第二个是集体收债问题。就如何使用资产而言，给予工人实质权利是否可取，正如担保债权人是否应该先于无担保债权人一样，这是一个基本权利问题。虽然，保护那些没有获得资产权利的经济不幸的受害者可能是一个重要的社会和法律问题，但这不是破产法特有的问题。无论如何回答这个问题，破产法仍然 26
是必要的，因为以一种方式而不是另一种方式回答这些实质性问题并不能消除公共池塘问题。因为谁应该享有权利和如何解决公共池塘问题是不同的问题，所以在法律回应中应将它们分开。[10]

这也不仅仅是一个学术观点。破产法不能既赋予新的群体权利，又继续有效地解决公共池塘问题。将两者都视为破产问题，会妨碍破产作为一种针

9. 这个观点在此文中提出，Baird, “A World Without Bankruptcy,” 50 *Law & Contemp. Probs*.173–193（Spring 1987）.

10. 由此可见，主张联邦与州之间的冲突可以通过破产得到适当解决是不正确的。许多由州创设的权利可能会适得其反，或者是特殊群体压力的结果。也有可能（尽管这绝非不可避免的），国会可以设计出更能抵御这种缺陷的权利。但如果因此将破产法视为解决此类问题的适当场所，那就错了。相反，它们涉及联邦法的一般问题。［至于为什么破产法是联邦法，参见引言，脚注（footnote）4。］

对资不抵债债务人的高级收债制度的历史性功能。制定一项独特的破产规则，例如，给予工人在非破产法下并不享有的权利，会激励因明确的破产规则而受益的群体使用破产程序，即使这不符合所有整体的利益。其后果屡见不鲜：许多案件开始时，申请破产的理由很清楚，无非是提起诉讼的实体由于破产规则的改变而受益。[11] 破产程序不可避免地会有自身的成本。[12] 当一项规则的改变使某一特定阶层受益而触发破产时，最终结果可能对作为一个整体的所有者是有害的。正是这个问题使得这种规则的改变作为破产法的问题是不可取的。

尽管非破产规则可能存在诸如不公平或无效率等缺陷，但如果非破产规则不损害集体程序相对于现有的个别救济的优势，考虑到这些权利，强加一种不同的破产规则是一种退而求其次的解决办法，可能是适得其反的解决方案。从根本上说，破产凌驾于非破产权利之上是合理的，因为非破产权利干扰了与一致行动债权人相关的整体利益。如果非破产规则，例如允许所有者
27 在不考虑工人困境的情况下关闭企业的规则，被认为是不可取的，而原因不在于其干扰了集体程序，那么，国会的正确做法是正视这个问题，并总体上推翻该规则，而不仅仅是在破产中破坏或逆转它。[13] 后一种做法是不可取的，因为正如 Butner 案所认识到的，它会创造一种动机以在非破产解决问题的地

11. 我们将在第 8 章考查案件启动规则时看到这方面的例证。

12. 参见第 8 章。

13. 这一主张的前提是，根据宪法，国会拥有这样的权力。现行的宪法原则赋予国会在商业条款下的极大自由。See, e.g., Katzenbach v. McClung, 379 U.S. 294（1964）；Wickard v. Filburn, 317 U.S. 111（1942）.

方和破产程序之间进行战略性“选购”。[14]

通过聚焦于相对价值确定负债

就这一点而言，讨论是抽象的。但这些非破产权利是什么呢？鉴于破产的本质是将情况从个人转变为集体制度，在破产中，非破产权利究竟如何得到“尊重”？在什么情况下这些非破产权利不（not）应得到尊重？我们现在可以转向这些更具体的问题，并研究如何利用刚刚发展起来的破产模型来解 28
决上述问题。我们将首先研究如何确定那些有权参与破产资产分割的人，然后讨论如何对有权参与资产分割的人进行排序的问题。

从非破产到破产解决问题之外的成功过渡并不要求保留任何特定非破产权利的每个细节。可以肯定的是，当破产制度像在非破产世界中一样尊重这种权利时，混乱最少。因此，这种权利不仅对债务人而且对竞争的债权人都具有完全的效力。混乱被减到最小，因为破产法不会破坏债权人对其原始权利的强制履行，其价值会相应地固定在与非破产世界的价值完全相同的水平，从而避免了估值过程中不可避免的问题。

然而，充分尊重这些权利就会与破产的核心作用发生冲突，破产法的核

14. Butner v. United States, 440 U.S. 48（1979）； See also Shanker, “The Abuse and Use of Federal Bankruptcy Power,” 26 *Case Western Res. L. Rev*. 3（1976）. 文中这一论点，是以一种期望作为基础，即能看到破产程序在可能增加净资产价值时才开始，且只有在这种情况下才开始。在第 8 章中，将结合对不同群体的债权人的激励来探讨这个问题。另参见下文第 7 章（无担保债权人的动机是选择最佳部署，作为在破产程序中足额偿付有担保的债权人的理由）。这里的要点基本相同：在某种程度上，无担保债权人是从破产程序中受益（或不受益）的群体，人们需要创造动机，让他们在作出破产决定时从他们这一群体的整体利益出发行事。就是否应当启动集体程序进行全体投票实际上是不可能的，参见下文第 8 章。因此，在某种程度上，有人需要由个别债权人采取行动来代其作出破产决定，有人希望他们在可能的范围内拥有利益，且面对破产决定时不会与群体利益发生冲突。避免相对价值的变化比任何替代方案都更能促进这种情况。

考虑这一点的另一种方式是设想谈判破裂的可能性，这将导致破产程序的不当使用。如果使用破产程序对作为一个整体的债权人来说是一个糟糕的结果。各方合意地避免这样做是符合他们利益的。See infra note 83. 最近对谈判过程的经济模型表明，随着结果不确定性的增加，谈判破裂的发生频率更高。一个没有为破产中的特定债权人提供战略优势的制度，为群体间的结果提供很少的不确定性，也没有多少讨价还价的余地。相反，破产规则的改变给个人提供了一些谈判的机会（威胁到破产的不当使用，相比于对个人的偿付可能因破产规则的改变而受益），以及导致破裂结果的不确定性。将这种谈判模式应用于法律问题，see Bebchuk, “Litigation and Settlement Under Imperfect Information,” 15 *Rand J. of Econ*, 404（1984）.

心作用是在面对为了个体利益的目的而忽视集体利益的压力时实现资产价值最大化。因此，有必要权衡承认某一特定非破产权利将对集体行动造成的损失与破坏这项权利而可能产生的任何诱因的成本。由于坚持一项权利所造成的集体损害有时可能超过任何利益，因此，破产法有时必须用其他东西代替非破产权利。

虽然这个原则看起来很难适用，但在许多情况下并非如此。考虑一下我们在上一章中使用的无担保债权人的简单例子。准确地尊重这些债权人的非破产权利是不可能的——如果他们的所有权利都能得到具体执行，那么就没有理由进行破产程序。明确地尊重所有权利，与相互竞争的债权人所拥有的权利相比，必然会高估其中一些权利。例如，如果所有权利都得到了明确尊重，这将意味着债权人的掠夺式救济将在破产中被复制。因此，我们将在第 7 章探讨。破产的集体化目标要求破产规则凌驾于单个债权人救济之上，这一结果通过自动冻结来实现。

然而，说某一特定权利的行使妨碍了破产的集体性功能，通常并不意味
29 着其相对于其他债权人权利价值的非破产价值不能得到坚持。[15]虽然确定什么是相对价值的问题本身很复杂，需要我们加以注意，但我们应该清楚地牢记基本重点：在我们所处的世界里，人们需要考虑的不是抽象的权利，而是衡量相对价值。在权利本身不应该得到充分保护的情况下，例如单个债权人攫取式救济的情况，健全的破产政策依然要求保护相对价值。这样做可以最大限度地减少战略花招（gamesmanship），否则，将妨碍以集体程序顺利取代单个救济。

尽管如此，阐明一项政策要比实施一项政策容易得多，该政策既保留了相互竞争的权利之间的相对价值，又放弃了在破产框架内绝对保留所有权利

15. 如果可以证明非破产权利的价值来自某些不利于破产程序本身的集体化目标的活动，那么，破产政策将要求忽视这种权利及其相对价值。这方面的主要例子是债权人在破产前的攫取，他打算选择退出即将到来的集体程序。当我们放宽目前运作的假设，我们将考察这种类型的选择退出行为，包括破产是在没有警告的情况下发生的。参见第 6 章。

的努力。的确，这一方案需要了解大量的实质性法律规则——为了评估其属性来作为实施破产法的先决条件。实质性分析更为复杂，因为从一个制度到另一个制度的转换可能并不准确。破产程序可能并不直接类似于非破产程序，而破产以外的债权人权利可能取决于破产制度内无法复制而只能是近似的特定背景。

尽管存在这些概念转换问题，但破产的目标很容易表达，即使很难实现。破产过程应该复制在破产集体框架之外存在的债权人之间的相对地位。这就是相对价值的概念。相关的探究可以这样构思：如果（撇开我们在 7 章中处理的因破产程序本身需要时间而产生的问题）债务人在破产申请之日停业，并且此时没有出于自利而攫取资产，那么根据非破产法，谁将有权获得什么？

考虑将这种方法应用于破产政策中，最常见也是最无争议的，是按比例对待普通无担保债权人。在某种程度上，这种对待是合理的，那么它是由诸 30
如“破产法院是衡平法院，平等即衡平”之法律箴言来证明的。[16] 然而，借助于破产法应该做些什么的概念，我们可以更准确地理解为什么（why）按比例对待无担保债权人是恰当的破产政策。

想象一下，我和斯坦福大学的一位教授每人要借 10,000 美元给一个共同的债务人。接着，想象我们在发放贷款之前会见了对方与债务人。债务人（在一个非常良性的时刻）问我们：“假设你有一天醒来，发现我只有 15,000 美元的资产，即使它们以最高效的方式使用。我们已经达成一致，在这种情况下掠夺制度运行不佳，因为这些资产可能只能卖到 12,000 美元。你希望如何分配现有的资产？”

正如我们在第 1 章中所见，同意一项集体程序（或其他某种方式）将让斯坦福教授和我总共获得 15,000 美元而不是 12,000 美元，这符合我们的共同利益。如果我们被迫在这次贷前会议上就关于破产中如何分配资产做出决定，

16. 这是破产法长期以来的口号。See Canright v. General Finance Corp., 35 F. Supp. 841, 844（E.D. Ill. 1940）；see also Simonson v. Granquist, 365 U.S. 38（1962）； Kuehner v. Irving Trust Co., 299 U.S. 445（1937）.

我们会作出什么决定呢？虽然我们就分配达成的协议取决于许多因素（比如我们相对精明和谈判的技巧），但我怀疑我们两个人除了同意按比例分配外，还能做得更好。[17]

更重要的是：如果你是一名法律决策者，由于意识到相关债权人将无法在事发前会面并达成一致同意的交易，所以被要求制定一项在集体程序中分配资产的规则，你会怎么做？你需要一条规则，不仅适用于斯坦福大学教授和我，而且适用于其他无数的债权人组合，从两人到数千人不等。[18] 假设你只关心无担保债权人，你可能会设计一个按比例分配的规则，应用于我们的例子，
31 将导致资产对半分割。这代表了在没有集体程序的情况下，我们获得资金的概率（50% 的情况下，我会先到并得到全额付款；50% 的情况下，斯坦福教授先到并得到全额付款）。

如果我借出 5,000 美元，另一位教授借出 15,000 美元，也不会有任何改变。在没有集体程序的情况下，可以设计出的分割资产的最佳规则仍将反映出我们得到这笔钱的可能性，分割比例为 1 比 3。鉴于债务人有 15,000 美元的资产，这意味着在集体程序中，我将获得 3,750 美元，斯坦福大学教授将获得 11,250 美元。

那么，这似乎提供了我们的基本分配规则，因为它模仿了我们在破产前的预期头寸的价值（value），至少考虑到该规则必须在缺乏有关债权人信息的情况下制定。没有其他单一的分配规则能在一系列情况下都有效。这也是《破产法典》所使用的分配规则，也许它助长了“平等即衡平”这一老生常谈的说法。从根本上说，也许最好将此理解为处于类似处境的群体，（如普通债权人）应该按比例分割其群体能获得的资产，仅此而已。

---

17. See Hoffman & Spitzer, “Entitlements, Rights, and Fairness: An Experimental Examination of Subjects’ Concepts of Distributive Justice,” 14 *J. Legal Studies* 259（1985）.

18. 此外，这些债权人可能持有或有的（contingent）、有争议（disputed）、未清偿（unliguidated）或未到期（unmatured）的债权；事实上，就像曼维尔（Manville）公司未显现出来的石棉受害者的情况一样，他们可能在破产之日并不知道自己是债权人。正是由于这些原因，达成一项实际的一致协议似乎不太可能。

这一点是破产作为一种集体收债手段的概念的产物。不幸的是，人们太容易忽视这一点了。当债权人是花旗银行（Citibank）和美国银行（Bank of America）时，我们可能都乐于看到它们被按比例对待。但是，如果其中一个债权人是被拖欠一周工资的工人，或者是肺部被债务人制造的产品损害的侵权受害者，而另一个债权人是美国银行，情况可能就不是这样了。美国银行是拥有（有人假设）多元化投资组合的债权人。它知道一定数量的贷款会成为不良贷款，如果破产规则给出的比例不尽完美，它可以调整收取的利率。然而，工人或侵权受害者不太可能是一个拥有多样化投资组合或有能力轻易做出调整的债权人。

诸如此类的情况会影响我们关于按比例分配资产的基本结论吗？我认为答案显然是否定的，至少在我们谈论破产政策时是这样。侵权债权人是否应当比拥有多样化投资组合的普通债权人处境更好的问题，这是一个关于侵权债权相对于其他类型债权地位的一般性问题。我们不再只是简单地处理一个公共池塘的问题，其目标是确定如何在不使事情变得更糟的情况下进行集体收债。

换言之，焦点已经从与破产有关的问题转移到更广泛的问题上。如果非 32
破产法将侵权受害者和美国银行视为具有类似权利和收款救济的普通无担保债权人，那么破产法应将这一结论视为理所当然，这样才能最有效地发挥它独特的社会和经济作用，即提供一个集体性的解决问题的地方来处理债务世界中的公共池塘问题。当问题是实施破产集体化政策时，基础权利的分配是否正确就无关紧要了。

破产法的存在是合理的，因为如何处理资产的决定（受制于基本的法律权利）通常不是一个人的责任，而是由许多不同的实体以许多不同的方式作出的。考虑一家有股东、无担保债权人、担保债权人、雇员和经理的公司的情况。根据许多现代公司法，将股东、无担保债权人和担保债权人视为公司的所有者是最有用的。[19]他们在不同的时间对资产有不同的权利，但在不同的情况下他们都有权利要求用公司资产清偿债务。通常意义上，担保债权人对某些资产拥有优先索取权；股东对所有资产拥有剩余索取权；无担保债权人介于两者之间。只要股东不违反对债权人的义务，关于如何处理资产的决定通常是由股东做出的。但这一点仅表明不同群体对资产的权利有不同的组合。这仍然是有用的——把担保债权人、无担保的债权人和股东——视为所有者。

至少作为第一个近似值，将雇员或经理视为某类所有者没那么有用。工人可能有权获得一定的工资水平，但按照现行非破产法规定，他们作为工人不能动用资产。他们对资产是否应该继续做其正在做的事情并没有发言权。他们可能对资产享有债权，以保证他们的工资或未来的集体谈判协议条款，但在某种程度上，他们是债权人，最好将他们视为债权人而不是工人。此外，经理可能拥有大量的日常控制权与来自控制运营机构的影响力，但他们没有
33 法律权利来违背股东和债权人意愿而使用资产（除了他们自己提供的服务所代表的资产）。因此，他们没有需要在集体程序中加以考虑的权利（同样，除非需要他们未来的服务）。

一旦确定了对资产拥有权利的人，就确定了所有者池。这些人是由破产程序之外的规则决定的。其中一些人的权利优先于（或至少不同于）其他人的权利。如何确定担保债权人、无担保债权人和股东们之间的权利，是他们非破产权利的问题。

集体破产程序的目标是减少与不同所有权利益有关的成本。其他问题应作为一般问题而不是作为破产问题来处理。正如申请破产并不能为改变公司所有者和非所有者的相对权利提供正当的理由一样，它对所有者之间的权利也应该没有什么影响。非破产权利的改变只有在公司中所有利益相关人作为一个整体受益时才能进行。一项与破产目标无关的规则变化会促使特定的资

19. 对这一文献进行的批判性总结载于 Brudney, “Corporate Governance, Agency Costs and the Rhetoric of Contract,” 85 *Colum. L. Rev.* 1403（1985）.

产权利持有人诉诸破产，以便为自己获得规则改变带来的好处，即使破产程序不符合投资者群体的集体利益。[20]这一概念是破产法关注相对价值的基础。

决定一个人是否参与破产程序

从对破产中普通债权人债权估值的简要讨论中，我们可以看到，旨在服务于破产法历史作用的集体程序的第一条规则是，应该在发现权利的时候考虑权利的价值。这些权利是否正确这一棘手的实质性问题，是一个重要问题，但它并不是破产问题。

说破产法应采用它发现权利时的价值，这反过来意味着，作为一种非常普遍的相似物，破产应冻结所有债权人在集体程序开始前的权利，然后对这 34
些被冻结的权利进行相对于彼此的估值。这需要确定权利的抽象价值——换言之，如果债务人没有破产，某一特定债权人有权获得多少钱。这可以被认为是确定名义价值（nominal value）的问题。然而，由于债务人可能已经资不抵债，所有拥有债权的人都不会得到其名义价值的全额偿付。因此，破产本身也必须考虑谁以何种顺序得到什么的问题。这就是相对价值的问题。把破产法看作是一种收债法可以得到的重要教训在于，名义价值和相对价值的来源都是非破产法。本章其余部分的重点是说明为什么会这样，以及它对破产法意味着什么。

一般而言，确定某人是担保债权人还是判决债权人（甚至不是债权人）的相关时间是在提出申请书时。这是源于公共池塘的性质。破产是执行如何处置债务人资产的决定的一种方式。其所有者是在作出执行决定时对债务人的资产拥有某种权利的人。将其类比为初创企业可能是有用的。一旦获得资本，建立业务并开始运营，它就必须在我们社会的法律和经济约束下在世界上立

20. 这种现象——通常被称为不当行为——在合同规定权利的情况下存在，接着，在合同签订后，情境允许一方通过不履行其义务而获利。See R. Posner, *Economic Analysis of Law*. 293–94（2d ed. 1977）； Muris, "Opportunistic Behavior and the Law of Contracts," 65 *Minn. L. Rev*. 521, 532–52（1981）； Jensen & Meckling, "Theory of the Firm: Managerial Behavior, Agency Costs and Ownership Structure," 3 *J. Fin. Econ*. 305, 312–15 （1976）.

足。如果它处于破产中，情况也应该如此。破产法应确定谁是资产的所有者，即在提交破产申请时谁对资产拥有权利。[21]

首先，考虑哪些类型的权利可被视为破产中可以承认的债权——这是第101（4）条所解决的问题。依据非破产法来决定谁是债权人的背后的原理，起初应该是显而易见的，并与维护相对价值的概念直接相关。破产法将是一个奇怪的地方，它可以产生新的联邦诉因。每当它这么做时，都会创造战略
35 动机来为获得个人利益使用破产程序，即使这是以牺牲集体利益为代价。[22]因此，非破产法应该识别特定债权人是否有权触及债务人的资产。

例如，如果一位竞争者声称债务人通过广告宣传债务人的产品更优越而给自己造成损害，那么非破产法应决定是否有权诉诸债务人的资产来弥补这种损害——换言之，是否存在可识别贸易损失的诉因。如果债务人负有责任，例如，相关州承认商业诋毁侵权，竞争者应持有可在破产中识别的债权。但是，如果非破产法没有规定诉因，例如，州不承认商业诋毁侵权，或者因为这种产品受到第一修正案（the First Amendment）的保护，竞争者在破产中的权利不得优于在破产之外的权利，因此，无论在破产中还是在破产外，竞争者都不应该参与债务人资产的分配。

在所有情况下，基本程序都是相同的。核心困难在于确定在破产背景下需要证明的非破产债权的结构，在这种情况下，重点总是放在是债权的实质上，而不是根据州法律附在债权上的标签。例如，一个州可能会选择（出于各种理由）不把某些东西称为债权。然而，无论它的标签是什么，如果持有人对

21. 这一点在《破产法典》§ 101（9）中有所体现。这并不意味着随后产生的针对破产债务人的权利被忽略。恰恰相反。在提交破产申请之后产生的债权代表经营企业的成本，并且应当（至少在他们同意的情况下）在为其进行破产的群体的债权之前得到支付。但是对这一点的探讨涉及放宽我们目前的假设之一——破产程序不需要时间。

22. 当然，作为将个人制度转变为集体制度的一部分的诉因存在例外情形，因此，也是破产法体系概念的一部分。例如，See,e.g., §§ 544（a）；547，会在第3章和第6章中讨论。然而，这些诉因厘清了现有债权人的相对权利；他们没有创造新的债权人池（pool）。

债务人的资产拥有权利，它就具有以破产为目的的债权属性。[23]

从非破产属性决定名义价值

破产法必须解决的有关债权人的问题不仅仅是决定谁对资产拥有权利。假设非破产法将主张的权利定义为诉因，如何对由此产生的债权赋予名义价值？有时，这种探究与可能的非破产程序性辩护相关联，使债权的价值降至零。 36
例如，在提交破产申请日之前，因普通诉讼时效而被禁止的诉因就属于这种情况。在破产中合理地适用法定时效，可以恰当地反映出破产之外的债权的零价值（zero value）。

破产中贷款加速到期的适当性。一个稍难处理的问题是，有人断言，尽管可以想象在以后提出诉因，但不能在破产程序开始时提出。因为这些诉因在未来可能会被允许，所以根据非破产法，它们通常在破产时具有一些现有的价值——正如人们从考察适当的非破产类比所看到的那样。在这些情况下，这些“未到期”的诉因的存在与债务人未来的经营过程无关，应在破产中被承认为债权。难点在于如何赋予它们名义价值。

这个问题引出了一个更广泛的话题的研究：如何处理破产中未到期的债权。这包括所有负债中最常见的一种：偿还贷款的义务。例如，考虑到基于15 年前以 5% 的利息贷出的 30 年期 10,000 美元而主张的支付请求。这显然是一项债权，因为非破产法赋予债权人在债务人无法偿还债务的情况下对债务人资产进行追索的权利。该债权是在提交破产申请之前产生的，因为即使债务人今天停止营业，它也有义务偿还该贷款或为其未来的偿还做好准备。那么，应如何在破产中处理上述贷款呢？它是否在破产发生时应被视为到期应付，

23. 这是一个案件中的错误，例如，*In re Villarie*, 648 F.2D 810（2d Cir. 1981）. 在 *Villarie* 案中，第二巡回上诉法院得出结论，退休机构的扣减权不是破产中的债权。但与无追索权担保贷款一样，扣减权的属性是破产法意义上的债权属性：针对债务人资产的权利。在 Villarie 案中，是减少 Villarie 先生的退休基金福利的权利。这个例子在 Jackson, “Translating Assets and Liabilities to the Bankruptcy Forum,” 14 *J. Legal Studies*. 73, 78–79（1985）一文中得到了更详细的探讨。通过留意州标签产生的其他问题（例如某事物是否为一项债权）将在本章稍后讨论。

如果是，应按其面值（10,000 美元）处理，还是按反映其现值的较小金额处理？

处理这个问题的最好方法是将三个不同的问题分开。第一，也许是最重要的，如果在破产时，债务人没有其他违约行为，应如何处理未到期的贷款？第二，如果贷款不是因破产本身的开始而加速到期，贷款人能否通过破产约定条款规定这种加速到期？第三，破产前违约的事实是否重要，如果重要，怎么重要呢？我们将在本章中研究前两个问题。我们还将简要讨论第三个问题，但对它的全面分析必须等到第 6 章进行研究，在第 6 章中，我们将放松当前的假设，即破产的集体程序是突然发生的，并且没有采取破产前的战略行动。

37 当破产程序开始时，处理未到期贷款的一般规则应该是怎样的？作为一个积极的问题，《破产法典》提供了答案，然后为债务人提供了在重整程序中给出不同答案的选择权。根据第 502 条的立法史，一般的答案是将破产视为违约与加速到期事件。[24] 在我们的例子中，这意味着债权的名义价值是其票面金额 10,000 美元。自动加速到期规则也适用于第 11 章的重整，但在这种情况下，债务人有机会通过恢复合同条款来重新获得贷款的原始到期日——这种权利可能主要是针对拥有低于市场价格贷款的担保债权人而行使的。[25]

破产法的这些积极特征可以对照破产法的集体收债功能进行分析。首先，

24. H. Rep. No. 595, 95th cong., 1st Sess. 352–53（1977）（“破产的作用是加速到期对债务人的所有债权的本金金额”）。如果有问题的票据是 20 世纪 80 年代初兴起（主要是由于税收原因）的零利票据中的一种，会怎么样？这种票据是从债务人手中购买的票据，比如以 6 万美元的价格，三年后到期，债务人承诺向持票人支付 10 万美元。购买后 6 个月，债务人申请破产。在破产中，持有人是否可以加速到期本金，并拥有 10 万美元的债权？这里的答案是“不能”。立法历史表明，在这种情况下，持有人只能得到贷款和一定比例的利息。同上。就制定一项在贷款合同未作规定时使用的规则而言，这个结论听起来是正确的。但它是否正确，取决于对零息票据违约的正常做法是什么。此外，如果一张特定的零息票据规定在发生违约时加速偿还 10 万美元的本金，那么没有特别的理由在破产中不尊重这一合同条款。然而，通常的做法似乎是，这种票据的违约并不会加速到期整个本金。在这个意义上，破产规则模仿了非破产权利。

25. § 1124. 恢复主要是针对拥有低于市场贷款的担保债权人，其原因是恢复需要最终全额偿还贷款的事实。有鉴于此，只有当恢复的成本小于收益时，剩余的债权人（通常是无担保债权人）才会支持恢复。一笔 10 万美元的有担保贷款，利息为 5%，10 年后到期，如果恢复，其现值大大低于 10 万美元（比如，6 万美元）。但是，一笔 10 万美元的加速到期担保贷款将需要在破产中全额偿付。因此，从剩余类别的角度来看，恢复是明智的，这样就可以用 6 万美元（现值）的偿付额而不是 10 万美元（现值）的偿付来照顾担保债权人。无担保贷款不太可能具有这种属性。如果贷款是无担保的，恢复的现值成本仍约为 6 万美元（或略低，因为风险更大），而如果无担保债权人仅获得 20% 的偿付，则 10 万美元的到期债权将仅获得 2 万美元。因此，其他无担保债权人最好让债权加速到期。

考虑债务人在破产中清算的推定规则的情况。在这种情况下，尽管贷款的现值，远低于 10,000 美元（除了其加速到期特性外），但是加速到期 10,000 美元的 38
本金几乎肯定是反映该债权的非破产名义价值的正确方式。然而，这样做的原因并不在于破产本身应该构成一个加速到期事件。集体程序的出现本身并不意味着应当自动赋予加速到期权非破产属性。相反，正是一位清算债务人的非破产属性证明了破产法第 502 条的推定加速到期规则的合理性。

这条规则与在破产程序中尽可能保持相关的非破产属性的努力是一致的。如果一个资不抵债的债务人在破产之外被债权人分拆，任何与其价值相当的贷款协议都将有违约和加速到期条款，使贷款人有机会分享收益，而不必等到 15 年后的到期日，在利己主义的掠夺救济制度中，债务人的资产将早已不复存在。债务人（或其债权人）在破产中进行清算的决策不应改变任何事情：它代表了会触发此类违约和加速到期的事件。

即使在第 7 章程序中资产作为一个整体出售，情况也是如此。在这种情况下，名义债务人正在改变。资产购买者成为贷款的新债务人，而原来的债务人最终会消失，因为它正处于清算过程中。在破产之外，基本合同法的一般规则是，只有在原来的实体仍然处于困境的情况下，贷款的还款责任才能在未经贷款人许可的情况下转让给新的实体。[26] 然而，在第 7 章资产出售的情况下，债务人（原来的实体），正处于免除自己任何进一步责任的过程中，因为它正在清算过程且终将解散。从合同法的角度来看，试图在涉及债务人的清算之后继续履行该债务人的合同之债，几乎肯定会被视为将该债务委托

26. “在许多合同中，委托履行是一种正常和允许的事件……主要的例外情况涉及个人服务合同和行使个人技能或酌情决定权的合同”。Restatement（Second）of Contracts，§318，comment c（1981）. 但是，在没有明确约定的情况下，关于义务委托的一般规则是“履行的委托……”[不]免除委托债务人的任何义务或责任。Id.，§318（3）. See also id.，§316，comment c. 这些原则适用于贷款偿还的义务。See Arkansas Valley Smelting Co. v. Belden Mining Co., 127 U.S. 379（1888）；Texas & N.O.R. Co. v. Phillips, 196 F.2d 692（5th Cir. 1952）；*In re* Adana Mortgage Bankers, 12 Bankr. 977（Bankr. N.D. Ga. 1980）.

给一个新的实体，同时债务人摆脱了义务。[27]

39 因此，在破产清算中，自动加速到期规则可以被认为是一个“现成的”术语，它复制了在没有该规则的情况下几乎确定的合同结果。[28] 因此，在破产清算中债权的加速到期准确地反映了其非破产价值。然而，这并非源于破产政策的任何神奇之处，而是源自决定通过破产程序进行清算的公司的情况属性的认识。[29]

然而，这一规则是否创造了利用破产程序谋取个人利益的不良动机？例如，对于一个低于市场利率的长期贷款，破产的自动加速到期条款似乎鼓励贷款人强制破产，即使这对债权人整体来说是一种浪费。（可以肯定的是，这种动机结构在破产程序内外都很常见。任何拥有低于市场未偿贷款的贷款人，都有动机来促成违约以加速到期本金并收回它，并再次放贷，就像任何拥有高于市场利率的债务人都有动机兑现其承诺一样。）

答案似乎是否定的。推定的违约事件**不是**提出破产申请本身。相反，加速到期的理由来自债务人正在清算和终止其还款责任的事实。这将使破产程序与最接近的非破产类似程序相匹配，并复制了非破产类似程序的属性。但是，迫使破产程序加速到期低于市场贷款的贷款人，可能不会面临终止其存在的债务人。

换言之，有必要留心应用自动加速到期规则的背景。例如，考虑到债务
40 人正在破产程序中进行重整——实际上仍在继续，但拥有了一批新的所有者。[30] 在这种情况下，加速到期也是合适的吗？要回答这个问题，在破产程序中尝

27. See, e.g., Western Oil Sales Corp. v. Bliss & Wetherbee, 299 S.W. 637（Tex. Comm. App. 1927）； Boston Ice Co. v. Potter, 123 Mass. 28（1877）； cf. The British Waggon Co. v. Lea & Co., 5 Q.B.D. 149（1880）（“只要该公司继续存在”，就可以允许公司在清盘过程中转让义务）。但是，cf. Macke Co. v. Pizza of Gaithersburg, 259 Md. 479, 370 A.2d 645（1970）（允许债务人的购买者继受合同）；Evening News Ass’n v. Peterson, 477 F. Supp. 77（D.D.C. 1979）（允许在合并时进行转让，因为继受公司与原公司基本相似）。

28. See Easterbrook & Fischel, “Corporate Control Transactions,” 91 *Yale L.J.* 698（1982）. 如果当票据不包含明确的临时利息时，非破产法隐含地对本金加速到期贴现，则该推定将被推翻。

29. 尽管公司在破产清算中没有获得免责。§ 727（a）(1)，根据适用的州公司法，公司几乎肯定会因此而解散。

30. 这种重整观点在第 9 章有更全面的阐述。

试反映相关的非破产属性似乎也是合适的。

正如第 9 章更全面地阐述的那样，将重整看作是一种出售债务人本身的形式，而不是资产的形式，因为就像在并购或股票收购中发生的那样，新的所有者进入其中。当新的所有者接管现有的债务人时，普通的非破产规则不会将此贴上授权或免责的标签，因此，不会触发一般的合同禁止转让规则。[31] 如果在破产之外，有关贷款不会随着债务人所有权的变化而加速到期，那么它在破产时也不应自动加速到期。

因此，适用于破产重整的第 1124 条的一般恢复规则可以被视为粗略地反映了非破产规则，这些规则是处理不可委托义务的基础。由于第 1124 条规定的恢复是可选的，债务人当然可以在符合其利益的情况下自由地加速到期贷款（因为在破产之外，它通常可以通过违约加速到期还款）。这样的规则最准确地反映了它的非破产属性。但是，将债务人推入破产，并没有为拥有低于市场贷款的贷款人提供破产之外的更大的战略行为机会。

我们刚刚研究了在破产中处理未到期贷款的一般规则。下一个问题是，是否有可能围绕这项一般规则签订合同。贷款人是否应该通过贷款协议中的条款明确说明申请破产本身会导致违约和加速到期？（这种条款通常被称为破产约定条款。）现行《破产法典》在债务人重整的情况下拒绝承认这种破产约定条款[32]（正如我们将在第 4 章和第 5 章中看到的，资产和待履行合同的情况也是如此）。为证明这一点，参议院的报告解释说，这一结果不应该引起恐慌：“当其他人得到更少或一无所获时，根据该计划持有债权或权益的人恢复了原来的地位，这些人确实是幸运的，并且没有理由抱怨。”[33] 该评论显然是基于一种未阐明的观点，即破产是一个偶然事件，允许贷款人通过加速到期低

31. *In re* Milton L. Ehrlich, Inc., 5 N.Y. 2d 275, 157 N.E.2d 495（1959）. See Restatement（Second）of Contracts. § 318, illustration 8（1981）.

32. 尽管有破产约定条款，第 1124(2)(A) 条允许恢复。

33. S. Rep. No. 989, 95th Cong., 2d Sess. 120（1978）.

41 于市场利率的债务来获得意外之财。[34]

然而，这一理由并不令人满意。如果说恢复贷款到期是贷款人有权享有的全部权利，这是不准确的，因为（对贷款人来说）债务人破产只是一个偶然事件。尽管如此，贷款人似乎已经讨价还价了。从本质上讲，人们可以认为贷款人已经签订了一项收回各自贷款并以当时的市场利率再次放贷的期权合同。[35] 此外，还可以认为贷款人已经为这种期权支付了费用（例如，就像有担保的贷款人已经偿付了破产中承认的其他权利）。那么，通过将贷款人的潜在权利称为“意外之财”而将其排除在外，会使分析变得模糊起来。相关的问题是，是否可以证明破产约定条款的存在是合理的，以及如果合理，这种条款是否值得它所造成的不可避免的战略成本。

为什么贷款人可能希望有一个破产约定条款？最有希望的理由似乎是将这种条款的作用视为类似于一系列其他合同约定。[36] 此类契约（通常称为财务契约或限制性契约条款）在贷款或其他合同中的作用通常被认为是一种监督。[37] 在以某一利率签订贷款或合同后，债务人有动机从事单方面增加贷款风险的活动——例如，通过改变投资决策以纳入更高风险的选择。[38] 财务契约条款的设计可以允许债权人通过在发生机会主义行为时给予贷款人收回贷款的选择
42

34. See, e.g., Fogel, “Executory Contracts and Unexpired Leases in the Bankruptcy Code,” 64 *Minn. L. Rev*. 341, 349（1980）（在待履行合同的背景下提出这一论点）。

35. 为了方便介绍各种期权及其用法，see Black, “Fact and Fantasy in the Use of Options,” 31 *Fin. Analyst J*. 36（July–Aug. 1975）. 作为期权的公司负债的分析，see Black & Scholes, “The Pricing of Options and Corporate Liabilities,” 81 *J. Pol. Econ*. 637（1973）.

36. 其他的解释似乎并不乐观。人们可能会认为，设计这一条款的目的或者为债权人提供某种保护措施，以防范债务人非系统性、非不当行为引起的风险，或者为债权人提供一个机会，根据系统性市场变化重新评估合同。然而，考虑到实现相同目标的其他可用手段，这些理由都不令人信服，因为这些措施不会导致破产约定条款的战略破产动机的不利因素。非系统性的风险（除了不当行为之外）可以通过多样化来处理，而系统性风险也可以通过缩短贷款期限来处理。

37. See, e.g., R.Brealey & S. Myers, *Principles of Corporate Finance*. 389–93（1981）； Smith & Warner, “On Financial Contracting: An Analysis of Bond Covenants.” 7 *J. Fin. Econ*. 117（1979）.

38. See, e.g., R. Posner, *Economic Analysis of Law*. 293–94（2d ed, 1979）； Jensen & Meckling, “Theory of the Firm: Managerial Behavior, Agency Costs and Ownership Structure,” 3 *J. Fin. Econ*. 305, 334–37（1976）.

权来监督这种不当行为。[39]

一个破产约定条款可能会出现在一个特定的合同中，正是因为它起到了这种监督作用。可以肯定的是，它不允许债权人说“由于你行为不当，我要终止贷款”，因为它并没有确定行为不当。只有在债务人破产后（after）才能终止合同或贷款。因此，它可以作为一个笼统的警告性条款，旨在通过对诉诸破产的债务人施加成本，从而对从事增加破产可能性的活动施加成本，来阻止常见的不当行为。

这种分析的问题在于，它假设债务人承担了这一条款的成本。然而，这里存在着不同所有权问题的一个方面。这些条款会对重整产生影响（在加速到期并不是当务之急的情况下），并可能损害剩余的无担保债权人，因为要求其按照债权的面值而不是未加速到期的现值支付（有担保的）债权。相应地，在破产中可能承担该条款费用的群体不是债务人（或其股东），而是其他债权人。因此，债务人在谈判贷款时可能没有特别的动机来排除这类条款，[40]其他债权人可能没有有效的方法来迫使债务人排除这类条款。[41]因此，最好是拒 43
绝承认由债务人谈判的条款，尽管它们可能具有预防作用，但这些条款的影响几乎只由其他债权人感受到，因为其仅在破产（或类似情况发生）时生效。在这种情况下，可以替代性地使用其他监督条款，债务人可能会感觉到这些

39. Miller, “The Wealth Transfer of Bankruptcy: Some Illustrative Examples,” 41 *Law & Contemp. Probs*. 39, 43（Autumn 1977）. 这并不是说这样的财务契约条款一定会降低管制成本。相反，它们有一种警告性条款效果，即如果债务人被发现行为不端，将一定会产生某种代价高昂的后果。

40. 这是一种机会主义。通常，See O. Williamson, *Markets and Hierarchies*（1975）； Levmore, “Monitors and Free-riders in Commercial and Corporate Settings,” 92 *Yale L.J*. 49（1982）； Jensen & Meckling, “Theory of the Firm: Managerial Behavior, Agency Costs and Ownership Structure,” 3 *J. Fin. Econ*. 305,334–37（1976）. 当然，双方（尤其是债务人）都可能因为声誉问题而不敢这样做。See Leff, “Injury, Ignorance and Spite—The Dynamics of Coercive Collection,” 80 *Yale L.J*.1, 25–36（1970）.

41. 后面这一点是很棘手的。如果列入这些条款会损害其他债权人，人们可能会认为其他债权人会要求债务人不同意破产约定条款。See Jackson, “Bankruptcy, Non-Bankruptcy Entitlements, and the Creditors’ Bargain,” 91 *Yale L.J*. 857, 889 n.147（1982）. 但是，如果监督成本将由其承担，而排除的好处将惠及无担保债权人组别，那么，没有一个债权人可能认为值得花时间就这种排除进行讨价还价。此外，这样一个条款如果包括在内，可能难以执行（在破产时，它几乎没有价值）。因此，人们可以相信，禁止破产约定条款符合债权人整体的利益，而且不会被一致禁止。那么，债权人可能会简单地对这种风险收费（像其他无数的风险一样）。但这增加了债务人的信贷成本。如果债务人能够预先承诺不签订破产约定条款，那么情况可能会更好。对它们的法律禁令提供了这样的结果。

条款的效果。[42]

换言之，破产约定条款可能反映了破产法有理由忽视的权利类型，因为它们可能会破坏破产中的集体福利。然而，这一理由只适用于破产约定条款。除了未到期贷款的一般规则和围绕一般规则签订合同的问题之外，我们还必须考虑加速到期的第三个方面。如果债务人在破产前拖欠贷款，那么恢复该贷款是否合适？同样，第 1124 条推动了这一研究，作为一个积极的事项，该条规定，如果违约得以补救，则恢复贷款是允许的。然而，规范性问题是这种结果是否合适。

从非破产属性的角度来看，答案最初似乎是否定的。在贷款合同或适用法律本身没有宽限期的情况下，在发生重大违约后，贷款人通常有加速到期的权力，可以随意地忽视债务人的“救济”建议。反映了破产中的非破产属性，相应地，如果破产前发生违约，除非合同或适用的法律规定了在破产之日尚未到期的补救期，否则，似乎将要求失去第 1124 条规定的恢复权。

然而，我们还没有准备好完成对破产前违约的影响问题的分析。我们目前的经营是在债务人和其债权人都没有预见破产（或资不抵债）即将到来的世界里，我们可以依靠刚刚确定的非破产属性。但是，如果放松这一假设，我们将看到债务人可能会因为两个（相关的）原因而违约，而破产法可能会适当地关注这些原因：一个是为了有利于债权人而发生的违约（通过允许其在破产发生前加速到期贷款），另一个是由于债务人意识到自己资不抵债而
44 不在乎谁会收到其残骸而引起的违约。出于这个原因，关于破产前违约对第 1124 条中的恢复权应产生何种影响的问题的全面审查必须推迟到第 6 章进行讨论，在该章中紧接着破产前时期的计划将得以审查。

破产时未确定债权的特殊方面。围绕负债的转化问题的另一个重要方面涉及在非破产问题的地方尚未确定债权价值的情况下确定名义价值。确定这

42. 还有其他选择，尽管可能不是完美的替代品。参见前面的讨论。

些未清偿债权的价值可能既昂贵又耗时。[43] 例如，根据非破产法规定，要确定某人对债务人提起的反垄断债权是否成功可能需要数年的时间，然后可能需要更多的时间才能确定该债权的名义价值。此外，整个程序可能要花费数十万美元。

破产法从非破产法中推导出估值的原则是否需要遵守这些非破产估值程序？考虑破产清算中的债务人的情况。当然，有可能遵循非破产程序，通过允许高级债权人使用非破产收债程序，推迟对持有同等或较低债权的任何索赔者的解决。一旦该高级债权人从资产中得到偿付（通过清算），就会转移到下一个债权人，然后再转移到下个债权人。这种程序虽然繁琐，但是可行的，因为必须采用某种机制来跟踪各种其他债权人以便在所有先前的或同等的债权都清偿完毕后，能够偿付他们。[44]

这个过程甚至可以正式化，使得被清算的债权人更容易随时套现。例如，所有被清算的债权人（除了那些今天可以安全地套现的人，诸如担保债权人）可以获得资产池（或其收益）股份。这些股份连同在其他债权人的债权得到清偿时发放给他们的股份，将在所有未清偿的债权确定后得以套现。每个债权人最终能得到多少取决于：（1）与资产池中其他债权人相比，它的债权的名义规模（由股份数量决定）；（2）这些股份相对于其他债权人所持股份的相对优先级。如果任何债权人希望在最终分配之前套现，它可以在二级市场 45
上以反映最终分配的预期支付的价格出售其股份。

然而，这种解决方案可能会对非破产评估程序带来不当的尊重。这些程序，即使在债权被全额偿付的情况下是有意义的，但当最终赔偿额只能得到面值的十分之一时，可能就没有什么意义了，就像破产中经常发生的情况一样。与非破产债权清算程序相关的相对固定的成本（如律师费）在转化为破产程序时可能会显得过于庞大。加速程序从而降低其成本，可能符合所有债权人

43. 为简明起见，我将把 § 101（4）所确定的各类债权称为未清偿债权。

44. 还有一个问题是，代表债务人的任何人是否有适当的动机来抵制一项偿付请求的主张。

的利益。出于这个原因，破产制度可以合法地采用自己的程序来评估索赔成功的预期价值及其成功的可能性。虽然规范的非破产审判程序可能被淡化或取消，但只要在评估方向上没有偏差，那么就没有特别的理由认为这些非破产程序权利的价值受到了干扰。[45]

这一点在未到期债权的情况下可能最为明显，在这种情况下，唯一需要的调整（如果有的话）是按现值贴现。然而，原则上，对于或有的、未清偿的或有争议的债权，这一过程并无不同，或者在规范上不太可取。因此，这些评估程序将是另一种情况，即非破产权利在破产中被取代而权利价值得到
46 保护。除了与破产案件开始有关的问题外，只是为了获得这些评估程序。这将在第 8 章讨论，该程序问题与其说是源于估值过程的理论性质，不如说是实践问题（或许还是宪法的），由法官在没有完备审判程序的情况下作出这种裁决。只要没有理由认为估值过程系统地向一个方向或另一个方向倾斜，估值过程就不会不恰当地将破产法扩展到非破产领域。[46]

然而，不当的是 *Bitter v. Borne Chemical Co.* 案中的做法。[47] 在比特（Bitter）案中，罗夫莱特公司（Roflit Company）股东对债务人博恩化工有限公司（Borne

---

45. 由于这确实涉及规则的改变，它可能会产生动机，使人们出于除了公共池塘问题以外的原因而使用破产（尽管它通常只会降低群体的成本，增加了馅饼的大小）。例如，利用破产来降低诉讼成本可能符合诉讼当事人的利益，尽管很难预测何时会发生这种情况。See R. Posner, Economic Analysis of Law 445–54（2d ed, 1977）. 这是一个不可避免的应用：因为一些破产规则（实体性的或程序性的）将不同于非破产规则，破产制度不可避免地会创造动机，使得人们出于错误的理由使用它。当它们发生时，它们可以通过破产法的其他特征加以改善，例如对案件启动的限制（参见第 8 章）。但基本要点是，由于这种倾向，人们应该对破产规则的变化保持敏感。某些改变（例如文中讨论的）可能仍然值得进行，但其他的则不值得。还有一个进一步的考虑：债务人只有在承担非破产诉讼费用的情况下才会资不抵债，但如果能够利用破产的简化程序，它将是有偿付能力的。（可以想象，这就是 1982 年 Manville 公司的状况。）在这种情况下诉诸破产是否合适呢？虽然这似乎需要改变破产规则，但答案似乎是“是的”：不使用破产，就会出现资不抵债和由此产生的公共池塘问题。

46. 然而有理由认为，破产法官可能会偏向于帮助那些已被确认身份且其债权已经成立的人。See Blum, “The Law and Language of Corporate Reorganizations,” 17 *U. Chi. L. Rev*. 565（1950）； see also R. Nisbett & L. Ross, *Human Inference: Strategies and Shortcomings of Social Judgment*. 43–62（1980）（认知过程往往会导致我们过分强调“最生动”的东西）。我们将在第 9 章的另一个语境里看到这种偏见。这种紧张可能不是破产所独有的。根据州法，公司的解散需要为未清偿债权留出资产——例如，see, Calif. Corp. Code, § 1905（2）——并且，评估未清偿债权的相同问题也可能出现在那里。

47. 691 F.2d 134（3d Cir. 1982）.

Chemical Co.）提出了侵权干涉反诉。Borne Chemical Co. 随后申请破产。为了实现破产程序的目的，破产法官将债权估值为零。他要求，如果州法院曾经就反诉作出有利于 Roflite 公司股东的裁决，就应重新考虑该支付请求，这在一定程度上减轻了这一裁决产生的后果。这样一来，他们的最终支付可能不会受到严重影响。[48] 但是，对评估债权还会产生其他后果，比如对重整计划的投票，该决定显然会影响到他们。第三巡回上诉法院对此肯定，并指出，根据破产法官对事实的认定，Roflite 公司股东"在州法院的诉讼中最终获胜的机会充其量是不确定的。"第三巡回法院接着说：

> 然而，如果法院根据目前的成功概率来评估 Roflite 公司股东的债权，Roflite 公司股东很可能已经在重组程序中获得了重要的发言权（如果不是控制性的话）……通过将 Roflite Company 股东债权的最终价值评估为零，并在州诉讼最终裁决之前暂时禁止其索赔，破 47
> 产法院避免了旷日持久和不公平重整程序的可能性，同时确保如果州法院作出有利于 Roflite Company 股东的裁决，博恩（Borne）公司将负责支付债权上的分红。[49]

然而，这种推理确实扭曲了非破产法价值。它基于将有争议且未清偿的债权估价低于"目前成功的可能性"，以确保不会给予债权人过多的发言权，因为债权人以后可能会被发现根本没有债权。但是，目前的成功可能性已经忽略了那种声音。毕竟，故事还有另一面。如果后来债权得以证实，根据目

48. 破产法官还要求 Borne Chemical 公司，公司重整中的债务人（重整后债权被免责，§ 1141），放弃免责 Roflite 股东的债权。这可能意味着，如果 Roflite 股东随后在反诉中获胜，他们将与其他无担保债权人一起得到对待——可能会向他们发行股票，从而稀释其余的破产后无担保债权人的破产前所有权。

49. 691 F. 2d, at 137.

前的成功概率而评估的债权是被低估的。[50]确保此类债权人的平均票数既不会太多也不会太少的唯一解决方案是，在考虑到成功机会的情况下，评估债权的名义价值。如果不希望等到所有事件都顺其自然发展（这样做会产生成本），破产法必须建立估值程序。但是，破产法中没有任何规定可以证明故意忽视这些程序中的适当估值是合适的。

在考虑 Manville Corp 和 UNR Industries 等石棉制造商的破产申请时，这一
48 点可以延伸，自 1980 年代初以来，他们的法律地位一直是学术界和公众关注的焦点。[51]辩论的核心是“未来”石棉受害者的地位。这些人在过去曾经接触过石棉，但截至相关破产申请之日，尚未表现出任何伤害之处。从名义价值的角度来看，这些“未显现出来的”受害者最好被理解为持有现有“债权”的“债权人”，因为根据州法律，他们的未来诉因在今天具有现值，根据其

50. 这种估值谬误反映在美国破产法委员会的提案中，即如果在“第二次审查”时，该企业的表现比预期的要好，则允许被排除在外的组别参与重整。See Report of the Commission on the Bankruptcy Laws of the United States（pt. 2）, H.R. Doc. No. 137, 93d Cong., 1st Sess. 241（1973）（setting forth §7-303[3] of the proposed Bankruptcy Act of 1973）； see also Rochelle & Balzersen, “Recommendations for Amendments to Chapter X,” 46 *Am. Bankr. L. J.* 93, 99-102（1972）（提出类似的“第二次审查”规则）。这种提案受到尖锐而中肯的批评，其理由通常与文中所提出的理由相同，in Spitzer v. Stichman（In re Hudson & M.R.R）, 278 F. 2d 402, 410（2d Cir. 1960）； Brudney, “The Bankruptcy Commission’s Proposed ‘Modifications’ of the Absolute Priority Rule,” 48 *Am. Bankr. L.J.* 305, 331-35（1974）； Note, “The Proposed Bankruptcy Act: Changes in the Absolute Priority Rule for Corporate Reorganizations,” 87 *Harv. L. Rev*. 1786, 1811-16（1974）. *Bitter* 一案的判决可能在另一个方面被证明是合理的，那就是对非破产属性的关注。可能是债权人在部署问题上没有发言权，直到它“成熟”——例如，在判决后。例如，在公司解散时，可能不需要为债权做准备，除非或知道它必须在公司的财务上记账。See Cal. Corp. Code §§ 114, 1807（d）, 1808（a）(1）. 如果是这样的话，在重整中就偿付条件对可能的债权作出规定，但不给予其持有人在重整中的发言权，这可能是适当的。这一规定可能最准确地反映了非破产权利。但这种理由并不是抽象的“过多的发言权”，而是试图反映非破产属性。

51. 通常，See generally Roe, “Bankruptcy and Tort,” 84 *Colum. L. Rev*. 846（1984）； Note, “Mass Tort Claims and the Corporate Tortfeasor: Bankruptcy Reorganization and Legislative Compensation Versus the Common-Law Tort System,” 61 *Tex. L. Rev*. 1297（1983）； Note, “The Manville Bankruptcy: Treating Mass Tort Claims in Chapter 11 Proceedings,” 96 *Harv. L. Rev*. 1121（1983）.

所适用的非破产法。[52] 而且，这些侵权债权是在提交破产申请之前“产生”的，因为它们是基于债务人过去完成的行为。如果债务人在提交破产申请时停止经营，这一事实不会影响债权人最终表现出可归因于债务人产品的石棉相关疾病的迹象的可能性。公司未来的生存与疾病或伤害自身显现与否无关，它仅与偿付问题有关。

然而，之所以存在争议，很大程度上是由于对非破产法的作用的混淆。虽然《破产法典》中适当地赋予了诸如债权或产生等词的内容以界定有权参与破产集体程序的那些人，但没有特别的理由认为应当诉诸非破产法来界定这些词。[53] 诚然，法院必须诉诸非破产法来确定谁有权参与资产分配，但在该 49
过程中，没有任何事情表明人们还必须关注州法如何称呼一些所谓的债权。这样做会混淆属性（此处非破产规则发挥关键作用）和标签（非破产规则在这里不起作用）。例如，在 Manville 和 UNR 破产案的争议问题中，属性是:（1）基于与石棉相关的侵权行为所主张的权利是否根据州法得到认定（它是）；（2）这种诉因在破产程序中是否具有一定价值（如果不受诉讼时效限制，它具有价值）；[54]（3）该诉因是否源于债务人的过去（确实如此）。如果存在这些属性，则这个人是，并且应该是《破产法典》意义上的持有索赔的债权人。

---

52. 从规范理论的角度来说，这些债权应该在破产中处理，并不是说实际问题本身并不是非常困难的。See *In re* UNR Industries, Inc., 725 F.2d 1111（7th Cir. 1984）（Posner, J.）； sources cited supra note 51. 此外，在审查哪些债权是应在破产中处理的问题时，人们必须关注在适当的非破产类比下的价值问题。例如，根据文中的分析，另一组主张侵权赔偿的债权人似乎是破产申请前的：那些在债务人申请破产之日后首次接触到债务人在申请破产前生产的和销售的石棉产品的人（如接触到学校的石棉天花板）。但是，如果这些受害者在依据州法的解散中颗粒无收，原因是本文即将探讨的内容（比如不必为这些受害者预留准备金），参照 Cal. Corp. Code §§ 114,1807（d），1808（a）(1)，模仿最接近的非破产类比，在破产中，可能会需要将它们作为申请前的债权而排除在外。然后，如果债务人是在申请破产后存在，他们的地位将是申请后的债权。这种处理方式可能会在持续清算和零散清算之间的最佳决策发生偏差（原因在文中已经讨论过），但如果是这样的话，这种偏差来自于非破产法，它也存在于非破产法中。第 7 章将结合 Reading Co. v. Brown, 391 U.S. 471（1968）一案更详细地探讨这个一般性主题。

53. 迄今为止，大多数法院都参考了州法律的标签。See *In re* UNR Industries, 29 Bankr. 741（N.D. Ill. 1983）； *In re* Amatex Corp., 30 Bankr. 309（Bankr. E. D. Pa.），aff'd, 27 Bankr. 613（E. D. Pa, 1983），*rev.*, 755 F.2d （3d Cir. 1985）； *In re* Gladding Corp., 20 Bankr. 566（Bankr .D. Mass, 1982）.

54. 在一些州，法定时效可能从吸入（inhalation）开始计算，而不是被中止。See, e.g., Steinhardt v. Johns Corp., 54 N.Y.2d 1008, 430 N.E.2d 1297, 446 N.Y.S.2d 244（1981）.

州法如何选择给这些属性贴上标签（出于各种非破产原因）是无关紧要的。[55]

然而，这不仅仅是一个语义问题。如果不把未显现的侵权受害者列为持有债权的债权人，几乎肯定会破坏那些对债务人资产拥有权利的人的非破产相对价值。这反过来可能会导致关于如何处理资产的错误决策。请考虑以下场景。你是一家公司的总裁和大股东，根据你刚刚收到的一份最新报告，该公司拥有现值为 40 亿美元的未清偿（例如，基于公司过去的活动）债权（在最广泛的意义上使用的）。该数字包括现值约为 20 亿美元的未来侵权：虽然
50 你不知道谁会提起诉讼，但已经对将提起的诉讼数量进行了精算估计，并对每起诉讼的平均赔偿额进行了估值。此外，还包括现有的侵权债权人，那些已经提起诉讼的人以及贸易债权人、银行等。为了目前的目的，为了简单起见（而且是因为它最终不会产生任何影响），假设你的公司没有担保债务。

你还有一份报告称，如果公司资产被逐件出售，其价值约为 15 亿美元，如果在当前业务中维持在一起，资产价值约 20 亿美元。15 亿美元的数字反映了买家愿意为你公司的单个资产支付的费用，并代表他们对这些单个资产随着时间的推移将给他们带来的价值的估值。20 亿美元的数字也是以同样的方式计算的；唯一的区别是，它是通过确定把这些资产维持一起的价值，并做它们现在正在做的事情而产生的。[56] 例如，它代表了买方（或市场）对资产可以永久产生 2.5 亿美元收入（根据通货膨胀调整）的预测。这 2.5 亿美元是扣除了工资、物资和税收等未来运营费用后的净收入。它类似于年金，当然，只不过它的风险更高，这意味着它的估值将低于每年产生 2.5 亿美元的无风险年金。那么，这个 20 亿美元的数字意味着人们不会支付超过 20 亿美元以获得公司未来收入流的权利（每年 2.5 亿美元，即使在购买资产时没有对资产提

---

55. 第七巡回法院指出，在一些州，这些未确定的石棉受害者有州法律规定的债权，而在其他州则没有。*In re* UNR Industries. Inc., 725 F.2d 1111（7th Cir, 1984）. 然而，就州法律的目的而言，对待这些受害者的方式不太可能存在任何差异，因为这些标签几乎可以肯定是源于对时效延期问题的不同表述方式。如果是这样的话，仅仅因为各州的标签不同而有不同的破产对待是不合适的。然而，根据州法解散时，实质性对待的差异将很重要。See supra note 52.

56. See, e.g., 1 A. Dewing, *The Financial Policy of Corporations* 295–96（5th ed, 1953）.

出权利主张）。

然而，有人对你的公司主张债权。事实上，有这么多的债权，从下述意义上说公司已经资不抵债了。它也许能够产生现金以偿还目前出现的债权，但最终公司的资产预计不会产生超过 20 亿美元的当前现金。此外，其负债的现值为 40 亿美元。无论如何使用它的资产，你的公司预计最终会耗尽资金（并倒闭）。

今天，你收到了一份报告，上边显示，有 20 亿美元的未显示出来的但从统计上看很可能是侵权债权。明天你的会计师将要求在你公司的财务报告中披露这一事实。[57] 尽管你作为主要股东，可能更愿意推迟处理这种情况，[58] 但这种披露的结果可能会加速其他人的行动。单个掠夺救济制度的后果很可能 51
会破坏任何正常经营的努力。银行等有权收回资金的债权人现在很可能会这样做，同时他们仍可以得到全额偿付。为了给资本撤出提供资金，最终不得不出售资产。换言之，信息的发布可能使你的公司成为破产程序主要候选者（尽管由谁来提交启动破产程序的申请是个问题）。

你的选择是什么？你可以尝试根据州法解散该公司，并逐一出售它的资产。这将带来 15 亿美元。你公司的债权人将对此表示满意，他们将没有其他人可以追究（因为继受者责任的侵权理论几乎肯定不适用于从公司购买钻床的人）。从本质上看，你的公司将以 15 亿美元的资产处理 40 亿美元的债权。这是公司作为负债受其资产限制的实体这一概念的基本属性之一。至于谁能得到这笔钱，这是非破产法的一个问题（因为还没有启动破产程序）。通常，根据州法，解散的公司必须为非应计债权建立准备金（至少如果它们必须在其资产负债表上显示出来）。[59] 这些债权可能会显示出来，因此，40 亿美元

57. Statement of Financial Accounting Standards, ¶5；FASB C59. 105；FASB Interpretation No.14；通常，see J. Burton, R. Palmer, & R. Kay, *Handbook of Accounting and Auditing* ch. 29（1981）.

58. See Baird & Jackson, "Corporate Reorganizations and the Treatment of Diverse Ownership Interests: A Comment on Adequate Protection of Secured Creditors in Bankruptcy," 51 *U. Chi. L. Rev*. 97（1984）.

59. 这些解散规则似乎是假定有偿付能力的公司。

的债权人可能会分享 15 亿美元的资产。

但是，对这个群体来说，还有一个更好的结果。如果能找到某种方法将公司的资产维持在一起，以维持企业持续经营，摆脱现有债务，那么债权人将获得 20 亿美元的现金。这可以通过将公司以 20 亿美元的价格出售给联合化工（Allied Chemical）这样的企业集团，或卡尔·伊坎（Carl Icahn），或公众来实现，如果它可以摆脱它过去产生的债权而被出售的话。（该公司也可能进行重整——正如第 9 章将探讨的那样，本质上意味着将公司出售给债权人。）

然而，这是假设你的公司可以免除过去产生但尚未显示出来的侵权索赔。这是不可能的，而且鉴于这种“未来”债权的现值为 20 亿美元，没有人会为你公司的资产支付任何费用，除非他们可以首先榨取这些资产（使用无处不
52 在的掠夺法），或者他们可以通过强加一种包含优先债务的资本结构来确立对侵权债权人的优先权。潜在买家可能会计算，通过这样的方式，他们可以为自己保留 10 亿美元（现值）的资产。除去榨取造成的价值损失，这意味着他们计算出 10 亿美元将流向“未来”的侵权债权人。[60]

在这种情况下，债权人整体的情况看起来相当好：我们已经从出售中为他们筹集了 20 亿，其中 10 亿美元来自出售，另外 10 亿美元预计将从已出售的公司获得。[61] 但这里的问题是，未显现出来的侵权受害者是否有可以在破产中认定的债权。如果一个人既不能通过根据州法律解散（因为其他债权人必须与他们分享资产）或通过在破产之外的持续经营出售（由于存在继受者责任）来消除这些未显现出来的债权，那么，声称此类侵权受害者在破产中不享有优先债权的判决就给了其他债权人一个黄金机会：其他债权人可以在根据州法律解散公司之前通过破产运作公司。根据《破产法典》第 726 条，只有债

60. 如果公司继续维持在一起时价值更高，随后对公司进行零散拆分，那么，这个数字可能会略低于 10 亿美元。文中的数字忽略了这种复杂性，这不会影响最终的观点。

61. 谁能从出售中获得 10 亿美元，这当然是一个非破产法的问题。

权持有人才有权参与破产分配。[62] 因此，当该公司在破产中被作为废品出售时，“现存的”债权人将获得15亿美元，并在他们20亿美元的债权中进行分配。该公司随后离开（leave）破产。没有什么被免责（因为清算公司在破产时不会接受免责）。[63] 那些未显现出来的侵权债权人仍然存在，随着他们债权的成熟，他们仍然可以起诉你的公司。但由于在破产时被剥夺了资产，它没有任何资产。公司现在根据州法律解散了，侵权债权人结束了。没有人可以起诉。实际上，他们已经被卖得一无所有了。

这不仅仅是一个分配问题。就我们的目的而言，这是一个公共池塘问题。这样的结果对债权人整体来说是不利的，因为他们得到的是15亿美元而不是20亿美元。但现存的债权人有动力去争取，因为他们自己将获得全部15亿美元。[64] 通过这种方式，个人贪婪就会破坏公共福利，这正是破产法旨在改善的 53
问题。

在这个假设中，“现存的”债权人能否做得更好，通过以20亿美元的价格将公司作为持续经营的公司出售，并将未显现的侵权债权排除在分配之外，从而将全部20亿美元归为己有？如果是这样，这将是一个分配问题，而不是一个公共池塘问题。但很难想象现有的债权人如何能做到这一点。它们不能作为侵权法的问题，因为继受者责任（successor liability）原则。[65] 就使用破产法而言，如果未显现出来的侵权债权人因被确定为不是持有债权的债权人，并没有被包括在破产程序中，其权利也不会在破产中免除。任何买方都将根据其偿付请求（在重整中或通过继受者责任的侵权原则）取得资产。

这意味着买方不会为资产支付20亿美元，而（根据我们的假设事实）只支付10亿美元。而且，将未显现出来的债权人排除在破产之外，其他债权人

---

62. 第726（a）（1）至（4）条均提及债权的偿付。第（a）（5）款涵盖债权的利息，以及（a）（6）涵盖将剩余部分返还给债务人。

63. § 727（a）（1）.

64. *Wall Street Journal, January* 31, 1984. p. 1（现有侵权行为受害者的律师建议清算，因为他的组别将获得足额赔偿）。

65. 有关这一原则的简要介绍，see Jackson, supra note 23.

也不会愿意通过把公司作为一个整体出售得到的10亿美元进行分配。毕竟，他们可以通过零散出售破产公司而获得15亿美元。这意味着“现存的”债权人能做得最好的事情就是把公司当作废品出售。然而，正如我们所看到的，这是一个错误的解决方案。通过将未显现出的侵权受害者排除在持有破产申请前债权的债权人组别之外，我们为已知的群体创造了一种动机让他们去获取错误大小的馅饼。再者，这个群体可能会决定如何处理这些资产。[66]

这里比较好的解决方案是，将未显现出来的侵权受害者作为债权持有人纳入破产程序，如此一来，他们可以分享资产，然后以20亿美元的价格出售不包含所有此类债权的资产。[67] 同样，我们希望使资产“馅饼”尽可能大，并
54 避免因争夺如何分配而导致尺寸错误的结果。这是通过尊重非破产估值实现的，而不是因为“没有债权”的非破产标签而改变它们。[68]

从分析上讲，在 *Ohio v. Kovacs* 案[69]中也出现了完全相同的问题，问题是有毒废物清理令在破产时可否免责的。这个问题产生了影响，因为债务人是个人，如果裁定了不可免责，就意味着州可以在破产后追索债务人的未来收入。但是，俄亥俄州为这一结果辩护，主张清理令不是一项债权（因为只有债权上的负债在破产中才能被免责），从而支持这一结果。它的技术论点是，

---

66. 人们可以经司法程序剥夺这种权力，并要求将资产作为整体出售。在这种情况下，正确部署的问题可以得到解决，而无须认定非显示出来的侵权行为受害者持有债权。然而，这种解决方案似乎与《破产法典》的当前结构格格不入。

67. 出售不附带债权的资产似乎忽略了继受者责任的非破产原则。关于为什么在为侵权行为受害者提供支持的情况下忽视这一原则可能是合适的论点，see Jackson, supra note 23, at 94–97. Cf. § 363（f）（4），（5）. 或者，人们可以尊重继受者责任原则，将未显现出来的侵权债权人纳入破产程序，但将他们限制在对被出售的资产的追索上。See § 1141（a），（c），（d）. 出售这些资产的所得将归剩余债权人所有。关于如何处理未显现出来的侵权债权人的资金池的讨论，see Roe, supra note 51； Rosenberg, “The Causal Connection in Mass Exposure Cases: A ‘Public Law’ Vision of the Tort System,” 97 *Harv. L. Rev*. 849（1984）.

68. 这个例子还说明了为什么将资产部署问题与分配问题分开是重要的。1985年中期，Manville宣布了一项计划，根据该计划，它可以为石棉沉着病受害者留出一个资产池，其中包括该公司大约50%的普通股。据报道，一致的意见是，这意味着Manville的申请是一个“里程碑式的错误”，因为其股东不得不放弃超过一半的股票（N. Y. Times, Aug. 3, 1985, p.1）。但从所有者作为一个整体（债权人和股东）的角度来看，股东必须放弃他们的股票这一事实只是一个非破产分配决策的结果（债权人排在股东之前）。如果Manville资不抵债，那么从所有者群体的角度来看，它的破产申请并不是一个大错误。从股东的角度看，这也许是个错误，但前提是他们可以继续向自己支付股息或推迟支付。然而，即使这是真的，这似乎是一个不完整的焦点。

69. 105 S.Ct. 705（1985）.

这是一项“衡平法履行权”，不属于第 101（4）条中债权的定义。[70]

关注标签而不是属性，不是正确决定破产问题的方法。最高法院认为，根据 Kovacs 案的特定事实，清理令是一项债权，[71] 这使俄亥俄州免于自讨苦吃。正如奥康纳（O’Connor）大法官在她的赞同意见书中所描述的那样，[72] 俄亥俄州的论点是有悖常理的。如果俄亥俄州是正确的，当它面临对破产的公司污染源（corporate polluter）执行清理令时，它可能会说服自己放弃任何资产份额。在第 7 章清算程序中，出售资产后，收益首先分配给公认的财产债权人，然后按照《破产法典》第 726 条的规定进行分配。然而，第 726 条只谈及对 55
债权的偿付，并没有根据债务人是个人还是公司而加以区分。如果这一主张是正确的，即 Kovacs 对俄亥俄州的义务（obligation）不是债权（claim），那么，公司污染源的普通债权人将在破产清算中分享收益。俄亥俄州将一无所获，因为根据它自己的论点，它并不持有债权。在第 7 章中，公司没有接到免责，但它们是否免责并没有区别。在破产分配之后，公司债务人清理有毒废物场所的义务实际上是无法履行的，因为债务人没有任何资产。在任何情况下，当公司在破产程序后根据州法律解散时，该义务就会消失。

这显然扰乱了利益相关方的相对非破产权利。如果公司债务人根据州法律解散，而没有诉诸破产，俄亥俄州就会因为债务人清理有毒废物场所的义务而获得其在债务人、资产上的份额。破产法不应该被解释为破坏这种州权利。但是，由于缺乏对破产理论的规范性含义的坚定关注，俄亥俄州忽略了一个事实，即有争议的是各方当事人的相对权利，它把自己卷入了法律困境，最高法院不得不将其解救出来。

那么，对于清理有毒废物的义务既不是“付款权”，也不是“对违约的

---

70. § 101（4）相关部分内容是：“因违反履行获得衡平法救济的权利，如果这种违反产生了获得偿付的权利，无论这种衡平法救济的权利是否在判决中实现，既有的、或有的、到期的、未到期的、有争议的、无争议的、有担保的或无担保的。”

71. 105 S.Ct., at 710–11.

72. Id., at 712. 同样，See Baird & Jackson, “Kovacs and Toxic Wastes in Bankruptcy,” 36 *Stan. L. Rev*. 1199（1984）.

衡平法救济”，而违约就会产生付款权这一论点，人们该如何处理呢？在对这些短语的解释中，有一种区别是有意义的，可以用来为不怎么巧妙的债权的定义注入含义。将某些形式的衡平法救济排除在债权的定义之外是有意义的，如果人们认为它的作用，连同第 101（9）条，作为区分两种义务的其中一项：一是债务人因在申请破产前从事的活动所产生的义务，以及即使债务人在申请破产当日停业或死亡，其后果仍然存在；二是因债务人持续存在而产生的义务，如果债务人停业或死亡则不会产生。

由此可见，清理已经存放的有毒废物的命令会是一项债权，因为该救济是由债务人在破产申请前的行动引起的，其后果并不取决于债务人的持续存
56 在。相比之下，停止污染的禁制令不属于《破产法典》意义上的破产申请前的债权，因为它针对的是未来经营。如果债务人不复存在，该禁制令就没有效力，因为不会有进一步的污染。从破产之日算起，其价值取决于完全在债务人控制范围内的某些东西：拥有未来经营。因此，在破产之日，它的价值应该是零。结论是它并不是由申请破产前的债权达成的。

可以肯定的是，《破产法典》并不总是坚持集体化规范。事实上，一个清晰的破产法规范理论的失败，可能会使在破产责任领域中“是”与“应该”的对应程度变得引人注目。但集体化规范也为批判现行法律提供了依据。《破产法典》处理因长期租赁不动产或长期雇佣合同而产生的损害赔偿债权，提供了一个富有成效的例子。此处，问题的关键在于如何确定债权的名义价值。在这两种情况下，《破产法典》都对债权的名义价值设定了最高限额。[73]然而，这种限制的理由不仅不能令人满意，而且与破产作为一种集体收债手段的作用毫无关系。考虑一位房东的债权。破产法限制了因违反租约而导致的损害赔偿债权。根据非破产规则计算，名义损失赔偿金超过一年的保留租金，在这种情况下，《破产法典》规定将房东的名义债权最高限额设定为剩余期限

73. §§ 502 (b) (6), (b) (7).

保留租金的 15% 或三年的保留租金，以较低者为准。[74] 这种限制的理由似乎是双重的。第一，有观点认为是房东的债权可能“太大”，其结果是完全承认将“阻止其他一般无担保债权人收回破产赔偿金”。[75] 第二，有人认为允许房东主张其全部债权会使房东成为对房地产未来走向投机性猜测的不应有的受益者。[76]

这两种理由本身都不能令人满意。房东的债权是根据标准合同预期公式来确定的。如果名义上的债权数额很大，那只是因为按普通方法计算的损害赔偿金额很大。此外，未来的不确定性也不一定有利于房东。不确定性的本质是，事情的结局可能比今日的最佳猜测更好或更糟。[77] 57

此外，根据破产的作用来思考债权的确定，揭示了推理中的第二个缺陷，这一缺陷导致了对房东追回租金的限制。即使限制此类债权的任何理由作为抽象的考查事项是正确的，破产也不是实施它的正确场所。在破产之外得到更好待遇的债权人（因为他们得到了更多的名义债权）在破产中根本不是平等的。他们就像破产法一般承认的财产权持有人一样，没有独立地重新审视他们的抽象价值。出于这个原因，即使通常对待房东比其他债权人相对更好的州法律（假设它存在）可能是一个不恰当的非破产政策，但承认这种差别待遇仍然是恰当的破产政策。破产从个人转移到集体。如果房东在非破产制度下做得更好，那么他们在破产中也应该做得更好。把问题归结为破产政策的一个问题，是对问题所在的错误陈述，并促使人们出于可能并非集体最优的原因而使用破产。

---

74. § 502(b)(6).

75. See H. Rep. No. 595, supra note 24, at 353（“它旨在赔偿房东的损失，同时不允许基于长期租约提出巨额赔偿，以至于妨碍其他普通无担保债权人从破产财产中获得破产偿金”）。当然，将一项债权的名义金额提高到与其他债权的同等水平，并不能阻止其余的债权人获得任何损害赔偿：它只会影响他们取得赔偿金相对规模。

76. See Kuehner v. Irving Trust Co., 299 U.S. 445（1937）（证明结论的合理性）；Oldden v. Tonto Realty Co., 143 F.2d 916（2d Cir. 1944）（相同的）.

77. 鉴于其他长期合同（如分期付款销售或个人财产租赁）不在此限制范围内，基于时间不确定性的论点尤其不能令人满意。

确定债权人如何参与破产：相对价值的问题

我们已经研究了从非破产法中获取权利的原则是如何解释在破产中对类似组别按比例处理。该原则也适用于尊重那些不同的非破产组别的相对价值。考虑一下湖中鱼的例子。如果有 100 个渔民，处理公共池塘问题的最佳规则是规定每年最多捕获 50,000 美元的鱼，并且假设渔民之间没有相关的差异，
58 则将捕获的鱼分成 100 等份，今年和以后每年每份鱼都是 500 美元。（例如，这将通过向每个渔民发放只能捕捞一定数量的鱼的许可证来强制执行。）

假设，在最初给这 100 名渔民分配权利时，一名渔民被允许捕捞两倍于其他渔民的鱼——或者最初权利分配的方式是一名渔民在其他人有权捕捞任何东西之前，有权捕捞价值 20,000 美元的鱼。[78] 人们可能会质疑这样的最初权利分配是否明智，但这个问题与公共池塘问题无关。不管最初权利分配是怎样的，仍然可能存在一个公共池塘问题。

之所以如此，是因为该群体的最佳解决方案并没有改变。部署问题与分配问题是不同的。如果渔民们今年捕捞了 50,000 美元的鱼，留下的鱼繁殖，那么作为一个整体他们的情况还是比较好的，这样以后每年都会有 50,000 美元的鱼。一些渔民在最初权利问题上比其他渔民做得更好，这与部署结果无关。（事实上，如果一个渔民在整个渔获量方面绝对领先于其他渔民，我们将拥有唯一所有者原型，我们将从这里开始。）如果一个渔民被给予捕捞两倍于其他人的鱼的最初权利，那么被赋予解决公共池塘问题责任的人，可以通过向该渔民颁发许可证，允许其捕捞 1,000 美元的鱼，而所有其他人将被限制在 500 美元。同样，如果一个渔民的最初权利是能够优先于其他渔民捕捞 20,000 美元的鱼，那么通过给予该渔民每年优先捕捞 20,000 美元的权利，并将每年剩余 30,00 美元的许可捕鱼量按比例分配给其他 99 名渔民，仍然可以在不影

78. 这些例子的灵感来自我与 Vern Countryman 的通信，内容是关于第 1 章中的从公共池塘捕鱼的例子。作为一名渔民（我不是），他回答说：“我不相信你能让所有渔民都同意一个限制，如果他们知道他们中的一些人能够提前下沉他们的鱼钩。”1985 年 4 月 22 日的信。

响最初权利的相对价值的情况下解决公共池塘问题。

因此，公共池塘问题（即部署问题）可以在不破坏最初权利相对价值的情况下得以解决（即分配问题）。此外，在考虑信贷时，尊重最初权利相对价值的集体规则优于任何其他规则。没有任何其他破产规则可以解决由此产生的公共池塘问题，而不仅仅为了实现规则变更而要求使用破产。[79]

考虑一下破产中担保物权的问题。为了此处讨论的目的，假设担保物权 59
持有人已经采取了非破产法所要求的可适用的步骤，并因此有权优先使用资产以履行债务人偿还的义务，不仅先于后续享有担保物权的债权人，而且先于后续享有法定担保权的债权人或普通无担保债权人。（这个担保债权人就像有权捕获第一批 20,000 美元的鱼的渔夫。）假设我们已经作出了允许债权人获得担保物权的社会决定，那么摆在我们面前的问题是如何在破产中处理这种权益。

一方面，要达到正确的部署结果，可能需要担保债权人的特定非破产权利，具体来说，在违约的情况下移除资产并出售资产的权利，不应该得到完全尊重。正如我们所见，无担保债权人有几点理由要求进行集体程序。其中最重要的一点是，这些资产作为一个整体可能价值更高。如果担保债权人有权从债务人的财产中移除或者出售担保物，而且在任何集体程序之外的权利得到同等尊重，这种优势将被削弱或丧失。然而，这样说并不是说担保债权人的权利

79. 在鱼的例子中，这可能是不正确的。在那个例子中，人们设定了渔获量的限制，并按照指示进行分配。然而，就信贷而言，公共池塘解决方案是另一个现有制度的替代方案。当有两个平行的收债制度时，它们之间的规则变化会带来单一制度（如捕鱼）不会面临的问题。

60 价值不能得到尊重。[80] 集体化的好处是通过限制权利而存在的；[*] 重新分配价值只是一个分配问题。对权利的决定独立于解决公共池塘问题的需要。在一个担保债权人优先的世界里，存在破产法可以解决的公共池塘问题。在一个全体债权人按比例分享的世界里，仍然存在破产法可以解决的公共池塘问题。因此，以一种或另一种方式解决权利问题与解决公共池塘问题无关。然而，它们并不是独立的，因为公共池塘制度使用不同于个人掠夺救济制度的权利会适得其反。像所有的分配问题一样，改变破产中的规则可能会重新引入破产法本应避免的掠夺问题。

这一点可以通过考虑前面研究的假设加以强调，只是现在假设债权人 1 是一个对债务人的主要商业设备印刷机拥有担保物权的债权人。该印刷机可以在公开市场上以 50,000 美元的价格出售。凭借该担保物权，破产后的债权人 1 可确保收到 50,000 美元，这是其贷款数额。如果在债务人破产时债权人 1 能够独立于其他债权人进行清算，那么在移除印刷机时债权人 1 可以强制进行零散清算。但是，如果该企业作为一个持续经营的企业价值为 80,000 美元，而如果是零散出售，则仅值 60,000 美元，那么，债权人移除印刷机将意味着剩余的债权人将仅因其债权而获得 10,000 美元。但是，如果集体程序允许以 80,000 美元的价格将资产作为整体出售，则可以向债权人 1 支付 50,000 美元，

---

80. 或许，从债权人之间假设交易的角度来想象这一点是值得的，假设他们可以谈判。正如我们所看到的，通过集体化有机会提高资产池的价值，使其超过单个救济制度中可能存在的价值。因此，引入担保债权人应该没什么不同。将担保债权人纳入集体程序，仍然符合无担保债权人的共同利益（因此也符合债务人的利益）。另一方面，如果担保债权人的情况与以前一样好，他就没有理由反对这种纳入。

卡尔多－希克斯（Kaldor-Hicks）效率的前提——如果赢家可以补偿输家，即使没有发生这种补偿，采取行动也是可取的。这是因为，理论上表明，即使担保债权人的权利没有得到承认，集体程序的优势也可以保证其实施。See Coleman, “Efficiency, Utility and Wealth Maximization,” 8 *Hofstra L. Rev.* 509（1980）（在法律背景下对卡尔多－希克斯效率进行了合理的讨论）。但实践中，这种解决方案会产生其他问题，如战略行为和非最优的破产决策，因此，使得它不如尊重非破产权利的价值的解决方案更可取。

当然，将所有收益分配给无担保债权人的集体程序并不是唯一可行的制度。事实上，在实际的合意交易中，除非无担保债权人从这种交易获得一些收益，否则他们不太可能同意交易。这里的类比只是表明担保债权人对这两种制度漠不关心。但是，将收益完全分配给无担保债权人的法律规则具有某种优势。这种制度很容易操作。此外，当破产的收益和成本全部分配给某个唯一组别时，谁应该为破产的成本买单可以更精确地确定。参见第 7 章。

* 译者注：为了获得集体制度的潜在优势（在这种制度下，资产维持在一起也许比分开更有价值），只要担保债权人被赋予的权利和其移除资产的权利在价值上是明确相等的，便可以剥夺担保债权人移除与出售特定资产的权利。

而剩余的债权人仍有 30,000 美元。这是一个实际的应用，就像鱼一样，最优的整体结果与资产分割方式无关。

这个问题将在第 7 章进一步讨论，届时我们将审查担保债权人丧失其收回和出售抵押品的特定权利时，应如何获得补偿的问题。当前，重要的是要理解尊重权利和尊重该权利的相对价值之间的区别，以及破产法应该如何主要关注后者。此外，重要的是要看到这枚硬币的另一面：既不尊重权利，也不尊重权利价值的后果。

接下来会发生什么呢？假设破产中的规则是全体债权人均分，无论他们 61
是否拥有在破产之外的可强制执行的担保物权。一个后果是显而易见的：担保债权人在发放贷款时了解了这一规则，将被预期会因债务人风险的增加而向债务人收费。这将导致担保信贷成本的增加（因为它的风险更大）和无担保信贷成本的下降（因为它的风险更小）。这一结果是否可取，取决于允许担保信贷的决定是否是一件好事。[81] 如果有人认为担保债权人得到了太多（即有担保信贷从根本上说不是一件好事），人们总是可以改变非破产规则，并取消有担保信贷。

相关的问题是，通过保留非破产权利（担保债权人优先）但拒绝尊重其在破产中的价值，来表达对担保信贷的厌恶，是否有什么不妥。答案为“是的”，由于第二个结果。当有两个平行的收债制度时，两种制度中不同的实质性权利会导致作为一个整体的群体因个人关于分配结果的不同动机而作出错误部署决定。在破产中做出这样的规则改变，会导致无担保债权人选择破产程序以获得这种分配规则的改变（对他们有利，而不利于担保债权人），即使从债权人群体的角度来看，破产是一个糟糕的解决问题的地方。破产程序有自己的成本。允许非破产的世界顺其自然，可能是最好的选择。这可能会发生，例如，如果债务人的业务价值 6 万美元，被零散地分割，会少于其作

81. 这不是一个容易回答的问题。See Jackson & Schwartz, “Vacuum of Fact or Vacuous Theory: A Reply to Professor Kripke,” 133 *U. Pa. L. Rev.* 987（1985）, 以及其中引用的资料。

为持续经营的企业的价值。债权人作为一个群体，允许债权人 1 收回印刷机并以 50,000 美元的价格出售，以及让债务人以 10,000 美元的价格出售剩余资产的成本，可能会比援引破产的成本要低，因为此处破产程序的成本可能使
62 资产的净值从 60,000 美元减少到比如 50,000 美元。[82] 在这种情况下，债权人 2 到 4 做得更好，因为每个人都得到了 12,500 美元而不是 2,500 美元。但不仅仅是债权人 1 情况更糟（得到 12,500 美元而不是 50,000 美元）；（而是）这个群体普遍情况更糟，他们之间分配了 50,000 美元而不是 60,000 美元。[83]

由于这个原因，权利的相对排序，即债权的顺序，也是其破产估值的一个组成部分。名义债权为 10,000 美元的担保债权人可能实际得到 10,000 美元，而名义债权为 10,000 美元债权的无担保债权人实际上可能只获得 1,000 美元。由于他们名义债权是相同的，担保债权人的优先权较高，因此，每个人在破产过程中获得的数额不同。

仅仅考虑债权人并不能穷尽相对价值的概念。例如，根据非破产法，公司的股东对该公司的资产享有权利；然而，该权利独特的非破产属性是它的剩余性质。该属性（以及任何上行潜力的权利）反映在破产背景下对股东债权与竞争债权人的债权进行估值上。[84] 当且仅当在所有其他人的债权首先得到全额偿付的情况下，股东才能得到偿付。这是破产之外的世界的运作方式，因此也是它在破产中应该运行的方式。

---

82. 这种价值的降低可能有多种原因。也许最常见的一个涉及破产的信息内容，与公司成功的机会有关。例如，如果克莱斯勒公司（Chrysler Corporation）在 20 世纪 70 年代末申请破产，大多数人预计它会加剧其销售汽车的问题，即使它的成功机会在破产中可能会一样大或更大，因为这个信息不可避免地会被读入 Chrysler 的申请中。参见第 8 章。

83. 可以肯定的是，债权人可能会试图通过在破产之外进行谈判来绕过这一糟糕的破产结果（债权人 1 最终会得到 12,500 美元到 50,000 美元之间的某个金额）。这种情况涉及复杂的、昂贵的和潜在棘手的谈判，特别是如果考虑更现实的情况，即有数百个债权人而不仅仅是四个。因此，避免这些破产前夕的谈判似乎更为可取。只有当破产增加了债权人作为一个整体的收益时，才会触发破产，这符合债权人的整体利益。对他们来说，做到这一点的最佳方式是，首先同意尊重债权人 1 在破产中的非破产权利的价值。鉴于达成这样的实际协议很可能是棘手的，而且需要一项法律规则作为替代，因此，最佳破产规则是尊重担保债权人的非破产权利的相对价值。只有这样的规则才能解决公共池塘问题，而不会让自利的债权人打着挑拣法院的幌子来寻找对他们自己有利的规则改变，从而再次引入这个问题。

84. 如果公司资不抵债，根据非破产法，股东可能会失去任何对上升潜力的权利。See Black & Scholes, supra note 35（从期权合约的角度看待普通股）。

更一般地说，无论问题是担保债权人相对于无担保债权人的排序，还是无担保债权人相对于股东的排序，甚至是无担保债权人之间的排序问题，破产法对于债权的相对排序都没有，或者说应该没有多少发言权。这个问题是一个典型的非破产属性的问题。破产法在履行其公认的作用方面，所能做得 63
最好的事情莫过于坚持从外部排序模式中获得估值。

无论这一点在理论上看起来多么简单，破产法偶尔也会忽略它。担保信贷有时是一个显著的例子，尽管在这方面，法律回应在很大程度上与规范性理论一致。[85] 在其他情况下，这一点被完全忽略。例如，考虑一下破产中证券法债权的从属地位问题。[86] 第 510（b）条规定，任何主张撤销购买或出售债务人证券的权利，或因购买或出售该证券而产生的损害赔偿债权，都应处于从属地位。此类债权应从属于“优先于或等于此类证券所代表的债权或权益”。本条的知识基础源于约翰·斯隆（John Slain）和荷马·克里普克（Homer Kripke）1973 年的一篇文章。[87] 他们争论的核心在于，允许一个人基于其购买的股权在破产中作为无担保债权人主张债权，不允许购买了高风险证券的买家将自己列入风险较低的序列。他们将问题看作是一个风险分配问题，并将相关风险视为两种：“（1）无论何种原因造成的企业破产的风险；（2）证

85. See *In re* Martin, 761 F.2d 472（8th Cir. 1985）； Frundy Nat' l Bank v. Tandem Mining Corp., 754 F.2d 1436（3d Cir. 1985）； *In re* American Mariner Industries, Inc., 734 F. 2d 426（9th cir. 1984）； Baird & Jackson, supra note 58； Note, “Compensation for Time Value as Part of Adequate Protection during the Automatic Stay in Bankruptcy,” 50 *U. Chi. L. Rev.* 305, 309–22（1983）. 这将在第 7 章中进行探讨。

86. 这个问题不仅限于证券债权。破产（bankruptcy）有一个“衡平居次”的原则。Taylor v. Standard Gas & Electric Co., 306 U.S. 307（1939）； Clark, “The Duties of the Corporate Debtor to Its Creditors,” 90 *Harv. L. Rev*. 505（1977）. 最高法院已经明确表示，衡平居次不依赖于非破产法，Prudence Realization Corp. v. Geist, 316 U.S. 89, 95（1942）：“破产法院是一个衡平法院，对破产人的财产进行司法管理是由其负责……该法院——并非没有适当考虑根据州法律规则获得的权利——界定和适用联邦法律，以确定债权人的不公平行为在何种程度上获得或在破产中主张其债权从属于在其他方面属于同一类别的其他债权。”然而，如果破产法被看作是一种集体收债的手段，那么这种对非破产法的漠视是不正确的。另外，See § 726(a)(4).

87. Slain & Kripke, “The Interface between Securities Regulation and Bankruptcy—Allocating the Risk of Illegal Securities Issuance between Securityholders and the Issuer' s Creditors,” 48 *N.Y.U. L. Rev*. 261（1973）； see Proposed Bankruptcy Act of 1973 § 4–406(a)(1), contained in Report of the Commission on the Bankruptcy Laws of the United States, Part II 115（1973）, H. Doc. No. 137, 93rd Cong ., 1st Sess.（1973）.

券发行的违法风险。”[88]他们认为第一个风险是接受股权而不是债务的基本部
64 分；他们将第二个风险描述为企业向股东非法发行股票的风险。无论在哪种情况下，John Slain 和 Homer Kripke 都认为，在破产程序中将风险重新分配给普通债权人是没有根据的，而将由此产生的任何损害赔偿请求视为普通无担保债权就可以了。

肯尼斯·戴维斯（Kenneth Davis）在 1983 年的一篇文章中对这一基本原理及其在《破产法典》第 510（b）条中的实施提出了质疑，他认为很难区分证券发行欺诈给无担保债权人带来的风险与他们还承担的其他风险（如债务人违反反垄断法）。[89]Davis 的解决方案是将商业风险造成的证券价值损失（在他看来，股权证券的购买者承担更大的风险以换取回报更高的可能性）与发行中的欺诈（或类似行为）造成的证券价值损失（在 Davis 看来，股权证券的购买者并不同意承担这种风险）分开。[90]

无论这场辩论的任何具体解决方案的优点是什么，把它当作破产政策问题来讨论都是很奇怪的。如果州法将证券法债权的持有人视为普通债权人，这些人享有普通股东所不享有的属性——如征收权（rights of levy）。证券法债权相对于针对债务人的其他债权应处于何种地位的问题，最终归结为是否应允许某些股东（持有欺诈债权的股东）承担债权人的属性。这个问题本质上是一个非破产法的问题。一旦非破产法决定了排序，基于特定方是否同意承担某一特定风险而坚持不同的破产结果是不合适的。在所有情况下，任何一方承担的风险都是由非破产法规定的。没有理由重新安排优先权，即重新分配这些债权的相对价值（仅仅因为偿付过程已经集体化）。因此，无论《破产法典》第 510（b）条是不是好的政策，它都不是好的破产政策。

诚然，解决相对属性的问题并不容易，特别是当关注的焦点是债权人之

88. Slain & Kripke, supra note 87, at 286–88.

89. Davis, “The Status of Defrauded Securityholders in Corporate Bankruptcy,” 1983 *Duke L.J.* 1, 22–23.

90. Id., at 41.

间的权利，而不是更为常见的（基于合同的）债权人对债务人的权利时。非破产法有时规定特定债权人对债务人的部分或全部资产享有优先权利。这些债权人可能是合意担保物权、执行担保权、法定担保权或其他任何一种权益的持有人，这些权益具有允许持有人对债务人的部分或全部资产主张优先权 65
利的效力。由于非破产法以多种形式提出这一问题，然而，决定如何确定破产中某一特定债权的优先权可能需要对非破产权利的性质以及在破产中如何承认非破产权利的性质进行谨慎理解。

例如，在破产中如何处理赋予非破产方强制履行权的合同？假设一个债务人签订了合同，将他的夏加尔画作（Chagall painting）以 10,000 美元的价格卖给债权人 A，将他的电脑以 10,000 美元的价格卖给债权人 B。根据适用的州法，债权人 A 享有与合同相关联的强制履行权，但债权人 B 对违约的权利与普通合同债权人一样，只限于金钱损害赔偿。债权人 A 和债权人 B 都已经支付了合同中要求的全部款项，债务人随后申请了破产。债权人 B 的债权是无担保债权人的债权，要么是返还（为他的 10,000 美元），要么是预期违约（为了简单起见，除了收回 10,000 美元的债权外，该债权将推定为零）。如果在债务人的破产中，无担保债权人得到的是百分之十的清偿，那么债权人 B 将得到 1,000 美元。

鉴于债权人 A 所在州法规定的强制履行权，应如何处理其债权？近年来，合同学界对强制履行权作为一种财产权进行了富有启发性的分析。[91] 如果有人试图将这种分析应用于破产，乍一看似乎债权人 A 应该得到这幅画，有效地满足了债权人 A 的百分之百的债权，与支付给普通无担保债权人（如债权人 B）的百分之十的清偿额相差甚远。当问题提出时，这似乎就是在破产中达到

91. Schwartz, “The Case for Specific Performance,” 89 *Yale L.J.* 271（1979）; Kronman, “Specific Performance,” 45 *U. Chi. L. Rev.* 351（1978）.

的结果。[92]但它关注的是错误属性上。当授予强制履行的裁决不太可能意图戏剧性地改变债权人A和债权人B之间的相对债权顺序(更不用说其他债权人),作为一个非破产法事项,保护强制履行是为了充分尊重债权人A的权利。在讨论债权人之间的权利时,Douglas Baird和我已经注意到区分我们所谓的“财
66 产”权利和“优先”权利的重要性[93]——这种区别在当前情况下很重要,因为有必要关注的不是州法律的标签,而是该标签的属性,最重要的是,这些属性相对于债务人的其他债权人的价值。

某些合同的强制履行权被认为是合理的,其最常见的理由是它使享有该权利的一方不因将该债权视为可通过金钱赔偿来满足而得不到充分的赔偿。然而,这一理由基本上描述了缔约方之间的两方关系。它没有强制要求给债权人A 10,000美元(现金或实物),而只给债权人B 10,000美元。相反,破产中的相关焦点(这有时使问题变得棘手)是从债权人对债权人的角度所考虑的属性问题,而不是债权人对债务人的权利的属性问题。这是一个优先权问题,而不是财产问题。

以此为焦点,考虑到关于其他债权人的债权,对州法的进一步审查可能会揭示,在破产前夕,为特有的货物而订立的合同中强制履行权利的价值远不及百分之百。在我们的例子中,确定相对价值的相关问题是,在破产程序进行时,州法律将如何对待债权人A与夏加尔画作的执行债权人,而不是州法律将如何对待债权人A与债务人。非破产解决方案几乎肯定是有利于执行债权人的,因为当买方(债权人A)在出售后将夏加尔画作留在债务人手中时,产生了表面所有权。[94]因此,由于这个原因,在破产中允许以强制履行为理由

92. See Proyector Electronics, S.A. v. Alper, 37 Bankr. 931(Bankr. E.D. Pa. 1983)(破产中遵循的强制履行原则); cf. Nimmer, “Executory Contracts in Bankruptcy: Protecting the Fundamental Terms of the Bargain,” 54 *U. Colo. L. Rev*. 507, 524–31(1983)(显然,这是在待履行合同的背景下得出的结论)。

93. D. Baird & T. Jackson, *Cases, Problems, and Materials on Security Interests in Personal Property* 1–3(1984).

94. 尽管《统一商法典》§ 2–402(1)(1978)规定了无担保债权人对合同所确定的货物的权利受制于 § 2–716规定的买方的强制履行权,但该规定明确受制于 § 2–402(2)。根据 § 2–402(2),“如果根据货物所在州的任何法律规则,卖方对货物占有保留是欺诈性的,则卖方的债权人可将出售或买卖合同中对货物确认视为无效。”许多州认为这种占有保留具有确凿的欺诈性。See, e.g., Cal. Civ .Code § 3440(West 1970).

全额向债权人 A 偿付，错误地将针对债务人的财产权——强制履行，转化为针对其他债权人的优先权。因此，强制履行在其正常的合同背景下不应以其 67
名义价值得到尊重，因为归根到底，相关的问题是非破产问题，不能通过查看标签来回答（如将强制履行权称为财产权）。相反，焦点必须放在审查非破产法下该权利的价值，相对于债务人在破产时的其他债权人而言。在将负债转换到破产程序时，需要牢记这一重点。

3

68 改善负债：第 544 条规定的基本托管人撤销权

正如我们所看到的，破产法应主要关注价值而非权利。这一点有助于审查托管人的基本撤销权（在第 6 章之前，暂不考虑撤销偏颇性转让的权力，对这种权力有着不同的考虑）。对于熟悉破产法的人来说，在这一点上讨论撤销权可能显得有些奇怪。撤销权似乎与财产归集有关。《破产法典》第 541 条允许托管人代替债务人归集破产财产，而撤销权（提示性地位于附近的条款）通过赋予托管人将资产带入破产财产的某些其他权力而加强这一活动。

这种看待情况的方式有着不可否认的有效性。在破产所涉及的财产是什么的问题与破产中债务如何安排的问题之间，存在着大量的、不可避免的交叉。即便如此，我认为将托管人的基本撤销权作为确定债务的相对顺序的一部分来考虑是有益的。因此，它在这里的位置是资产，是介于对负债的基本讨论和对破产财产的讨论之间的。

可以区分两种通常被认为是撤销权的事物。第一类是由那些可以用来维护与破产程序的集体性质相关的好处的权力组成，最好被认为是那些在债权人之间安排权利的权力。这些撤销权，特别是第 544（a）条规定的托管人的“强臂”（strong arm）权力，是本章和第 6 章的主题。

69 第二类权力通常被认为是撤销权，与实施从个别制度到集体制度的转变无关。这类权力的蓝本是欺诈性转让法。打击旨在阻碍、延迟或欺诈债权人的行为，或资不抵债的债务人以低于公平对价进行转让的法律，既不是破产程序本身的产物，也与破产程序没有特别关系。第一类撤销权调整的是债权人相对于其他债权人的权利，而欺诈性转让法调整的是债权人相对于债务人的权利。当人们注意到欺诈性转让原则不仅存在于《破产法典》第 548 条中，而且还在破产之外也起作用时——正如其四百多年来所做的那样，第二组撤销权并不是源于实施破产集体程序的需要，这一点就变得显而易见了。[1] 它和其他非破产权利一样，通过第 544（b）条在破产中保持其效力。尽管称欺诈性转让法为破产托管人的撤销权不会造成特别的损害，但人们必须认识到它独特的、较少集体主义色彩的理由。欺诈性转让法将被暂时搁置讨论，而到了第 6 章中考虑托管人的偏颇性清偿权力后再进行简要审查。我们将在那里看到，尽管在一个战略行为的世界中，偏颇性清偿权力是实施破产不可或缺的，但破产对欺诈性转让法的修补更值得怀疑。

在这里，我们将集中研究《破产法典》第 544 条所包含的撤销权，尽管在本章的最后，我们将研究一种针对州创设的优先权和破产法定担保权的相关权力，这种权力的一部分包含在第 545 条中。将破产视为一种旨在解决公共池塘问题的集体手段，有助于研究这些撤销权的轮廓及其固有的局限性。与现在第 544 条和第 545 条所体现的撤销权的使用有关的一些长期存在问题，源于未能在破产的集体化规范中确定每一项特定撤销权的潜在目的。由于这一失败，法官、立法者和评论家们没有把注意力集中在特定撤销权旨在影响的行为类型上，因此，他们没有认识到每个特定权力所能达到的限度。为了纠正这种情况，有必要了解第 544 条中描述的撤销权的基本作用。

作为假设的担保债权人或购买人的托管人 70

与所有的破产规则一样，撤销权的基础应该是保护破产收债过程集体化的优势。考虑托管人的权力来主张假设的担保债权人权利——第 544（a）条

1. See Uniform Fraudulent Conveyance Act（1919）； 13 Eliz., ch. 5（1570）.

规定的强臂权。[2] 如果债权人在破产财产中持有的权益从属于执行担保权债权人在破产之外的利益，则托管人能够“撤销”该利益。它与集体化规范的关系是，它假定使托管人能够在破产前的那一刻保持这些债权人权利之间的价值平等。担保债权人的权力并没有改变相对权利，而是恰恰相反。因此，将这种撤销权的使用视为实施前一章所探讨的相对价值的概念是恰当的。

最能说明这一点的是，托管人撤销未完善担保物权的能力，这当然是在强臂权下最常撤销的财产权。[3] 对于任何对未完善的担保债权人的非破产权利有基本了解的人来说，关于托管人撤销这些权益以维护非破产相对价值的主
71 张，起初看起来可能很奇怪。[4] 在破产之外，为了使无担保债权人优先于未完善的担保物权，无担保债权人必须完善其自身权利中的财产权（例如担保物权或执行担保权），而且必须在竞争性担保物权完善之前这样做。

因此，如果我们在破产前的某个时刻拍一张概念性的快照，这幅图可能根本不能反映假定的价值平等。如果“竞赛”在此时此刻结束，未完善的担保债权人将战胜无担保债权人。因为它将占上风，所以未完善的担保债权人的相对价值也许似乎高于其无担保债权人的相对价值。如果是这样的话，那么似乎可以说破产政策不能证明代表无担保债权人推翻未完善的担保物权是合理的，因为在申请破产时，他们中的任何一人都无法战胜这种担保物权。

---

2. 该条规定：“自案件开始之日起，在不考虑托管人或任何债权人是否知情的情况下，托管人应当拥有权利或者权力，或可以撤销债务人的任何财产转让，或债务人承担的任何债务通过以下方式撤销——（1）在案件开始时向债务人提供信贷的债权人，并且在该时间和就信贷获得对所有财产的司法担保权，在该财产上，债权人根据简式合同已获得司法担保权，而无论这样的债权人是否存在；（2）在案件开始时向债务人提供信贷的债权人，并且在该时间和就信贷取得对债务人的执行，而针对债务人的执行在此期间未获清偿，无论该债权人是否存在；（3）从债务人取得不动产的善意买受人，适用的法律允许其完善这种转让，在案件开始时取得善意买受人的地位并已完善转让，无论该买受人是否存在。”

3. 根据《统一商法典》§ 9-301（1）(b)（1978），未完善的担保物权从属于“在担保物权完善之前成为担保权债权人的人”，而根据《统一商法典》§ 9-301（3），担保债权人不仅指“通过扣押、征收或类似方式取得对所涉财产的担保物权的债权人”，还包括“自申请之日起破产的托管人”。后一项规定奇怪的位于州法中。尽管破产法从州法中汲取了一些属性，但州法本身不应决定破产的结果。托管人是否应该拥有担保债权人的权力是（或应该是）一个破产问题；担保债权人的这些权力是（或应该是）一个非破产问题。

4. 完善需要定着，《统一商法典》§ 9-203（1），（2）（1978），加上“完善所需的适用步骤”，《统一商法典》§ 9-303（1）。这些步骤，在《统一商法典》§§ 9-302 至 9-306 中规定，通常包括担保债权人在适当的公开文件中提交一份融资声明或占有抵押物。

最有洞察力的破产分析家之一约翰·麦考德（John McCoid）更有力地阐述了这一论点。他断言：

> 当破产停止比赛时，这些当事人并不是平等的，因为有担保的一方领先。假设担保债权人的地位不只是维持现状；它颠覆了优先权的顺序，因此，不仅仅是用托管人代替无担保债权人。
>
> 也许这在 19 世纪甚至 1910 年有某种意义。那时，破产的开始并没有像今天这样结束双方的竞争……有担保方仍在“运行”，如果托管人要具备有意义的代表地位，就需要一些东西。然而，在目前的结构下，停止了双方的竞争，假设的担保债权人地位提供的不仅仅是代表。它给无担保债权人提供了他们在破产之外没有的东西，也许是他们无法迅速获得的东西。事实上，它可以提供，就像与房地产有关的假设善意购买者的地位一样，激励人们发起破产程序以获得本来无法获得的有利条件。[5]

McCoid 正确地关注到相对价值。尽管从保护相对价值的角度来看是合理的，但是，他的规则可能不仅不能反映贯穿一系列案件的价值，而且不能反映一项允许托管人撤销担保债权人本可以在破产之日撤销的权益的规则。请考虑以下论点。未完善的担保债权人和无担保债权人这两类债权人的相对地 72
位，仅通过其在破产前各自地位的快照来部分地且具有误导性（misleadingly）地描述。诚然，如果不采取进一步行动，未完善的担保权人有权优先于无担保人。然而，在确定价值时，更重要的一点可能是，实际上双方都没有采取确保最终胜利的步骤——也就是确定了自己在队伍中的位置。在破产前的那一刻，哪一方会首先迈出最后一步是未知的。如果担保债权人首先采取行动，他就可以通过占有抵押品或提交一份有关其权益的通知而获胜。相反，无担

5. McCoid, “Bankruptcy, the Avoiding Powers, and Unperfected Security Interests.” 59 *Am. Bankr. L.J.* 175（1985）.

保债权人可以通过首先采取行动来保证自己的优先权，或者通过取得和完善财产上的合意担保物权，或者通过获得财产上的非自愿的扣押或执行担保权。

这一分析表明，在破产前的那一刻，任何一方都没有任何明显的优势。可以肯定的是，普遍的看法是，未完善的担保债权人即将获胜，但这种观点实际上可能具有很大的误导性。[6]未完善的担保债权人或者需要债务人主动配合提交一份融资声明（需要债务人签名），或者需要其消极合作才能收回资产。[7]除此之外，未完善的担保债权人和其无担保债权人一样，需要诉诸司法程序。未完善的担保债权人的其余步骤不大可能会比无担保债权人的步骤更容易，无担保债权人在债务人的积极合作下，既可以得到偿付、获得自己的担保物权，也可以占有资产。因此，作为一个非破产法的问题，相对价值实际上可能是相等的。

然而，即使不是这样，由于相对价值和破产规则的性质，第 544（a）条赋予托管人担保债权人的权力仍然是合理的。现在假设在与任何特定无担保债权人的一对一竞争中，担保债权人有相当程度的把握来假定最终获胜是可能的。在这样的世界里，McCoid 关于相对价值的观点可能是正确的。但我们需要一个适用于各种情况的规则，包括有数十个甚至数千个无担保债权人的
73 情况。考虑一个未完善的担保债权人的地位，他面对的是一群作为其竞争对手的无担保债权人。在这种情况下，相关的竞赛一般不会是一对一的，而是让未完善的担保债权人与众多无担保债权人（或许还有其他未完善的担保债权人）进行竞争。如果任何一个无担保债权人首先得到偿付或获得担保物权或完善的担保权，未完善的担保债权人将至此失去其优先权。

在整个无担保债权人群组中，其中一些人可能接近判决或扣押，因此，未完善的担保债权人面临被击败的巨大危险。因此，评估未完成的比赛的结

6. 我在以下文章中提出这一点，Baird & Jackson, "Corporate Reorganizations and the Treatment of Diverse Ownership Interests: A Comment on Adequate Protection of Secured Creditors in Bankruptcy." 51 *U. Chi. Rev*. 97, 112–13（1984）.

7. 只有在不"破坏和平"的情况下，才有可能在没有法院介入的情况下进行取回。《统一商法典》§ 9–503（1978）.

果就成了问题。因为在债务人破产之前，无论是未完善的担保债权人还是任何无担保债权人都没有采取在最终步骤，以确保在破产之外的优先权。因此，此时最好将他们视为处于相对平等的地位，至少是为了形成一种估值规则，而不是代价高昂的逐案标准。在“撤销”有担保的一方未完善的权益时，托管人并没有给无担保债权人授予胜利；相反，他保证了平局，这可能是最好的办法。

例如，假设未完善的担保债权人在与任何特定的无担保债权人的十次竞争中获胜九次。进一步假设（为了简单起见），每个债权人都有 1,000 美元的债权，而债务人的资产价值 1,000 美元。如果债务人只有两个债权人，即未完善债权人和普通债权人，他们在破产前的相对价值分别为 900 美元和 100 美元。但是，如果债务人有，连同未完善的债权人，不是一个，而是一百个普通债权人呢？未完善的债权人的债权在破产前一刻的相对价值现在只有 100 美元，因为普通债权人十有八九会赢得这场比赛。如果有 1,000 个普通债权人，未完善债权人的债权相对价值将下降到 10 美元。尽管未完善的债权人的相对价值始终大于任何特定的普通债权人的债权（并且以相同的百分比），如果是在将未完善的债权人视为已经赢得比赛（从而因其债权而给予其 1,000 美元）与普通债权人平等分享之间做出选择，当未完善的债权人的相对价值未达到 1,000 美元时，后一种选择似乎更合理。

McCoid 正确地指出，平等对待所有人的结果将产生“启动破产以获得本来无法获得的优势动机。”然而，这个问题源于这样一个事实，即该规则并不是基本价值的精确反映——根据我们目前的假设，它低估了未完善担保债权人破产前的地位。但是，他所赞成的规则也存在同样的缺陷，实际上错配 74
可能更大。然而，正如 McCoid 所观察到的，相对错配的问题可能不是决定性的。他还（正确地）关注了由这样或那样的规则造成的滥用破产的动机。从这个角度来看，他的规则或许可以引起更少这样的动机。未完善的债权人，一旦发现其缺乏完善性，可能只会是完善（如果债务人允许的话），而不是申请破产。但这一点可能被夸大了。正如未完善的债权人可能会（或可能不会）完善而不申请破产一样，任何普通债权人也可能只是宁愿采取措施以获得优先权（和 1,000 美元），而不是提出申请（届时它必须与众多其他债权人按比例分享）。因此，即使我们假设未完善的债权人债权的相对价值大于任何普通债权人债权的相对价值，出于一种规则而不是另一种规则的自私的理由而使用破产的动机也不是特别清楚。我们仍然要在两个假定的规则之间做出选择，一般来说，最准确反映相对价值的规则似乎更可取。

从这一讨论中，我们可以得出结论，这两条规则都不合适，我们应该尝试更准确地维护未完善的债权人和普通债权人的相对价值，例如，在破产中给予未完善债权人的债权是任何普通债权人得到的九倍。然而，这假设相对价值是更大的，而我们已经看到它可能不是。但是，即使假设这种方法在理论上可能更为原始，在实践中也不太可能更为可取。它不仅需要计算诸如资产与负债的实际比率等事项，还需要计算不可估量的因素（如获胜的实际机会）。在存在大量未完善的担保债权人的情况下，这种计算很快就变得更加复杂，每个未完善的担保债权人不仅可能赢得（或输掉）与普通债权人的竞赛，而且还可能赢得（或输掉）与其他未完善的担保债权人的竞赛。由于这个原因，第 544（a）条的“担保债权人”规则可能被认为是可以设计出的最好的、最容易的现成规则，并且比更昂贵的逐案（case-by-case）标准更为可取。[8]

75 然而，该理由也表明了对托管人基于假设的撤销权的限制，这一点，McCoid 和我完全同意。托管人作为假设担保债权人的权力的正当性最终取决于非破产权利。它以破产前存在的非破产权利的价值为标尺来衡量（尽管有

8. 此外，这种分析表明，也许还应当赋予托管人普通债权人的权力，这些债权人因其现有债务而在破产时取得并完善了合意的担保物权。如果根据非破产法，这种合意债权人优先于未完善的担保债权人，那么根据州法，担保债权人并不享有优先权的事实可能没有什么不同。然而，这种额外撤销权的基本原理与构成 § 544（a）(3) 基础的基本原理是截然不同的。参见下文。对于具有未到期债权的债权人（如未显示出的侵权债权人）获得 § 544（a）保护的能力的讨论，see Jackson, “Avoiding Powers in Bankruptcy.” 36 *Stan. L. Rev*. 725, 750–56（1984）.

些不精确）相互竞争的债权人对债务人财产的相对权利的价值。[9] 一旦这些权利在破产之外被固定下来，破产的集体化性质就不会要求在破产内部重新分配其价值。

这一点虽然简单，但对第544（a）条的形式和方向有很多影响。[10] 首先考虑第544(a)(3)条，该条允许托管人撤销债务人的任何财产转让，该转让“可由……从债务人处获得不动产的善意购买人撤销，适用法律允许该转让得到完善，在案件开始时获得善意购买人的地位并完善了这种转让，无论这种购买人是否存在”。[11] 演绎推理可能使得该条的颁布是可以理解的，但与集体化规范无关。 76

虽然这方面的立法历史并不存在，[12] 但是《破产法典》的起草者似乎已经得出结论，托管人的强臂权主要是解决存在表面所有权问题的财产利益的坏

9. See *In re* Harms, 7 Bankr. 398（Bankr. D. Colo. 1980）（指出托管人权利问题的答案“是一个州法上的问题”）。这一原则在一份众议院报告中得到了体现，该报告附有1910年对1898年《破产法案》（Bankruptcy Act）的一项修正案，该修正案首次赋予托管人比破产人“更好”的财产所有权：“这样一来，实际上，破产程序将赋予债权人在没有破产的情况下根据州法律可能享有的所有权利，并且他们因破产而被禁止——这当然是赋予托管人的一个非常理想的、明显公平的地位。”H. Rep. No. 511, 61st Cong., 2d Sess. 7（1910）； but cf. Countryman, “Justice Douglas: Expositor of the Bankruptcy Code,” 16 *UCLA L. Rev*. 773, 782–87（1969）（表明这是权力的合理化，而不是权力的定义或限制）。

10. 除了文中讨论的问题外，还有一个问题。在 § 544（a）中，强臂权被改写为赋予托管人所列举的权力，而“不考虑托管人或任何债权人是否知情”。这一改变遵循了Countryman教授的建议，Countryman, “The Use of State Law in Bankruptcy Cases（pt. 1）,” 47 *N. Y. U. L. Rev*. 631, 652–56（1972）.

尽管作为一个非破产法的问题，在排序优先权时要求知情可能是不明智的——see Baird & Jackson, “Information, Uncertainty, and the Transfer of Property,” 13 *J. Legal Studies* 299（1984）（批评将知情的使用作为确定优先权的一个因素）——这再次简单地重申了对非破产法的审查，而这正是重点所在。没有任何与破产程序相关的内容表明，需要采用不同的规则来实现破产的目的。即使有人断言，由于知情是针对具体事实的，而且可能因债权人而异，所以很难全面证明，但这并不必然地证明无视破产中的非破产要求是合理的，因为在破产之外也是如此。

只有当知情被应用到一定比例的非破产恢复时，破产中的变化才可能是合理的。例如，如果证明知情是一项固定成本（例如每个债权人100美元），即使该规则在破产之外是有意义的，因为一般的追偿平均为1,000美元，但在个别债权人的一般追偿大大减少的情况下，它可能不值得这种固定成本。然而，这种在破产中取消知情要求的理由是完全不同的。当然，托管人的知情与这种基于债权人的集体审查无关，因此被适当地忽略了。See Commercial Credit Co. v. Davidson, 112 F.2d 54（5th Cir. 1940）； *In re* Lindsey, 131 F. Supp. 11（D. N.J. 1955）.

11. § 544（a）(3). 在托管人的强臂权方面，使用善意购买者测试是《破产法典》中的新规定。See H. Rep. No. 595, 95th Cong., 1st Sess. 370（1977）. 它在托管人的偏颇性清偿权下已经存在了很长时间。See § 60a（2）of the Bankruptcy Act of 1898, 11 U.S.C. § 96a(2)(1979年10月1日废除). 它在那里的使用同样麻烦。参见第6章。

12. 立法历史仅指出，§ 544（a）(3)没有要求不可能的事情，即在州法律根本没有规定的情况下进行申请或登记，124 Cong. Rec. H. 11097（daily ed. Sept. 28, 1978）； see *In re* Elin, 20 Bankr. 1012（D.N.J. 1982）［§ 544(a)(3)的立法历史对该“条款缺乏且几乎没有阐明”］。

处，尽管根据非破产法可以采取救济措施，但是这些问题仍然存在。[13] 问题是，
77 或者说看起来是显而易见的：仅仅拥有担保债权人的权力，并不能使托管人的表面所有权问题在尚未得到解决的情况下，战胜所有权益。一些州允许对不动产的各种权益能够但尚未被登记，对非合意债权人有效，例如判决担保权持有人。然而，这些未登记的权益对大多数合意债权人是无效的，例如，财产权益的后来购买者，他们在购买时既没有实际的，也没有建设性的对先前未登记权益的通知。

这种限制似乎很容易得以简单纠正。如果适用的法律规定某种形式的恶名作为"全面"保护不受竞争性债权的条件，而某一特定权益的这种恶名在破产前并未出现，则该权益对托管人而言应无效。为了做到这一点，起草人发现他们必须赋予托管人对抗不动产权益的善意购买人的权力。

这种演绎推论，虽然看起来很简单，但从根本上误解了破产政策需要强臂撤销权的原因。表面所有权可能而且经常产生问题，但相对于单个救济制度而言，它不会以损害集体程序的方式产生问题。因此，在非破产法规定普通无担保债权人对此无能为力的情况下，没有与破产相关的理由要求在破产中实行"禁止秘密担保"原则。

要确定第 544（a）（3）条是否正确地促成了破产的集体化目标，需要在破产前一刻对各种债权人权利的价值进行审查，而不是对秘密担保权的普遍弊

13. Kennedy, "Secured Creditors under the Bankruptcy Reform Act," 15 *Ind. L. Rev*. 477, 483（1982）（强臂权来自"承认秘密担保权违反破产政策"）。See also Report of the Commission on the Bankruptcy Laws of the United States, H. Doc. No. 137, 93rd Cong., 1st Sess., Part I, at 18（1977）（"任何破产法的基本特征之一是列入旨在使破产人进行的秘密转让无效的条款"）；H. Rep. No. 551, 61st Cong., 2d Sess. 8–9（1910）（恶名问题是"立法反对秘密担保权的基本原则"）。在 1938 年《钱德勒法案》（Chandler Act of 1938）进行修订时，在优先权部分对转让的定义中增加了善意购买者测试（连同担保债权人测试）。这一增加是对"衡平法担保权"案件的回应，如 Sexton v. Kessler, 225 U.S. 90（1912）. 这是明确添加的，因为秘密担保权是邪恶的。See, e.g., Analysis of H.R. 12889, 74th Cong., 2d Sess. 188（1936）（"这一测试的目的是打击秘密转让，因此，转让在被人知道时即被视为已完成，而不是在实际完成时"）。在国会发现善意购买者测试危及所有未通知的应收账款融资后[see Corn Exchange Nat'l Bank & Trust Co. v. Klauder, 318 U.S. 434（1943）]，国会将偏颇性清偿部分中的善意购买者测试限制为不动产转让。通常，See 2 G. Gilmore, *Security Interests in Personal Property* 1300–05（1965）. 我们可以有把握地假设，1978 年起草人员颁布 §544（a）（3）的动机，也是出于同样的禁止秘密转让的敌意。See Morris, "Bankruptcy Law Reform: Preferences, Secret Liens and Floating Liens," 54 *Minn. L. Rev*. 737, 759–60 and n. 61（1970）（建议需要修改强臂权以将善意购买者测试包括在内）。

端念符咒（incantation）。简而言之，如果他们将第 544 (a) (3) 条的制定建立在禁止秘密担保权原则的基础上，那么，起草人误解了审查，因为他们忽略了一个至关重要的事实，即不动产法往往不同于个人财产法。债权人之间那些有差异的价值应该成为破产法关注的重点。[14] 乍一看，这种比较不利于第 544 (a) (3) 条的存在。在存在善意购买人规则的州，无担保债权人在破产之 78
外不能直接战胜未登记的不动产权益持有人。[15]

然而，乍看之下，可能低估了普通债权人的权利。在根据判决债权人的执行的买卖中，第三人可以购买有关不动产。如果买方不知道未登记权益，并且如果与出售有关的通知没有引起这个未登记的权益持有人的注意，许多州可能允许担保债权人保有收益，并以这种方式（尽管是间接的）否定未登记权益持有人的主张。[16] 作为一个州法律问题，可能难以对判决债权人和未登记权益持有人在这种方案下的相对权利进行估值，因为相对价值取决于未登记权益持有人在销售收益支出之前出现的可能性。在这种情况下，第 544（a）（3）条作为一项假定的估值规则可能是合理的。然而，被假定的价值仍然来自州法律，而不是破产政策。

简而言之，第 544 (a) (3) 条是否可取，取决于在州法律下的未登记的不动产抵押人和无担保债权人的相对属性。从破产法的角度来看，关注表面所

14. 但是，see Morris, supra note 13, at 759（善意购买者测试是必要的，因为“两个受让人都同样有责任；没有理由区别对待它们”，驳斥了“这种异常现象是州法律的问题，而不是破产法的问题”的观点，理由是“有一项防止这种差异蔓延到破产的政策”）。破产法不会推翻州创设的表面所有权问题，如果州法允许这些问题存在而没有任何公众恶名的话。例如，货物的租赁或寄存对通过债务人提出权利主张的人有效，尽管这些权益带来了表面所有权问题。同样，尽管存在恶名，信托权仍然是允许存在的。只要这些权益不容易受到任何人的攻击——也许除了通常情况下的购买者——通过债务人主张权利，破产法就会尊重它们。州法允许某些未登记的权益被其他购买人推翻，这一事实对无担保债权人而言没有任何改变。因此，建议破产法包含一种披露要求是不真诚的（disingenuous）；它没有，至少在州法律没有程序可以提供恶名的情况下。

15. 无担保债权人可以通过成为善意购买人而胜过未登记的不动产权益的持有人。然而，要做到这一点，无担保债权人将必须提供新价值，并将只在该价值的范围内占有优势。这一限制决定性地将这种可能性与前注 8 提出的建议区分开来，即基于普通债权人根据非破产法取得合意的担保物权的能力而取得的撤销权，其胜过未完善的权益。

16. 这就要求发现善意购买者不受未登记的权益的影响——see, e.g., Hugh v. Williams, 218 Mass. 448, 105 N.E. 1056（1914）；S. Riesenfeld, *Cases and Materials on Creditors' Remedies and Debtors' Protection* 137（3d ed. 1979）——并且判决债权人对收益具有优先权。

有权本身是在转移视线；这个问题源于州法律，首先需要对州法律规定的权利的相对价值进行比较。事实上，国会没有触及许多非破产的表面所有权的
79 问题，这些问题比未登记不动产权益更构成实际问题。[17]

这一点，与非破产法中的关于托管人的撤销权和债权人权利之间关系更基本的见解有关。在将破产视为一种收债法时，托管人只是作为一个催收代理人，负责为了所有人的利益实施集体程序。如果没有一个无担保债权人能够扰乱破产以外的转让，托管人作为其收债代理人就不能扰乱破产内的这种转让。允许他这样做，将改变破产开始时债权人之间的资产的预期分配。然而，这里的担忧不仅仅是分配问题，即有些债权人会赢，一些债权人会输，而是债权人整体将遭受净损失，因为个别债权人战略性地使用破产的动机会增加。解决破产中的非破产问题可能比根本不解决要更好，解决所有这些问题无疑是最好的方法。通过破产法实施这种改革只会掩盖根本问题。

第 544（b）条和 *Moore v. Bay* 案的遗留问题

出于同样的原因，破产托管人推翻根据非破产法产生的财产权益的能力应当由在破产之外有权力这样做的债权人来衡量，并且应当仅为自己的利益而行使。这仍然是一个确定相对价值的问题。这一点可以通过查看第 544（b）条来检验，[18] 该条赋予托管人现有无担保债权人的权利。如果托管人能够找到这样的债权人，托管人可以继承其权利，并可以撤销该债权人可以撤销的利益。此外，根据 *Moore v. Bay* 一案可能阐明的原则，[19] 国会称其在第 544（b）条中编纂了这一原则，托管人可以完全撤销此类权益，即使托管人继承其权利的
80 债权人只能撤销部分权益（因为单个债权人的权利将被限制在其债权额范围内）。最后，根据第 511 条，托管人一般会为了无担保债权人的利益接管这

17. See supra note 14.

18. 第 544（b）条规定，“托管人可以撤销债务人对财产权益的任何转让或债务人承担的根据适用法律可以撤销的任何责任，债权人所持有的本章第 502 条规定的允许的无担保债权，或本章第 502（c）条规定的不允许的无担保债权。”

19. 284 U.S. 4（1931）.

种被撤销的权益。[20]

托管人可以主张现有无担保债权人的权利，这一见解本身并没有异议。在集体程序中，托管人以秩序和经济的名义可以作为债权人的代理人，主张不同债权人享有的各种权利，其中许多权利可能是重叠的。破产的收债角色让我们只能将托管人视为催收代理人。然而，第 544（b）条走得更远。造成这种情况的原因在很大程度上源于 1931 年霍姆斯大法官（Justice Holmes）撰写的一页意见书。

Moore v. Bay 案中的观点受到了广泛的批评[21]，偶尔也有人为其辩护[22]，因为它裁定（正如人们通常所理解的那样），托管人撤销财产权益的权力，尽管来自现有债权人持有的权利，但可以超越这些权利，完全撤销这些权益。在急于批评撤销权的数量扩张时，*Moore v. Bay* 案的另一个更明确的观点，即“托管人的代位求偿权是为了财产利益而执行的”[23]，这通常被视为无伤大雅。[24] 81
然而，由于这种持有代表了无担保债权人之间权利的相对价值的转移，其麻烦也不小，原因是一样的。

假设被担保一方享有担保物权，为价值至少为 10,000 美元的财产的债权提供担保物权。除了这笔债务，债务人在申请破产时，还有总额为 100,000 美元的无担保债权。价值 5,000 美元的无担保债权，由于是在取得担保物权的时

20. 第 551 条规定，任何被撤销的转让“都是为了破产财产的利益而保留，但只与破产财产有关”。根据本书的分析，谁应该从撤销的财产权益中获得利益，首先应该取决于根据非破产法对该问题的解决。See Jackson, supra note 8, at 743 n.50（对这一点进行分析）。

21. See, e.g., J. MacLachlan, *Bankruptcy* 330–31（1956）（“英美法律史上遇到的最明显的误解之一”）。1973 年拟议的破产法案（The Proposed Bankruptcy Act of 1973）倾向于推翻 Moore v. Bay 案，see §4–604，在《美国破产法委员会报告》（Report of the Commission on the Bankruptcy Laws of the United States）之中，H. Doc. No. 137, 93rd Cong., 1st Sess., Part II, at 160（1973）； see also id., Part 1, at 18（Moore v. Bay 案的规则“是不公平和不合理的”）。

22. 特别是 Countryman，他一直是该规则的坚定支持者，而且显然主要是通过他的努力，Moore v. Bay 案在 §544（b）中得以保留。See Letter of Countryman of February 25, 1976, to Senate Committee on the Judiciary, in Hearings before the Subcommittee on Improvements in Judicial Machinery of the Committee on the Judiciary of the United States Senate on S. 235 and S. 236, 94th Cong., 2d Sess., Part III, 1 at 7（1976）； Letter of Countryman of December 19, 1975, id., Part II, at 1040.

23. 234 U.S., at 4–5.

24. Kennedy, “The Trustee in Bankruptcy as a Secured Creditor Under the Uniform Commercial Code,” 65 *Mich. L. Rev*, 1419, 1421（1967）（“从未有人就后一问题的处理方式的正确性提出过问题”）；同样，see MacLachlan, “The Impact of Bankruptcy on Secured Transactions,” 60 *Colum. L. Rev*. 593（1960）.

间与登记担保物权之间的间隙中产生的，因此根据适用的州法，它们优先于该权益。[25] 剩余的 95,000 美元是在登记担保物权后产生的，根据州法从属于担保物权。

由于非破产法是确定破产权利的基础，因此，托管人应该能够作为催收代理人，撤销担保权人的 5,000 美元的权益，并为了间隙无担保债权人（gap unsecured creditors）的利益而保留被撤销的权益，而不是为了后来债权人的利益。[26] 根据这种解读，非破产权利的相对价值在无担保债权人之间得到了保留。

然而，几乎没有人对这一结果提出异议。对 *Moore v. Bay* 案几乎普遍的解读是，最高法院认为担保物权可以完全撤销，这样收回的 10,000 美元是所有无担保债权人分享的财产资产。第 544（b）条所体现的正是这种结果。许多人不同意这种解决方案，相反，他们认为托管人的追偿应以 5,000 美元的间隙债权来衡量，但追回的 5,000 美元应“为财产的利益”而拿走。

然而，这两种结果都颠覆了在破产之外已经确定的权利的相对价值。这两种结果都不是确保用集体救济措施代替个人救济措施的优势所必需的。这两种结果的唯一区别是受到伤害的群体。如果对第 544（b）条进行重新修改，使得 5,000 美元得以保留并在作为一个群组的无担保债权人之间进行分配（这
82 似乎是大多数评论家所青睐的结果），那么与非破产价值相比，它所强加的成本将由间隙无担保债权人承担，而不是担保物权持有者。因此而受到损害的债权人群组，在任何权利理论下似乎都是无可指责的。担保物权持有人首先造成了表面所有权问题，具有讽刺意味的是，它的情况可能比它在破产外

25. 这些事实是基于 *In re* Sassard & Kimball Co., 45 F.2d 449（9th Cir. 1930）, rev’d, 284 U.S. 4（1931）. 这种制度在《统一商法典》颁布之前很常见。根据《统一商法典》，将出现截然不同的结果。See infra note 28.

26. 这可能是 *In re* Sassard & Kimball Co., 45 F.2d 449（9th Cir. 1930）, rev’d 284 U.S. 4（1931）中的结果。See Jackson, supra note 8, at 746 n. 64. 之前的判例法集中在谁从托管人追偿中获利的问题，并且在这一问题上存在分歧。比较 Mullen v. Warner（In re Moore）, 11 F.2d 62（4th Cir. 1926）（托管人追回的财产成为破产财产的普通资产）与 American Trust & Savings Bank v. Duncan, 254 Fed. 780（5th Cir. 1918）（当托管人继承了仅由部分破产债权人拥有的权利时，“其他债权人无权分享追偿的金额”）。

的情况稍好一些，因为它将按比例参与如此撤销的 5,000 美元。[27]

那么，从破产的角度来看待第 544（b）条，作为一套管理收债的程序，这表明在新法规中延续 *Moore v. Bay* 案（通常认为）是不幸的，因为它破坏了而不是实施了相对价值的概念。[28] 它还表明了另一个不太明显的观点，即第 83
544（b）条的主旨也是无原则的，因为它迫使某一特定无担保债权人与整个无担保债权人组别分享撤销财产权益的宝贵权利。[29] 这种损害是强加在不同的当事人身上的，其数额可能不同，但损害的性质（对相对价值的颠覆），在原则上没有什么不同。此外，它导致了同样的结果：产生了诉诸破产的动机，不是出于集体原因，而是出于个人利益。

---

27. 为了明白这一点，请考虑文中提出的假设的扩展。债务人除了有价值 10,000 美元的资产（受制于 10,000 美元的担保物权），还有价值 50,000 美元的资产。在破产之外，5,000 美元的债权持有者将打败担保权人的权益获得全额偿付。担保权人将获得 10,000 美元资产中剩余的 5,000 美元。其剩余的 5,000 美元债权将是无担保的，并添加到剩余的 95,000 美元的无担保债权中。由于还有 50,000 美元的剩余资产，这些无担保债权人将平均（假设没有集体程序）获得 50% 的清偿。因此，担保权人将期望从其“未撤销”的动产抵押中获得 7,500–5,000 美元，并从其无担保债权的分配中获得 2,500 美元。

在看似有利的结果下，在破产中被撤销的 5,000 美元不会用于在破产之外可撤销的 5,000 美元的债权。相反，这 5,000 美元将成为破产财产的一项资产，一般可供无担保债权人使用——其他无担保债权人的 95,000 美元加上无担保债权人的 5,000 美元，无担保债权人的权利衡量托管人的撤销权，再加上有担保方的 5,000 美元被撤销的权益。这将使无担保债权池增长到 105,000 美元。然而，资产池也增加了同样的数额，因为现在是 55,000 美元，而不是 50,000 美元。因此，每个无担保债权人将得到略多于每美元中 50 美分的收入（52.38 美分）。担保方最终将获得比其非破产预期 7,500 美元稍多的金额（7,619 美元）。

1973 年破产法提案第 4–604 条不仅推翻了 Moore v. Bay 案中关于破产中可撤销的金额的问题，而且还将该追偿的受益人限定为托管人继承其利益的人。See Report of the Commission on the Bankruptcy Laws of the United States, H. Doc. No. 137, 93rd Cong., 1st Sess., Part 1, at 20（1973）； see also J. MacLachlan, supra note 21, at 322（这样的结果“不会是愚蠢的”）。但是，see Hearings Before the Subcommittee on Improvements in Judicial Machinery of the Committee on the Judiciary, United States Senate, on S. 235 and S. 236, 94th Cong., 1st sess., Part II, at 984（1975）（全国破产会议的立场是，托管人不应“扮演私人律师的角色”，“托管人的所有其他撤销权……为整个破产财产的利益，也就是为所有债权人的利益行使”）。

28. 由于州法律的变化和对撤销权的澄清，今天 Moore v. Bay 案法律规则的影响比以前要小得多。《统一商法典》规定，迟延完善的担保权益仅次于那些在间隙获得财产权益（执行担保权或完善的担保权益）的债权人。《统一商法典》§§ 9–301（1）(b)，9–312（5）(1978)．托管人不能继承这种债权人的权利，因为 § 544（b）只允许他在无担保债权人的情况下这样做。然而，Moore v. Bay 的影响并没有完全消失：它仍然可能对一些交易产生影响，尽管这些交易可以由一些无担保债权人根据州法撤销，但在破产之日，所有无担保债权人都不能撤销。See, e.g., Uniform Fraudulent Conveyance Act §§ 4–6（1919）（对现有债权人而言是欺诈性的行为，与 §§ 7 欺诈性转让不同，后者“对现在和未来的债权人”都是欺诈性的）。《统一商法典》§ 6–109（1978）（不符合条件的整批转让可以通过那些“持有基于整批转让之前发生的交易或事件的债权”的债权人所撤销）。Cf. *In re* Verco Industries, 704 F.2d 1134(9th Cir. 1983)．通常，McLaughlin, “Application of the Uniform Fraudulent Conveyance Act,” 46 *Harv. L. Rev*. 404, 430（1933）．

29. 如果区分这两类无担保债权人的成本很高，那么分析就更加复杂。See supra note 10.

州创设的优先权和法定担保权

破产中不被承认的财产权益范围并不局限于托管人可以利用第544条可获得的财产利益。20世纪以来，出现了一些由非破产法创设的规则，其效果是在破产中给予一些债权人优先于其他债权人的权利。这些法律（撇开那些允许创设和合意权益的优先性的法律），有两种类型。有些规则规定了这些债权人在任何地方和任何时间相对于其他人的权利。机械师的担保权就是一个很好的例子。机械师对其修理的财产获得了一种财产权，这种财产权可以对抗竞争性的债权人，至少在机械师仍然占有被修理的财产时是如此。任何破产法原则都不会要求忽视这种权利在破产中的相对价值。这将被称为真正的法定担保权，这意味着它是一项在破产之外有效的优先权，因此，在破产内部也应受到尊重。

84 然而，州可以创设另一种优先权——这种优先权仅适用于债务人破产，或其他集体程序，或债务人资不抵债的情况。这既可以作为州设立的优先权（一种"在分配时生效的法定优势"）[30]，也可以作为在破产（或类似的非破产事件）时生效的担保权。[31] 这些将被称为州创设的优先权（priority）和破产法定担保权（bankruptcy statutory liens）。[32]

从20世纪30年代开始，破产法已经开始拒绝承认州试图通过州创设的优先权或破产法定担保权的手段来提升任何一种类型的债权人在破产中债权

---

30. J. MacLachlan, supra note 21, at 145（将优先权与财产权区分开来）。关于州创设优先权的消亡简史，载于 Analysis of H. R. 12889, 74th Cong., 2d Sess. 201（1936）.

31. 1938年的立法取消了州创设的优先权的破产优先权，也明确确认了州创设的法定担保权，但宣布它们将在管理费用和工资优先权之后支付。Chandler Act, ch. 575, § 67c, 52 Stat. 877（1938）. 1952年，一项修正案废除了所有附属于个人财产的法定担保权，并且不附带"占有、征收、查封或扣押"。Act of July 7, 1952, ch. 579, 66 Stat. 420. 一般来说，Kennedy, "Statutory Liens in Bankruptcy," 39 *Minn. L. Rev*. 697, 703–22（1955）. 当这一测试被证明不尽如人意时，国会修正了1898年破产法案的 § 67c，废除了"在债务人破产时，或在分配或清算其财产时，或在对除担保权人以外的其他人要求对其财产执行时生效的"法定担保权，或"在破产之日，针对在该日从债务人处获得善意购买人的权利的人来说"并非是完善或可执行的。Bankruptcy Act of 1898 § 67（c）. 现在，这是体现在 § 545 中的测试。

32. 这三个类别在 *In re* Telemart Enterprises, Inc., 524 F.2d 761（9th Cir. 1975）中被列出和描述。Telemart 指出，一般来说，真正的法定担保权在破产中是"有效的"（即持有人的财产权在破产中得到尊重，并且该持有人可以充分行使权利），而其他两类——所谓的"虚假的"法定担保权和州优先权，在破产中不被承认。

的相对地位。在我们一直探索的背景下，这种禁止的目的应该是明确的。[33]原因并不是说允许各州优先考虑一些债权人而不是其他债权人是不好的。诚然，州创设的优先权和破产法定担保权试图指导破产中的相对地位。然而，就其在破产中的作用而言，它们与破产中通常承认的其他类型的非破产权利没有区别。[34]

州创设的优先权和破产法定担保权的困难在于，它们遭遇了第 1 章中所审查的同样的问题：利己主义导致破产程序的使用与债权人整体利益背道而驰。享有州创设的优先权的债权人也会要求在破产之外也得到类似的待遇。此外，拥有这种优先权的债权人可能会试图启动破产程序，因为破产对其有利，即使集体程序对债权人整体没有好处。要么启动破产程序，要么债权人将试图围绕这一结果进行谈判——由于涉及的债权人人数众多，以及相关的搭便车和抵制问题，这一谈判过程在很大程度上是棘手的。在这方面，州创设的优先权和破产法定担保权类似于第 2 章中的破产约定条款。破产拒绝承认它们解决了这个问题，并要求希望赋予某人优先权的州应该通过在破产集体程序内外都有利的权利来做到这一点。[35] 85

这种区分很容易制定和应用：根据法定权利是适用于所有人还是特定于破产，来区分好的和坏的法定权利。但是，由于未能牢记破产作为集体收债

33. Chandler Act, ch. 575, 52 Stat. 840–940（1938）. See S. Rep. No. 1159, 89th Cong., 2d Sess.（1966）；*In re* Federal's, 553 F.2d 509（6th Cir. 1977）.

34. 有时，州创设的优先权会与担保权区别开来，理由是其持有人只有在所有“真正的”担保权人得到偿付后才能得到偿付，因此有些可疑。See Comment, “Statutory Liens Under Section 67c of the Bankruptcy Act: Some Problems of Definition,” 43 *Tul. L. Rev*. 305（1969）. 然而，从普通债权人的角度来看，其效果是一样的：享有权利的人必须首先获得全额偿付。See Strom v. Peikes, 123 F.2d 1003, 1006（2d Cir, 1941）.

35. 关于州创设优先权和破产法定担保权的难题是，为什么一个州会制定一项只有在破产时才有效的权利。部分答案是，至少根据过去 30 年左右报道的案例来看，这样的法规很少被通过。参见引用的资料来源，下一条注释。然而，一旦这种州创设的优先权和破产法定担保权在 §545 的“只限于破产”的禁令中幸存下来，就没有理由将它们与合意担保权进行不同的分析。因此，§544（a）的测试——如本章前面所讨论的那样——应该适用。然而，545（2）使用的是善意购买者测试，这对于前面讨论的原因来说太宽泛了。比较 S. Rep. No. 989, 95th Cong., 2d Sess. 86（1978）（就善意购买者测试对税收担保权的适用性提出类似观点）与 124 Cong. Rec. H. 11,097（Sept. 28, 1978）（明确指出税收担保权受到善意购买者测试约束）。

手段的有限作用，导致了对州创设的权利的禁令在适用上的严重混乱。[36] 如果
86 一项权利可以在破产程序之外强制执行，那么就没有理由拒绝承认该权利在破产程序中的价值，这是基于对州创设的优先权或破产法定担保权的谴责。[37] 例如，考虑一项州法，该法拒绝允许转让酒类许可证的转让，直到特定的债务被付清——可能是州的税收或因酒类供应而产生的债务。或者，法律规定，在出售酒类企业时，州（或酒类供应商）对该企业的所有资产拥有优先权。这些制定法通过各种方式，有效地给予了州或酒类供应商优先权。可能很难证明这些制定法是合理的，但非破产权利的正当性并不是审查破产法的重点。破产法采用相对价值，因为它发现它们以便有效地实施其政策，除非对这些相对价值的承认实际上干扰了破产试图通过集体化来改善公共池塘问题。

从这个角度来看，这类制定法（或者至少它们的相对价值）应该在破产中得到尊重。一旦人们看到这个问题只是破产之外债权人之间的相对权利的问题，作为一个破产事项，对这些问题的分析应是直截了当的。例如，考虑到一项法规的效力，其拒绝允许转让酒类许可证，除非转让人已经支付（或以其他方式做出令人满意的支付安排）因经营酒类业务而产生的所有债务或税款。在 *Anchorage International Inn* 案中，第九巡回法院在分析这样一项法规时，清楚地看到了相关的破产问题，并驳回了有关该法作为州创设的优先权无效的论点：

> 机械师担保权和《统一商法典》下的担保物权只是根据州法创

36. 自这些法规颁布之日起，很少有涉及真正的州创设的优先权或破产法定担保权的法规得到检验。这种法规的一个可能的例子是 Mass. Gen. Laws Ann. ch. 254, § 31（West 1961）. 该州“在判决某些承包商破产时，促使担保权产生以支持材料人。”N.W. Day Supply Co. v. Valenti, 343 F.2d 756（1st Cir. 1965）（宣告该法规在破产中无效）; see also Strom v. Peikes, 123 F.2d 1003（2d Cir. 1941）. 即使是诸如《统一商法典》（1978）之类的法规，§ 9-306（4），似乎也没有激励担保债权人申请破产，因为它通常比担保债权人在破产之外获得的收益要少。See 2 G. Gilmore, supra note 13, at 1337-38. 出于这一原因，具有讽刺意味的是，该条款可能会给无担保债权人带来战略优势。因此，它可能被认为是同样不受欢迎的；但是 § 9-306（4）从未因这一理由受到质疑。

37. 由于没有认识到这一简单的问题，导致上诉法院做出各种令人困惑和考虑不周的裁决。事实上，1898 年破产法案在 1938 年前明确承认州创设的优先权，这本身可能就是罪恶的根源。

设的特定财产权益的两个例子，它们受到一般破产法的充分尊重。因此，托管人关于各州不能允许一些债权人获得比其他人获得的更多的出售破产资产的收益的论点是不正确的……

阿拉斯加州法与联邦分配方案并不冲突，因为没有针对州创设的优先权的一般联邦政策，这些优先权偏向于某一类债权人而非另一类债权人。正如破产法院所总结的那样，[该法]并没有“挫败破产法向同一组别的所有债权人公平分配破产的非豁免财产的目的”。根据阿拉斯加法律，持有优先权的债权人与其他债权人根本不属于“同一类”。 87

由于联邦破产法确实凌驾于州创设的只适用于破产情况下的优先权之上，我们必须审查该法，以确定它实际上是否具有独立于破产程序的效力和影响……我们的结论是，阿拉斯加法律设立的债权人权利独立于债务人的破产而存在，因此应得到托管人的承认。

无论许可证持有人何时寻求转让阿拉斯加酒类许可证，所有与酒类有关的债权必须首先偿付……托管人因需要清算资产而引起的财产转让，与破产内外的任何其他转让没有区别。[38]

该意见是对破产的直接应用，作为对解释法律授权的公共池塘问题的回

38. 718 F.2d 1146, 1451–52（9th Cir. 1983）.

88 应。[39] 此外，它还为研究财产问题提供了线索，这是我们接下来要讨论的主题。

---

39. 然而，对于第九巡回法院来说，分析并不总是那么容易。在很长一段时间内，它被州创设优先权的一种不同概念所诱惑（seduced）。在 *Anchorage International Inn* 案之前，由于法院无法理清州创设优先权或破产法定担保权的问题，陷入了严重困境。例如，八年前，在 In re Leslie, 520 F.2d 761（9th Cir. 1975）一案中，第九巡回法院废除了一项法规，该法规赋予酒类供应商（高于其他普通债权人的债权）在酒类许可证和其他商业资产收益方面的优先权，以作为转让酒类许可证的条件。它基于两个理由废除了该法规。其一，第九巡回法院认为，该法规“创设了法定优先权，而不是法定担保权。See Grover Escrow Corp. v. Gole, 1969, 71 Cal.2d 61, 65, 77 Cal. Rptr. 21, 23, 453 P.2d 461, 463（将该州法定性为建立一个强制性和排他性的优先权系统）”（id. at 762）。至于第二条理由，第九巡回法院认为，该州试图将优先权引向并非仅限于酒类许可证的领域，而酒类许可证是该州创设的资产，并且，“虽然一个州作为酒类许可证的创造者，可以为了该州自己的利益有效地对其可转让性施加条件，但与最高联邦法律相一致的是，它不得施加有利于某一特定类别债权人的歧视性条件”（id, at 763）。但这些原因经不起推敲。至于第一个理由，第九巡回法院指出了加州最高法院的一项意见，该意见肯定地称法定计划所产生的利益为优先权，而不是担保权。但从集体化规范中得出的一个主要观点是，破产从非破产法中获取属性，而不是标签。正在讨论的这一观点显然是在用一个常见的词来描述一个结果：权益持有者的胜利。See Grover Escrow Corp. v. Gole, 71 Cal.2d 61, 62, 453 P.2d 461, 461, 77 Cal. Rptr. 21, 21（1969）（制定法赋予那些被列入名单的人“优先权”，而不是那些征收的人）。相关的属性是在破产之外的权益是否有效，这一属性完全符合对加州意见的任何解读。该州给这一属性贴上的标签毫无意义。至于第二个原因，很难理解为什么法院认为谁是受益人的问题是重要的，除了在无原则的意义上帮助法院区分一个早期案件，*In re* Leslie, 520 F.2d, at 762（区分 United States v. State of California, 281 F.2d 726［9th Cir. 1960］）.

4
确定可供分配的财产 89

负债的确定只占据基本破产程序需要关注问题的半壁江山。债务人的资产和负债都必须确定，以便确定债务人可分配给特定债权人的财产。财产的负债会减少剩余索取者可以获得的东西，而资产增加了它。在决定什么算作资产时，我们可以从回答一个简单的问题开始：有了所考虑的事物，财产是否比没有它更有价值？

在大多数情况下，确定资产的任务是相当简单的。债务人的资产组合形成“财产”。根据第541条，该财产由所有“案件开始时债务人在财产中的合法或衡平法权益”组成。因此，如果债务人是一家零售商店，并且没有担保债权人，则其库存、设备和商店本身（假设债务人拥有它）都属于破产财产。这是合适的，因为债务人拥有这些东西比没有这些东西更有价值。如果债务人租赁财产，破产财产只包括债务人对该财产的权益，即在租赁期内使用该财产的权利。同样，包括这一点也是适当的，因为（暂且不说相关的负债问题[1]）债务人有这个租赁的财产比没有这个财产更有价值。财产还包括无形财产，如应收账款和债务人持有的专利、商业秘密和版权。作为首要类似的事物，在公司债务人的情况下，破产财产是指债务人享有的能提高其价值的任何权利。

在处理涉及个人债务人时，对破产财产的定义需要有几项条件。破产程 90
序赋予个人免责权。为了赋予个人在没有过去债务的情况下全新开始的权利

1. 我在第5章研究了待履行合同的问题。

以实质内容，人们必须对某些种类的资产加以区分。个人拥有的最有价值的资产通常是他们未来的劳动收入流，这种资产不属于破产财产的一部分，至少在一定程度上可以追溯至劳动而不是资本。[2] 就公司而言，没有必要做出这种区分。一家公司的现值取决于其未来利用现有资产赚钱的能力。因此，将现有资产的租金、利润和收益视为破产财产的一部分是适当的，这一结果已被编入第 541（a）（6）条。

一个相关但不同的问题涉及个人债务人在申请时拥有的财产，但该财产仍被认为是全新开始所必需的。例如，除了未来的收入来源外，人们可能会允许一个人保留他身上的衣服和他做生意的工具。然而，根据《破产法典》的结构，这些财产与未来收入不同，根据第 541 条被视为破产财产。法典的另一条规定区分了债权人可能享有的财产和允许个人债务人保留的财产。[3] 这些区别更多地涉及个人的财务全新开始的权利问题，而不是将资产集中起来以便在债权人之间分配的任何过程，这不是目前的重点。在本章中，我们研究了识别债务人资产的一般问题，破产中的债权人可以通过寻找这些资产，以履行欠他们的债务。

识别资产并确定它们对谁有价值

乍一看，资产和负债问题似乎处于对立的两极。然而，这两个问题之间存在着密切的、实际上是共生的关系。我们必须关注将某物宣布为资产会给谁带来益处。从剩余索取者的类别来看，只有在确定了各个债权人的优先权益之后，才有可能确定什么是资产。当人们考虑到委托人主张返还货物的权
91 利时，这一点显然是正确的：它的（its）财产权益得到充分的尊重，而剩余索取者一无所获。[4] 根据非破产法，尽管债务人占有该资产，但出租或委托寄

2. § 541(a)(6); see *In re* Fitzsimmons, 725 F.2d 1208 (9 Cir. 1984).

3. § 522.

4. 在 § 541（a）中可以用这样一个概念来表示，即进入破产财产的不是“财产”，而是债务人在财产中的“权益”。See H. Rep. No. 595, 95th Cong., 1st Sess. 352–53 (1977).

存给债务人的货物被视为由出租人或委托人所有。在这些情况下，非破产法的决定是明确的：所有债权人都是通过债务人获得对资产提出权利主张的权利，因此必须在资产落入债务人手中时取得这些资产。例如，一家干洗店的债权人不能在该干洗店提出破产申请时对所有正在清洗的衣服主张权利。表达这一结论的一种方式是说，相对于干洗店的债权人而言，衣服的所有者“赢了”。

这一点同样适用于破产财产只能为无担保债权人的利益而主张获得受制于法定担保权或担保物权的土地或动产的权益的情况。普通债权人仅对受适当完善的担保物权约束的财产享有剩余权利。担保物权本身就是一种财产权，赋予特定债权人在某些资产上优于债务人和其他债权人的权利。与干洗店衣服的情况相反，我们倾向于认为这种情况是命令债权人对债务人拥有的财产主张债权，因为非破产法将所有权归于债务人。但所有权的位置是一个标签，破产法应该关注的是属性。因此，无论重点是确定负债的相对顺序（前两章的名义主题），还是确定负债（本章的名义主题，都可以得出类似的结论）。

例如，在上一章结束时，重点是某些法定优先权（statutory priorities）或担保权（liens）。之所以在这种背景下对它们进行审查，是因为非破产法将这一问题框定为根据非破产法确定债务人拥有的资产进行排序。但是，颠倒非破产法对问题的框定方式可以而且经常会导致同样的结果。考虑一下法定信托（statutory trusts）的情形。法定信托是一种将名义所有权置于债务人之外的手段。在 *Selby v. Ford Motor Co.* 一案中，涉及一个典型的法定信托。[5] 密歇根州的一项制定法规定了一项为了分包商利益而设立的信托资金，资金由业主支付给承包商，承包商“应被视为所有此类资金的托管人”。[6] 从相关属性（即 92
债权人之间的权利）的角度进行具体分析，这种描述情况的方式与州法赋予分包商对资金的真正法定担保权的结果没有什么不同。* 在一种情况下（信托），

5. 590 F.2d 642（6th Cir. 1979）.

6. Mich. Comp. Laws Ann. § 570,151（1967）.

* 译者注：结果都是分包商有权优先于承包商的其他债权人获得资金。

资金的名义所有权由分包商持有，因此，该资产首先不被视为“属于”承包商；在另一种情况下（担保权），资金的名义所有权归承包商所有，该资产被视为承包商的，但受制于分包商优先从该资产中获得偿付的权利。从破产法的角度来看，没有相关差异。只要法定信托在破产以外具有对抗债权人的效力，其相对价值在破产时也应得到尊重。塞尔比（Selby）同意了，其注意到“州在创设和定义根本财产权益方面的传统作用”。

法院在讨论中指出，评论员们曾为无效辩解，认为“法定信托应被视为法定担保权，因为法定信托的功能是一种担保手段，而各州‘将国家破产立法适用于其给出不同定义的法定权益’，需要‘基于功能而不是术语’进行分类。”[7] 虽然法定信托和法定担保权的同化是合理的，但结果将与评论员所寻求的相反。无论被归类为法定信托还是法定担保权，分包商在 Selby 的权益都值得在破产中得到承认，这正是因为人们关心的是功能而不是术语。重要的问题是要关注破产的相关功能，这当然是相对权利的问题。

此外，这一点也适用于许多其他类型的权利。例如，某人可能有权拒绝将某项动产转让给债务人或拒绝续签现有租约，除非并直到某些债务得到清偿。然而，无论这些权利在州法中如何被描述，债权人之间的实质性后果都是一样的：权利持有人首先满足其权利主张；其他债权人只得到剩余的部分。无论提出的理论问题是确定破产财产还是确定特定债权的相对价值，分析结构都是相同的。

93 那么，由于没有观察到破产法之外的资产和负债之间的密切联系，目前根据破产法确定破产财产的测试已经变得非必要地复杂化。例如，某些资产在外界看来是债务人的资产[8]，因此，债务人的债权人也可以利用，但根据非破产法规定可能是属于其他人的资产。这可以重新表述为，所谓拥有相关财

7. 590 F.2d, at 646（引用 Note, “The Statutory Trust Fund in Bankruptcy,” 50 *Yale L.J.* 1268, 1271 [1941]）.

8. 例如，因为表面所有权（ostensible ownership）。

产的人有权优先于债务人的其他债权人。无论审查如何措辞，结果应是相同的。

因此，正确的做法是从无担保债权人试图执行某一特定资产或主张其担保物权的有利角度来审查任何具体情况。这就是第 544（a）条的优势所在，在上一章中有所审查。在决定如何在破产程序中向债权人付款时，首先需要确定有多少钱。此外，有必要从某人的角度询问有多少钱。一般来说，这个问题是从无担保债权人的角度来处理的。这种做法表明了确定资产与确定负债之间的关系，因为从无担保债权人的角度确定有多少资产，往往需要解决根据现有资产对债权人的排序问题。如果根据非破产法无担保债权人不能执行某项资产，那么该财产对他们就没有价值，不应被视为（至少在这种程度上）破产财产。以及如果无担保债权人的执行必须让位于其他实体的权利，那么从无担保债权人的角度来看，只有剩余价值才是资产。

使用合适的方法显示了 *In re Gunder* 等案件的分析错误。[9] 在一个案子里，一位父亲为孩子买了一辆汽车。该汽车的所有权在父亲的名下，显然是为了让父亲在保险上获得折扣。破产法官意识到这是将所有权留在父亲名下的背后动机，认为该汽车“确实”属于孩子，因此是第 541 条意义上的孩子的财产。然而，由于汽车所有权的属性是由州法规定的，因此结论不一定是从前提得出的。父亲可能只是为了保险的目的而将所有权放在他的名下，但这样做的 94
州法上的后果可能不受父亲动机的限制。

根据破产法官的说法，相关的州法规定，所有权证书上所列的汽车所有权对谁拥有该汽车具有“决定性”意义。[10] 尽管如此，法官宣布州法不能干涉破产政策。[11] 但是，如果州法的效果是让孩子的债权人在破产之外无法获得该汽车，那么他关注的问题是错误的。换句话说，*Gunder* 案的相关调查应该是

9. 8 Bankr. 390（Bankr. S.D. Ohio 1980）.

10. Id.

11. Id.：“《破产法典》的政策，正如反映到了…… § 541，其规定了由债务人的合法和衡平法上的财产权益组成的破产财产。州法不能适用于这一程序，因为它意在否认破产法院听取与债务人在汽车中可能拥有的任何权益有关的证据的权利。”

关于该州法规的属性。它是否意味着孩子的债权人不能执行汽车？它是否意味着孩子不能将汽车的担保物权授予他的一位债权人？如果这些问题的答案是“是的”，那么汽车就不应该被认为是破产财产。那么，就州法而言，它就像租赁或委托的财产一样：除了出租人或委托人的权利外，对债务人及其债权人有价值。没有理由在破产中破坏这一决定。

然而，这个错误并不是 *Gunder* 案中的法官所独有的。例如，我们已经看到，是非破产属性而不是标签，表明州创设的权利无论被贴上法定担保权或法定信托的标签，都应该在破产中得到尊重，只要它们的效力不限于破产。但是，尽管这一点及其在 *Selby* 和 *Anchorage International Inn* 等案件中被普遍接受，破产政策通常被视为限制了法定担保权或法定信托的范围。例如，考虑到 *Elliott v. Bumb* 一案。[12] 在该案中，根据加利福尼亚州的制定法，汇票签发人（在制定法中被称为代理人）为了以其名义签发汇票的人（称为被许可人）的利益“在信托中”持有汇票收益。制定法进一步规定，如果代理人将收益
95 与其自有资产混合，“该代理人的所有资产应被印上信托以支持……被许可人金额相当于代理人从此类销售中收到的或本应收到的资金总额”。信托将一直存在，直到应付被许可人的金额全部付清为止。法院认为，这是一个有效的法定信托，在破产时会得到尊重，因为“虽然一个人可能会破产，但他以信托方式持有的财产属于信托的受益人”，但它的有效性只限于可以追踪到的销售收益的范围内。在某种程度上，如果专业的信托进一步扩大，它在破产中就不会被承认，因为根据法院的说法，这样的结果解除了卖方追踪销售收益的正常义务，从而有效地使这些卖方在债务人财产的无担保部分拥有比其他普通债权人更多的优先权。它认为这违反了破产法的原则：“如果（该法）的规定生效……将为州设定有利于不同类别的债权人的优先权打开大门，通过将这些优先权贴上‘信托’的标签。这可能会挫败或妨碍联邦破产法的

---

12. 356 F.2d 749 (9th Cir.), cert, denied, 385 U.S. 829 (1966).

计划。"[13]

这一结果及其推理，被广为接受。[14] 然而，它反映了对破产法的误解。尽管卖家可能被免除了“正常的”信托追溯义务，但这只是这种特殊法定信托的一个属性。没有理由认为破产法有（或应该有）一个反而使非破产规则无效的追溯规则。与之相关的问题[15]是法院在 Elliott 案中从未解决的问题：这种令人印象深刻的信托对担保债权人和破产以外的后续担保人的影响。如果它在破产之外对他们有效，则没有理由从程序的集体化中拒绝承认该权利在破产中的价值。[16] 然而，对 Elliott 的普遍接受源于人们普遍没有认识到关于非破产权利和破产价值之间关系的这一要点。[17] 96

上述分析还可以进一步延伸。许多资产对债务人和他的普通债权人来说是有价值的，但对其他人来说只是一些付款的净值。例如，在最高法院的经典案例，*Chicago Board of Trade v. Johnson* 中就是这种情况。[18] 在该案中，债务人威廉·亨德森（William Henderson）代表他的几家公司，在 Chicago Board of

---

13. Id., at 754–55.

14. 例如，*In re* Telemart Enterprises, Inc., 624 F.2d 761（9th Cir. 1975），对埃利奥特（Elliott）的区别有这样的说法：“根据州法，汇票的签发人仅以托管人的身份接受付款；他从未拥有这些资金的绝对所有权。我们尊重该州对签发人与这些实收资金关系的定义。另一方面，我们忽略了该州试图对先前归属于签发人的资金所有权强加‘信托’。无论该州的术语如何，该法的效果是给予一类债权人（汇票的购买者）在分配破产签发人的一般资产时的优先权。”See also *In re* Independence Land Title Co. of Illinois, 18 Bankr. 673（Bankr, N.D. Ill. 1982）（“许多案例认为，当托管人占有债务人曾经作为托管人或代理人持有的资金时，要求获得这些资金的人是一般无担保债权人，因为他不能识别或追踪托管人手中的资金，以追溯到原始信托或托管账户”）；*In re* Casio Electric Corp., 28 Bankr. 191（Bankr. E.D.N.Y. 1983）. 这种观点显然来自于 United States v. Randall, 401 U.S. 513(1971)以及 Cunningham v. Brown, 265 U.S. 1, 11(1924). 但是 cf. *In re* Hurrican Elkhorn Coal Corp. 11, 32 Bankr. 737, 740–41（W.D. Ky. 1983）（认为 Selby v. Ford Motor Co., 590 F.2d 646 [6th Cir. 1979] 中“含蓄地否认了”Elliott v. Bumb 一案）。

15. 文中的讨论搁置了涉及 1898 年破产法案细节的案件中的问题。当时，该法案 § 67（c）(2) 对托管人无效，法定担保权在“个人财产上并没有附带着对该财产的占有、征收、财产暂管或扣押”。可以说，这一法定条款证明了 Elliott 一案的结果是合理的，尽管不是它的推理。此外，这一法定条款也受到了同样的规范性批评。

16. 该法规似乎确认了破产之外的信托的有效性，它规定，与信托资金相等的金额“不得根据法院命令进行执行判决扣押财产或者财产暂管”。

17. See 124 Cong. Rec. H. 11, 114（Sept. 28, 1979）（Rep. Edwards 的发言）法院应允许国内税务局（Internal Revenue Service）使用合理的假设来证明预扣税款仍在债务人手中。第九巡回法院显然继续坚持这样的观点，追踪混合资金违反了破产政策。See *In re* North American Coin & Currency, Ltd., 767 F.2d 1573, 1575（9th Cir. 1985）（“我们不能接受这样的主张，即破产财产被自动剥夺了州法可能认为受推定信托约束的任何资金……由于破产法案背后的抵消政策，我们在 Elliott v. Bumb 一案中认为不能允许州法对破产财产的混合财产实施信托”）。

18. 264 U.S. 1（1924）.

Trade（芝加哥期货交易所）拥有一个席位。这些公司欠下了期货交易所其他会员的债务。当 Henderson 破产时，他的托管人想出售会员资格以换取现金。然而，期货交易所的一项规则规定，尽管会员有权将他们的席位转让给符合会员资格要求的其他成员，但这种转让权只能在转让方公司对期货交易所其他会员的债务得到全额偿付后才能行使。[19]

托管人争辩认为，尽管对转让有限制，但他应该能够转让财产，地区法院对此表示同意。他认为，除非他能够这样做，否则 Henderson 的一些债权人（那些在期货交易所拥有席位的债权人）会比他的其他债权人做得更好，因为那些拥有席位的债权人必须在出售会员资格之前得到全额偿付。然而，期
97 货交易所辩称，该席位甚至不是破产财产，并指出该州最高法院的意见，即这种会员资格不是“财产”。

从我们理论的优势角度来看，应该很容易看出，双方都没有做对。破产法关心的是属性，而不是标签；因此，州法院的“无财产”标签是无关紧要的。而相关的属性是：这是否有价值？此外，价值问题必须放在文中提出：对谁有价值？很明显，至少假设 Henderson 不打算使用它，会员资格首先对其他会员有价值，因为如果不先全额支付他们的费用，就不能出售。在这方面，它类似于我们在上一章讨论 *Anchorage International Inn* 案时看到的管理酒类许可证的法定计划。

因此，托管人也是错了。会员资格是财产，因为它对 Henderson 作为一个群体的债权人阶层是有价值的。但是（这就是为什么托管人是错的），它在破产中的对待与破产外的对待一样，由于其他成员的债权是相对优先的，其对普通债权人的价值受到严格限制。

最高法院看到了这一点，并正确地将调查认为是州法的属性之一（而不是州法律的“无财产”标签）；因此，只有在对期货交易所会员的债务得到

19. Barclay v. Smith, 107 Ill, 349（1883）.

全额偿还后，会员资格对债务人的普通无担保债权人才有价值。[20] 法院通过尊重会员权利的价值，决定了债权的排序和资产对剩余索赔者的价值。[21]

这种分析现在可以通过 *Chicago Board of Trade* 一案的修改版加以扩展。假设期货交易所的规则不允许转让会员资格。在这种情况下，我们处理的是一种特殊的资产，但并非虚构的资产。如果债务人拥有这种会员资格，就会比没有会员资格的情况更好，但其价值是有限的。[22] 在破产之外，债务人不能通过出售这种会员资格来筹集现金。它也不能用会员资格作为贷款的抵押品（因 98
为贷款人永远不能取消抵押品赎回权）。出于同样的原因，债务人的债权人也不能对其进行征收。因此，会员资格的价值只反映在这样一个事实上，即债务人有了会员资格比没有会员资格时能赚更多的钱。

会员资格是破产财产吗？答案似乎是"是的"，但需要注意的是，这种资产的特殊属性限制了它的价值。如果债务人的商业正在被清算，该资产在破产之外没有价值，所以在这种情况下，它在破产中也没有价值。同样，如果债务人不再需要该资产，即使该资产仍在经营，也没有价值，因为该资产无法出售（在这种情况下，它的价值归属于期货交易所）。但是，如果企业正在重整，会员资格有可能对债权人有价值。它是否有价值取决于分析重整的性质，通过将其属性与相关的非破产属性进行同化，该属性允许债务人保留成员资格，但禁止其他人使用它。

为了更全面地探讨最后一点，在此背景下分析几种权利是有用的。有一个案例说明了这个问题，它涉及根据信用证提取资金的权利。考虑一下关于

20. 264 U.S., at 14–15. 与此目的最相关的属性是担保权债权人不能胜过成员的权利。法院指出，转让或出售的权利"受制于他的债权人阻止其转让或出售的权利，直到他与债权人和解，这种权利在某些方面类似于普通法中的典型担保权"。

21. See Countryman, "The Use of State Law in Bankruptcy Cases（pt. 1），" 47 *N.Y.U. L. Rev*. 407, 438（1972）（讨论芝加哥期货交易所，并指出"虽然什么是'财产'是联邦破产法的问题，但该财产的属性仍由州法律决定，而且……托管人赢得了一场得不偿失的胜利"）。

22. 例如，这是美国联邦航空局的着陆权的一个属性。在 *In re* Braniff 案中，700 F.2d 935（5th Cir. 1983），第五巡回法院适当地裁定，它们不能由破产的航空公司出售给另一家航空公司。然而，它错误地得出结论，认为 FAA 的着陆权不是"财产"。Id., at 942. 它们是，但它们的价值受到所适用非破产规则的限制。

In re Swift Aire Lines, Inc 的事实。[23] 斯威夫特公司（Swift Aire）是一家商业航空公司。其中一个最大的债权人是富国银行（Wells Fargo Bank）。Swift Aire 和 Wells Fargo 达成协议其中一项是，如果确定该公司需要资金以继续运营，Swift Aire 的主要股东 Colin（科林）将同意以贷款或购买股票的方式向 Swift Aire 出资 775,000 美元。正如此类交易中常见的那样，Wells Fargo 坚持要 Colin 从一家银行获得一份备用信用证，该信用证以 Swift Aire 为受益人。如果 Swift Aire 需要现金，可以提取该信用证。从这个意义上说，信用证是开出信用证的银行的一项独立义务，它可以保证在到期时，无论 Colin 的意愿或偿付能力如何，这笔钱都会到来。信用证的关键属性是，当相符的汇票与信用证要求的确切单据一起提交时，银行对以其为付款人的汇票进行兑付，是银行的一项有约束力的义务（binding obligation）。[24] 在本案中，由克罗克银行（Crocker Bank）签发的信用证没有要求提交任何单据。相反，信用证规定，用于提取
99 信用证的汇票必须说明资金对 Swift Aire 持续运营所必需的，并由 Swift Aire 的公司秘书签字。

Swift Aire 申请破产，其托管人试图通过提交一份由托管人签发的请求资金的汇票以从该信用证中提款。Crocker 拒绝兑付该信用证。除了托管人是否正确地说明这笔钱对于 Swift Aire（正在清算）的继续运营所必需的问题外，[25] 本案提出的基本问题是破产托管人是否可以从指定债务人为受益人的信用证上提款。

在解决这个问题时，首先要对基本属性进行审查。如果信用证上写明 Crocker 将兑付由 Swift Aire 或其破产托管人开具的汇票，就不会有问题。[26] 当 Swift Aire 申请破产，托管人试图从信用证上提款时，他本有能力提交一份相

23. 30 Bankr. 490（9th Cir. Bankr. App. 1983）.

24. See Baird, "Standby Letters of Credit in Bankruptcy," 49 *U. Chi. L. Rev*. 130（1982）.

25. 可以想象的是，该提款可能以欺诈为由被禁止，但这是一个关于信用证法律的非破产问题。参见《统一商法典》§ 5-114（2）（1978）。Sztejn v. Schroder Banking Corp., 177 Misc. 719, 722, 31 N.Y.S. 2d 631, 634-35（Sup. Ct. 1941）.

26. 在实际案例中，Colin 与 Wells Fargo 达成一致，信用证可以在破产时被提款。然而，这一声明并没有包括在 Crocker 签发的信用证中。

符的汇票——一份完全符合信用证要求的汇票。[27]

如果信用证没有提及托管人可以从信用证上提款的能力，只是简单地说可以由 Swift Air 提取，那么，问题是否会改变呢？分析仍然依赖于信用证的非破产属性，但现在我们还必须尝试将托管人的地位与这些非破产属性进行类比。例如，说托管人可以从信用证上提款可能是一回事，而说托管人可以将该权利转让给泛美航空公司（Pan Am）则完全是另一回事。人们需要问的第一个问题是，托管人的提款代表着什么：根据最好的非破产类比，它实际上是 Swift Aire 的提款，还是 Pan Am 的提款呢？在 *Swift Aire* 案中，信用证需要 Swift Aire 的公司秘书签署一份声明。这一要求与要求"约翰·史密斯（John Smith）作为公司秘书"签名的问题不同——无论是谁，只要在提款时碰巧是 Swift Aire 公司秘书的人签名就可以了。例如，在公司所有者或经理人变更后， 100
或在 Swift Aire 依州法解散后，公司秘书可以从该信用证提款。那么，问题就变成了如何通过将破产中发生的事情与相关的非破产属性结合起来最好地反映这些属性。在这里，破产托管人看起来像是 Swift Aire 高管的代理人。因此，允许破产法反映州法律的最佳方式是允许破产托管人从信用证上提款。[28]

最高法院在考虑另一种不寻常的财产形式时，承认了非破产属性与破产中发生的事情之间的联系。在 *Commodity Futures Exchange Commission v. Weintraub* 一案中，[29] 问题是第 7 章清算中的债务人的托管人是否可以放弃公司律师—当事人特权（attorney-client）。该特权允许公司保护其管理层与律师之间的通信，[30] 该特权曾被温特劳布（Weintraub）援引，他过去曾作为债务人芝加哥折扣商品经纪公司（Chicago Discount Commodity Brokers）的律师。

27.《统一商法典》§ 5-114（1978）.

28. 这个实际案例解决了正确的问题（其中一个是着重于非破产属性），但随后似乎混淆了对托管人地位的分析。它认为，*In re* Swift Aire Lines, Inc., 30 Bankr. 490（9th Cir. Bankr. App, 1983）；"Swift 的高级职员和董事没有权力或权限来处理破产财产、它的资产或它的事务。托管人只有被授权处置业务资产，并在获得适当授权后，才有权经营业务。通过申请破产，Swift 已使富国银行或 Swift 无法提取信用证。由于不再有公司秘书能够代表债务人行事，信用证所要求的声明不能由指定的个人签署。"这句话的最后一句把无意义的形式看得比实质重要。

29. 105 S.Ct. 1986（1985）.

30. 8 J. Wigmore, *Evidence* § 2292, at 554（J. McNaughton rev. ed. 1961）.

托管人试图代表债务人放弃该权利。Weintraub 表示反对，并声称该权利本质上是公司自身的一项权利，并没有转移给托管人，此外，允许托管人放弃特权以调查管理层将“冷却”这项特权。[31]

根据我们对信用证的分析，Weintraub 的论点有什么问题应该是清楚的。人们需要通过关注其相关的非破产属性来开始分析破产中的资产（或负债）问题。公司的律师—当事人特权是存在于其现有管理层的特权。在破产之外，公司的现有管理层可以放弃特权，以调查其前任的行为。[32] 因此，如果公司管
101 理层发生变化，例如在公司股权发生变化后，公司管理层始终面临着与公司律师之间的通信将被披露的风险。

破产托管人放弃特权的能力应该是明确的。实际上，人们恰当地把破产视为公司所有权发生根本性变化的一种情形。然而，在破产之前，股东是拥有决策权的人，一旦发生违约，他们的这一权利将被债权人剥夺，而破产则推定为因资不抵债而违约。因此，将债权人视为破产企业的所有者，将托管人视为他们的经理人是恰当的。正如需要公司秘书签名（signature）的信用证可以由托管人签发一样，托管人也可以进入管理层，行使属于公司当前管理层的权利。[33] 最高法院在 *Weintraub* 案中清楚地表达了这一点：“我们得出结论，将公司的律师—当事人特权的控制权赋予托管人，最接近于在破产之外将放弃权分配给管理层的做法，而不会以任何方式妨碍《破产法典》的精心设计。”[34] 因此，问题不是因为独立的破产政策而“冷却”特权。在某种程度上，特权

---

31. See Commodity Futures Exchange Comm. v. Weintraub, 722 F.2d 338, 342–43（7th Cir. 1984）, rev' d, 105 S.Ct. 1986（1985）.

32. See, e.g., *In re* O.P.M. Leasing Servs., Inc., 670 F.2d 383, 386（2d Cir. 1982）； *In re* Grand Jury Investigation, 599 F.2d 1224, 1236（3d Cir. 1979）.

33. See Comment, “Waiver of the Attorney–Client Privilege by the Trustee In Bankruptcy,” 51 *U. Chi. L. Rev*. 1230, 1245（1984）（“根据这一框架，在公司债务人的情况下，破产中托管人的作用与新管理层的作用最为相似，因此，托管人应拥有与新管理层在破产之外所拥有的相同权力来放弃律师—当事人特权”）。

34. 105 S.Ct., at 1994. 法院还指出，如果债务人破产，“托管人行使公司的律师—当事人特权只会使债权人受益，但这一结果并无异常之处；相反，这符合权益的等级……” Id.

被冷却，这是该特权的非破产属性的结果。[35] 当破产法允许托管人放弃特权时，它只是反映了这些属性。

资产限制和第 541（c）条的作用

正如我们已经看到的，破产中负债的基本规则是它们被加速，至少在债务人清算时是如此。然而，资产的基本规则似乎与此相反。第 541（c）（1）条 102
规定：

> 债务人在财产上的权益成为破产财产……尽管协议、转让文书或适用的非破产法有任何规定——
>
> （A） 对债务人转让此类利益进行限制或施加转让条件；或
>
> （B） 本篇的案件开始时，以债务人的资不抵债或财务状况为条件，或在本篇下的案件中，以托管人任命或接管为条件，或者开始前的保管人，并且影响了或给予选择以影响债务人的财产权益的丧失、变更或终止。

在许多情况下，比如资产完全归债务人所有的情况，资产在破产中失去价值的可能性并不是问题。就像到期贷款一样，没有加速的问题，因为没有什么可以加速的。但有时加速的概念也是一个考虑因素。考虑这样一种情况，即债务人正在使用的一项资产受制于另一方有权在发生某些事件时将其转移。如果丧失资产使用的事件之一是破产或类似的财务事件，第 541（c）（1）（B）条规定，尽管有此规定，该资产仍是破产财产。

乍一看，破产中资产和负债之间的共生关系可能表明，这一理论与负债

35. 最高法院指出，冷却律师—当事人特权的风险“在这种情况下，并不比在有偿付能力的公司的情况下更大，在这种情况下，个别高级职员和董事总是冒着继任管理层可能放弃……关于前任管理层与律师沟通的特权的风险”。Id., at 1995. 根据这里讨论的标准来判断，Weintraub 确实得到了高分。

一般规则之间存在紧张关系，正如我们在第 2 章中看到的那样，后者规定了自动加速到期，至少在清算程序中是这样。对于低于市场的贷款（负债）也有资产的属性。低于市场的贷款的价值在于，如果能够在有该贷款的情况下出售资产，可以比没有该贷款的情况下出售资产的价格更高，过去 10 年间，许多房屋卖家（以及买家）已经了解到了这一事实，当时他们拥有低利率“可让渡的”抵押贷款，往往会大幅增加房屋的价值。

但至少对于债务人的纯资产而言——债务人可以使用这些资产，但在特定事件发生时，债务人除了归还资产外没有相应义务——第 541（c）（1）（B）条的规则似乎是恰当的。回想一下，债务加速到期的理由与其说是因为破产案件已经开始，不如说是因为清算中的债务人不符合授权的非破产属性。同样，资产应该成为破产财产的一部分，而不是将破产本身视为没收。一旦破产，
103 如果债务人清算，资产（如联邦航空局的着陆权）可能没有价值，因为对转让的限制是一种非破产属性，在破产中应该得到尊重，但这与说该资产不是破产财产有很大区别。例如，如果债务人重整，该资产将继续具有价值。

因此，在分析那些试图在申请破产时终止财产权益的条款时，可以借鉴对负债的类似讨论。就像州创设的优先权和破产法定担保权，以及与贷款有关的破产约定条款一样，在破产发生时将资产从债务人资产移走的规定，可能会在破产程序没有对公共池塘问题作出反应时，产生启动破产程序的不当动机。债务人的资产损失通常会产生赢家和输家。输家是债务人的债权人，他们现在必须共享一个更小的资产池。当债务人在资产中的权益终止时，赢家就是资产的归复所有人。该人可能有兴趣看到债务人破产，以便将本来不会给其带来回报的资产归还给债务人（因为这与债务人的相应负债无关）。

然而，要说允许此类条款是有成本的，这只是故事的一半。必须确定是否存在一种抵消的利益，表明尽管存在成本，仍应该允许这种条款。这个问题与我们在审查的关于贷款协议中的破产约定条款的问题相同。此外，当债务人对资产的使用与债务人的相应义务（除了避免破产）无关时，甚至很难

将该条文视为对债务人的不当行为有着监督作用。在终止资产的情况下，债务人没有任何不当行为：对资产的归复所有权人没有相应的义务。此类条款存在的最合理的有利理由是，破产的出现本身会对归复所有权人造成损害，比如名誉损失。然而，在某种程度上，如果这是这种条款的理由，那么在破产中尊重该规定的价值而不尊重该规定本身是恰当的。因此，如此定性，该条款旨在防止因名誉损失而发生的损害。这可以被视为由资产担保的可能负债。然后，归复所有权人在破产中具有担保债权人的特征，权利的价值，如果不是权利本身，也应受到保护。

诚然，名誉损害可能难以证明，这就是为什么该条款首先被写为特定履 104
约条款而不是损害赔偿条款。但正如我们已经看到的，一项条款被写成特定履行条款的事实本身并不足以成为完全尊重该条款的理由，因为现在的问题不是债务人对归复所有权人的权利问题，而是债务人的第三人与归复所有权人的权利问题。以及在这种情况下，将特定履约权转化为有担保的损害赔偿请求权可能是完全适当的。

到目前为止，讨论一直针对的是第 541（c）（1）（B）条的禁止破产约定条款指令。第 541（c）（1）（A）条规定，尽管转让受到限制，但资产仍成为破产财产，那么，这一条如何解释呢？正如我们在讨论信用证提款或放弃公司律师—客户特权等不寻常的权利时所看到的，这一条款有一个合乎逻辑的解读——与破产的收债功能完全一致：资产成为破产财产，但完全受限于其非破产属性。

考虑一项禁止资产转让的条款。正如我们所看到的，这是信用证等资产的本质，从法律上讲，信用证的提款权是不可转让的。然而，尽管如此，信用证还是作为破产财产的一部分，如果现在债务人的管理层可以在破产之外继承提取权，那么托管人就可以继承该权利。然而，这样说并不意味着什么——只是说托管人的提款与破产以外的新管理层的提款相比，没有更多的转让属性。信用证仍然受其条款的约束。因此，在 *Swift Aire* 案中，提款权对正在清算的 Swift Aire 来说可能没有任何价值，因为一项要求，即只能用于航空公司的持续经营。

此外，第 541 (c) (1) (A) 条根本没有提及是否有可能将资产转让给另一方的问题。这是一种可能限制其价值的非破产属性，因为它可能允许在债务人持续经营的情况下使用该资产，但不允许在该资产不再使用的情况下将该资产出售给另一人。这一结果适用于从 FAA 着陆权到税收损失结转，简单地遵循破产的基本概念，即在集体程序中实施在破产之外存在的一系列权利（或其价值）。因此，当非破产法区分债务人使用资产（尽管是新的所有者或管理者）与不同实体使用资产时，破产法可以而且应该尊重这种区分。第 541 (c) (1) (A) 条实现了这种区分并恰当地定性，并没有进一步的作用。

5
破产中的待履行合同：资产与负债的结合 105

在审查了负债和资产之后，我们现在准备转向破产中的待履行合同的主题。尽管《破产法典》未对待履行合同进行界定，但就破产目的而言，该合同通常被认为是合同双方在某种程度上仍应履行的合同，因此，任何一方不履行其剩余的履约义务将构成违约，证明另一方有理由未能履行它的在合同项下的未履行义务是合理的。为了破产之目的的待履行合同的经典定义是 Vern Countryman 给出的定义：“一种合同，在该合同项下，破产人和合同相对方的义务都尚未履行，因此，任何一方未完成的履行都将构成重大违约，从而免除另一方履行。”[1] 尽管绝不是唯一的定义，但这似乎是破产法中普遍使用的定义。[2] 无论如何定义，待履行合同都是《破产法典》第 365 条与一系列特别规则中的一个特殊部分的主题。

然而，就破产分析而言，待履行合同几乎没有什么独特的要素。事实上，待履行合同所造成的很多困难是由于没有认识到破产中资产和负债之间的关
系，以及它们在待履行合同中如何相互作用。从根本上说，正如 Countryman 106
所定义的和《破产法典》的意图，待履行合同只不过是同一交易中产生的混

1. Countryman, “Executory Contracts in Bankruptcy (pt. 1),” 57 *Minn. L. Rev*. 439, 460 (1973).

2. See H. Rep. No. 595, 95th Cong., 1st Sess. 347 (1977)； Jensen v. Continental Finance Corp., 591 F.2d 477, 481 (8th Cir. 1979). 有关其他定义，请参见本章结尾几页。第 365 条还涉及“未到期租约”。我将把它们包括在待履行合同这个术语中。

合资产和负债。[3] 通过考虑一个简单的例子就可以看出这一点。假设债务人于12月1日与供应商签订合同，要求供应商在2月1日运送1,000条裤子，债务人于4月1日支付10,000美元。从12月1日到2月1日，该合同是待履行的，因为任何一方都可能违反其尚未履行的义务，导致另一方有权终止合同。例如，供应商可能无法交付裤子，在这种情况下，债务人将被解除支付10,000美元的义务。相反，债务人可以宣布在交付裤子时无法付款，这种“预期违约”将解除供应商交付裤子的义务。因此，直到2月1日，该合同既是债务人的资产（有权获得1,000条裤子），也是负债（有义务支付10,000美元）。

这种在同一合同中融合了未履行的资产和负债的情况是待履行合同的特殊属性。但在2月1日之后，如果供应商履行其交付符合要求的裤子的义务，合同不再是待履行的。之所以如此，是因为一旦非破产方完全履行义务，问题就只是债务人的一项责任——债权。在我们的例子中，在2月1日交付了1,000条符合要求的裤子后，债务人成为裤子的所有人，而供应商（除非它获得担保物权或可以依赖《统一商法典》第2-702条的有限保护[4]）成为债务人的无担保债权人。在当时，在分析上供应商的债权与债务人未偿还借款的简单贷款交易产生的债权没有区别。既然它只不过是一个债权，用不同于我们在第2章分析的术语来谈论合同的“承继”或“拒绝履行”是没有意义的。

107 然而，如果债务人已经完全履行了义务，那么由于完全相反的原因，合同就不会是待履行的。由于债务人只需等待另一方当事人的恢复履行，合同是破产财产的一项资产。在我们的例子中，如果债务人在2月1日预付了裤子的货款，并计划于4月1日交货，那么一旦付款，债务人就有权利收到裤子，

3. Countryman 至少承认了这个事实的一半。See Bordewieck & Countryman, “The Rejection of Collective Bargaining Agreements by Chapter 11 Debtors,” 57 *Am. Bankr. L. Rev*. 293, 303（1983）［“如果没有 § 365，债务人拥有法定的或衡平法上的申请前权益的所有合同和租约将成为 § 541（a）（1）规定的破产财产。也许 § 365 应该被看作是对 § 541（1）的一种限制，给予债务人……一种选择，以决定待履行合同和未到期的租约是否应成为破产财产”］。

4.《统一商法典》（1978年）§ 2-702（2）规定：“如果卖方发现买方在资不抵债的情况下赊账收货，他可以在收货后10天内提出要求收回货物，但如果在交货前三个月内以书面形式向特定的卖方错误地表述了偿付能力，则10天的时效不适用。”经过一些修改（根据本书的分析，这些修改是有问题的），《破产法典》尊重这一权利，§ 546。

而不再取决于债务人的履行。该权利是破产财产。谈论债务人对合同权利的“承继”和“拒绝履行”之间的选择，相比于其他资产方面的选择一样没有意义。因此，分析这个问题的框架将是第4章中所讨论的资产框架。

然而，在很大程度上仍需由双方履行的合同，例如2月1日之前的基于假设的合同，同时具有资产和负债的属性。从债务人的其他债权人的角度来看，债务人未履行的债务是负债，而非破产方未履行的债务从他们的角度来看是资产。如果破产法能够追溯出将任何此类合同同时确认为资产和负债的后果，那么如何处理这些破产中的混合的合同问题就会迎刃而解。这种分析将采取用于解决诸如 *Chicago Board of Trade*[5] 等案例的形式，在这些案例中，一项资产与一项特定负债相关联。在这种情况下，要同时确定资产的相对价值和剩余价值。这是通过抵消资产和负债之间的差额来实现的，负债持有人被给予了以资产价值为限的优先债权。从概念上讲，没有理由以任何不同的方式面对待履行合同。

例如，在 *Chicago Board of Trade* 一案中，债务人持有一项可以以10,000美元价格出售的资产（期货交易所的会员资格）。但由于期货交易所的规则，如果不先还清会员的债务，就不能出售该资产。如果有6,000美元的此类债务，对债务人的其他债权人来说，则该资产净值将是4,000美元。但是，如果有15,000美元的此类债务，则会员负债将超过资产的价值，对其他债权人来说将没有剩余价值。没有理由仅仅因为某人将会员资格定性为待履行合同而得出不同的结论。

当然，这个原则还可以扩展。例如，一份租期为1年、租金为10,000美元的租约对其他债权人来说可能有价值，也可能没有价值，这取决于租赁空间对债务人的价值。但是，如果出租人有权根据非破产法终止租赁，那么 108
Chicago Board of Trade 将建议，租赁对债务人的其他债权人的价值将扣除对房东的负债——在这种情况下，可能是零剩余。

5. 264 U.S. 1（1924）. 参见前文第4章。

拒绝履行和违约的非破产属性

理解资产和负债之间的这种简单关系，会消除目前破产法中围绕待履行合同的许多模糊之处。当问题是拒绝履行时，许多判例法和现有的关于合同是否是待履行的分析带来了不必要的工作。[6]除了那些有效地赋予持有人强制履行权利的合同，拒绝履行只是相当于违反非破产法所允许的合同。根据适用的非破产法，违约通常会引起金钱损害赔偿。因此，如果债务人与债权人签订了以每蒲式耳 4 美元购买 1,000 蒲式耳小麦的合同，而小麦的价格下降到每蒲式耳 3 美元，无论债务人是否处于破产之中，都可以“拒绝履行”合同并在其他地方以每蒲式耳 3 美元购买小麦。如果债务人是有偿债能力的，这一路径听起来并不特别有希望，因为债务人从这一违约中获得的收益（1,000 美元）似乎与债权人的 1,000 美元损害赔偿请求相匹配。[7]但是，如果债务人资不抵债，从债权人整体的角度来看，破产违约是明智的，至少只要债权人对债务人的 1,000 美元或更多资产没有有效的担保物权。通过不履行合同，债务人节省了 1,000 美元。可以肯定的是，债权人持有 1,000 美元的债权，但假设该债权是无担保的，它将不会被全额偿付。因此，通过拒绝接受交付的货物而节省的 1,000 美元中的一部分可用于债务人的其他无担保债权人。

乍一看，这似乎只是债权人向债务人的其他普通债权人转移财富，对整个群体没有影响。尽管如此，由于相对价值的概念，允许拒绝接受交付的货物的做法在破产中是恰当的。债权人就像其他无担保债权人一样：由于债务
109 人资不抵债，有名义债权的一方，其预期无法完全实现。当所有其他无担保债权人只获得很少的清偿时，债权人没有理由要求全额偿付其债权（通过要求遵守合同）。因此，当合同所代表的负债超过合同所代表的资产价值时，

6. See, e.g., *In re* Chicago, R.I. & P. RR Co., 604 F.2d 1002（7th Cir. 1979）； *In re* Oxford Royal Mushroom Products, Inc., 45 Bankr. 792（Bankr. E.D. Pa. 1985）； cf. Nimmer, “Executory Contracts in Bankruptcy: Protecting the Fundamental Terms of the Bargain,” 54 *U. Colo. L. Rev*. 507, 513（1983）.

7. See, e.g., A. Farnsworth, *Contracts* 838–48（1982）.

拒绝履行提供了一种在债权人之间实现平等的方法。

同样的情况会导致缺乏一个具有明确拒绝履行权的特殊待履行合同条款。正如我们在第2章所说的，当债务人借钱时，其还款义务在债务人破产时被（或可能被）违反了。在破产中，拒绝履行大多数合同的风险并不大。基于这个原因，当问题涉及拒绝履行普通合同时，合同是待履行的（在这种情况下，拒绝履行可能会引起损害赔偿请求）还是非待履行的（在这种情况下，债务人的义务，例如贷款偿付被违反，要么是因为债务人正在清算，要么是由于债务人通过提前宣布不全额偿付而决定将贷款人纳入债权人池，在这种情况下，也会引起损害赔偿债权）并没有区别。

然而，这里和以前一样，拒绝履行的能力应该取决于非破产的属性。如前所述，合同特定履行的正常规则（比如，当债务人签订合同以10,000美元的价格将其Chagall画作出售给买方时出现的情况）当作为债权人之间的权利问题进行分析时，并不要求特定履行权应以实物形式得到尊重。在这些案件中，由于破产以外的担保债权人可能会胜过将财产留给债务人的特定履行权持有人，因此，在破产中特定履行权及其价值都不应得到充分尊重。没有理由仅仅因为合同是待履行的就得出不同的结论。[8]

然而，有时，对适用的非破产属性的分析表明，即使将该问题作为债权人之间的相对排序之一进行分析，特定履行也将适用。请考虑以下情况。债务人拥有黑地（Blackacre）并将其出租给承租人。[9] 根据适用的非破产法，即使债务人违反了其在租约下的义务，承租人（因为其对Blackacre拥有占有财产权益）也不能在未经其同意的情况下被剥夺其占有。[10] 而且，这一权利对债 110

8. 例如，买方可能已经给Chagall预付了10,000美元合同价格中的9,000美元，而不是（如第2章所假设的）全部10,000美元。

9. 这个例子基本上是基于*In re* Minges, 602 F.2d 38（2d Cir. 1979）。在Minges案中，有一家有担保的贷款人对Blackacre拥有担保权益。法院认为，只有当拒绝履行有利于普通债权人，而不是简单地构成有担保贷款人和承租人之间的财富转移时，拒绝履行才是适当的。但是，由于有担保的放款人已经同意从属于承租人的权利，适当的规范性理由是，由于承租人在破产之外优先于有担保放款人，他们的相对地位在破产中不应该被颠覆。

10. “租约部分是财产的转让，一旦承租人占有，即被视为完全履行。因此，权力的重要性在于，租约的转让方面通常不得由债务人房东或其受托人单方面干涉。”*In re* Minges, 602 F.2d 38, 41（2d Cir. 1979）.

务人的债权人是有效的，因为它是有占有权的。[11] 在这种情况下，债务人不应不顾承租人的反对，在破产中通过拒绝履行租赁而重新获得对 Blackacre 的占有。第 365（h）条规定了这一结果，但这不应该依赖于在《破产法典》中找到一个特殊的安全港（safe-harbor）。例如，如果债务人出租的不是 Blackacre 而是 Green Machine（一项个人财产）给承租人，只要非破产法规定，在债务人试图违反租约的情况下有相同的结果（即承租人有权继续占有），并且如果这一结果对债务人的债权人有效（当承租人占有时可能就是这种情况），第 365 条不应被解释为对破产中的拒绝履行提供不同的结果。

这一讨论的要点是双重的。首先，在大多数情况下，第 365 条中的拒绝履行权应被视为仅在陈述显而易见的事实：合同可能被违反，从而使另一方转化为损害赔偿债权的持有人（该权利可能有担保，也可能无担保）。其次，还必须承认拒绝履行权的非破产限制。许多非破产权利虽然是根据合同创设的，但一旦创设便有了自己的生命，不仅对债务人有效，而且对通过债务人主张索赔的其他人（如债权人）也有效。破产的集体化原则中没有什么内容过要求在破产中有不同的分配结果。

如果牢记破产法和非破产属性之间的这种简单关系，在破产中自动应用拒绝合同的能力所产生的很多最麻烦的问题本可以避免的。例如，考虑一个许可协议，其中债务人是许可方，获得许可的制造商拥有独家使用计算机芯片技术的权利，其只需支付 100,000 美元的初始许可费，便可以每使用一个芯片 10 美分支付费率。这可能是一份待履行合同，因为债务人和制造商都对另
111 一方有持续的义务。[12] 但无论其特征如何，没有理由认为债务人在破产时应该能够拒绝履行该许可协议（如果它想将该技术许可给其他人或利用该技术的

11. Cf. McCannon v. Marston, 679 F.2d 13（3d Cir, 1982）.

12. 制造商有义务为一个芯片支付 10 美分；债务人（至少）有义务不将技术许可给其他任何人。See, e.g., Lubrizol Enterprises v. Richmond Metal Finishers, 756 F.2d 1043（4th Cir, 1985）, cert, denied, 106 S. Ct. 1285（1986）；*In re* Petur U.S.A. Instrument Co., 35 Bankr. 561（Bankr. W.D. Wash. 1983）； cf. *In re* Rovine Corp, 6 Bankr. 661（Bankr. W.D. Tenn. 1980）（带有不竞争合同的特许经营协议）。

成功实施以更高的费率重新许可给制造商，它就会这样做）。除非破产，否则不会出现这样的结果，因为制造商有权禁止债务人违反许可协议。宣布合同是待履行的（而不是，比如说，技术的彻底出售）不应因为第 365 条中不加思索地应用拒绝履行权而造成不同的破产结果。这是一种非破产的特定履行权，似乎不仅对债务人有效，而且对那些通过债务人主张权利的人也有效，无论是债权人、担保债权人还是购买者。因此，对相对价值的审查表明，在破产中不应允许拒绝履行。

如果运用这一点，最高法院对 *National Labor Relations Board v. Bildisco & Bildisco* 一案的裁决，[13] 可能会出现不同的结果，该案涉及集体谈判协议是否可以在破产中被拒绝履行。至少作为一个规范性问题 [14]，集体谈判协议在破产中的处理可能要求与普通待履行合同完全不同的待遇，因为根据分析，《国家劳动关系法》为雇员提供的权利相对于其他债权人的价值可能更接近于拥有完全财产权（和优先权）的实体的价值。如果是这样，试图无视这一权利可能没有什么意义，因为正确理解的话，该权利的相对价值远远大于无担保债权人的价值。拒绝履行劳动合同并将由此产生的债权视为是无担保的，可能既不尊重权利，也不尊重其相对价值。

联邦劳动法确定了新雇主何时受旧雇主的集体谈判协议条款的约束。[15] 根
据美国国家劳资关系委员会的政策，如果一家公司购买另一家公司的资产， 112
而这家公司的所有权或管理属性与被购买资产的公司几乎没有什么关系，那

13. 465 U.S. 513（1984）.

14. 第 365 条在当时可能背负了太多的包袱，以至于错误可能是国会没有明确区分。[1984 年国会通过了 § 1113 之后，更有可能出现这种情况。尽管它可以被理解为一种旨在简化但反映非破产的 NLRB（National Labor Relations Board）的规则，但这样的理由不太可能促使该条款的出台。] 规范性的观点是相同的：没有理由授予债务人对待履行合同的新的实质性权力。

15. National Labor Relations Act §§ 8（a）(5)，8（d），29 U.S.C. § 158(a)(5)，(d)(1975)； see N.L.R.B. v. Bildisco & Bildisco, 465 U.S. 513（1984）（"实施的实际效果是要求遵守集体谈判协议的条款"）； N.L.R.B. v. Lion Oil Co., 352 U.S. 282, 285（1956）.

么它就不受被购买公司的集体协商协议的约束。[16]然而，除此之外，工会对集体谈判协议有特定履行权利。有充分的理由相信，只要继任公司的资产不被分拆或出售给一个新的实体，持有集体谈判协议可以对继任公司强制执行的理由，与普通合同背景下所起作用的理由是截然不同的。劳动法规则的功能似乎是通过赋予受保护的工会成员一系列对债务人及其他债权人均有效的不可撤销的程序性权利，从而赋予受保护的工会成员优先权。[17]在这种情况下，除了零散清算或将企业出售给一个全新的所有者群体的情况之外，工人执行集体谈判协议的权利，似乎采取了非破产财产权（和优先权）权利的形式。

如果这种分析正确地抓住了非破产法和政策的相关考虑因素，那么破产法应该反映劳动法所确立的权利，通过实施现有权利或尊重其相对价值。这意味着在债务人的清算中可以拒绝履行集体谈判协议，因为在这种情况下，允许拒绝履行协议反映了劳动法政策的非破产属性。但在债务人的重整中，似乎最好的非破产类比是换了新的所有者的债务人的延续。就联邦劳动法不
113 允许在这种情况下否认集体谈判协议而言，没有理由认为债权人（新的所有人）在破产中应该有这种权利。

因此，其他债权人有动力迫使破产实体进行零散清算。[18]然而，这种风险

16. See Howard Johnson C. v. Detroit Local Joint Executive Board, 417 U.S. 249（1974）； N.L.R.B. v. Burns International Services, Inc., 406 U.S. 272, 281–91（1972）；Note, “ The Bargaining Obligations of Successor Employers,” 88 *Harv. L. Rev.* 759（1975）.

17. See, e.g., Applied Chemical Workers v. Pittsburgh Plate Glass Co., 404 U.S. 157（1971）； John Wiley & Sons, Inc. v. Livingston, 376 U.S. 543, 550 （1964）； United Steelworkers v. Warrier & Gulf Navigation Co., 363 U.S. 574, 578–80（1960）； N.L.R.B. v. American Nat' l Insurance Co., 343 U.S. 395（1951）. 这可能与损害赔偿债权形成对比（如补发工资），区别于谈判权，cf. Nathanson v. N.L.R.B., 344 U.S. 25, 28–29（1952）（《国家劳动关系法案》的政策通过承认对拖欠工资的索赔是从破产财产中支付的而得到了充分执行）。因此，这是一个承认可适用的非破产类比的问题，而不是像人们通常认为的那样，是“平衡”劳动法政策和破产法的问题。然而，平衡的方法继续主导分析。See, e.g., George, “Collective Bargaining in Chapter 11 and Beyond,” 95 *Yale L.J.* 300（1985）.

18. 在这个试图反映属性的过程中，包括确定从破产中出现的实体是否符合前面描述的劳动法的“新实体”测试。这个问题要求人们评估在破产过程中发生的管理份额和所有权变化。See Blazer Industries, Inc., 236 N.L.R.B. 103, 109–10（1978）. 这个翻译问题在重整背景下引起了一些事实问题（例如，所有权的变化是否足够大？），如果这一问题出现在重整计划得到确认之前，它可能会在应用中产生一些不确定性。然而，相关的一点是，这是一个事实问题，而不是一个独立的破产政策，其中分配问题是与部署问题联系在一起的。与大多数案件不同的是，这两种审查应该保持不同，此处在部署的选择上存在偏差是两个问题之间的一种非破产关系的结果。

并不能证明忽视这种权利的相对价值是合理的，因为承认这种风险并不会使破产情况变得更糟。劳动法是独立于破产而存在的经纬线的一部分。它的存在可能会使债权人整体的情况变得更糟，因为它需要一个特定群体的实际同意才能推翻该权利，[19] 但它的存在并不会使集体程序中的债权人情况比在集体程序之外的债权人情况更糟糕。因此，没有破产法政策来“平衡”劳动法政策。

在所有情形中，没有任何规范性理由将拒绝履行的概念应用到非破产途径之外，因为在非破产途径中，拒绝履行的概念被用来平衡那些在破产之外是平等的债权人的地位。当我们在平衡那些非破产（nonbankruptcy）不平等的债权人时，使用拒绝履行以实质性调整权利，这种对拒绝履行的使用并不合适。

一般规则和对第 365（c）和（f）条的批评

理解待履行合同性质的重要性比拒绝履行的主题更为广泛。认识到所有 114
待履行合同都会引起与其他债权或财产案件相同类型的审查（具有资产和负债的混合属性，受制于资产与负债相关联的特殊特征），对《破产法典》的适当形式和方向有很多影响。我们在第 2 章中研究了负债，在第 4 章中研究了资产，通过这三种情况来看待履行合同，可以澄清其中的一些含义。第一，对于尚未违约的待履行合同，破产中的推定规则应该是什么？第二，在破产前违约的情况下，破产会发生什么？第三，合同约定条款应具有何种效力？不足为奇的是，这些问题的答案自然来自与资产和负债相关的答案，并为对第 365 条特殊规则进行批判性地审查奠定基础。

我们已经看到，处理破产中的资产和负债的一般规则源于对最接近的非

19. 理论上，劳动力可以通过从其他债权人那里重新分配一些持续经营的价值来收买。Cf Coase, “The Problem of Social Costs,” 3 *J. Law & Econ*, 1（1960）； Brief for the National Labor Relations Board in N.L.R.B. v. Bildisco & Bildisco, at 23（“如果集体谈判协议在破产中没有被搁置，工会有兴趣同意修改繁琐的合同条款，以防止雇主破产，从而为其成员保留工作”）。实际上，谈判可能无法达成，因为涉及各方的数量，或者因为工会同意一个“较低的”谈判协议的成本（例如，任何这样的协议可能对与其他雇主的其他集体谈判协议的影响）可能大于该特定雇主的任何相关利益。

破产类比的属性的认可。例如，在清算公司债务人的情况下，最好的类比是根据州法解散公司。由于解散的债务人不复存在，因此会产生一些非破产的后果。就负债而言，一般合同规则是如果还要剥离负债，就不能委托履行，因此，解散将推定构成违约和加速到期负债。对资产的讨论采用了同样的方法：如果一项资产可以由债务人使用但不能转让（如 FAA 着陆权），[20] 债务人的解散将意味着该资产对债务人的普通债权人没有价值。因此，尽管这样的资产被恰当地定性为破产财产，但其非破产属性将使其在破产清算中的价值为零。

同样的分析也应该用于审查待履行的合同。因为，确切地讲，债务人有一项未履行的债务，关于义务缩减的合同条款将同时排除履行委托与义务的缩减。因此，对于在破产中进行清算的债务人，除非非破产方同意转让，或者除非债务人能够在清算前履行其义务，否则其待履行合同应被视为债务人（预期）违约，从而导致相关资产的损失和支付费用的义务。当然，剩下的
115 可能是非破产方在遭受损害的情况下主张损害赔偿。与其他债务一样，这种损害赔偿债权将是无担保的，除非非破产方以担保物权保护自己，或各州以法定担保权（或类似的形式）的形式进行保护。

这一结果源于破产中的资产和负债结构。然而，由于未能理解每份待履行合同中的资产和负债，目前的《破产法典》已经朝着截然不同的方向发展。清算中的债务人可以承继大多数待履行合同。此外，它可以承继的任何合同都可以根据第 365（f）条进行转让。当债务人的待履行合同对其有利时，债务人可能会这样做。例如，债务人可能从出租人处租赁了一间办公室，租期为五年，每年租金为 20,000 美元（现值）。如果现在这种租赁的市场价格是每年 25,000 美元（现值），那么债务人的租赁是 25,000 美元的净资产［扣除资产的现值（125,000 美元）和 100,000 美元的负债］。如果债务人违反租约，它什么也得不到（没有资产，但也没有损害赔偿债权）；出租人得到重新出

20. 关于 FAA 着陆权属性的讨论，See *In re* Braniff, 700 F.2d 935（5th Cir. 1983）.

租空间的机会，从而多赚 25,000 美元。然而，如果债务人可以转让这份租约，它可以为其无担保债权人获得 25,000 美元。

显然，基于这样的观点，即如果可以转让待履行合同，无担保债权人将获得更多收益，[21] 第 365 条允许转让这些合同。然而，这种做法忽视了在集体制度中反映非破产属性的原则。用我们的例子作为说明，债务人不能使用其租约（因为它正在清算），也不能根据适用的非破产法进行转让，这一事实意味着，可以肯定的是，出租人而不是债务人的普通债权人获得了“额外”的 25,000 美元。[22] 然而，债权人的相对排序问题，因为这是一个分配问题，而不是部署问题，所以不是破产问题。集体化规范中没有任何内容要求在破产中重新分配价值，或在破产中给予普通债权人任何特殊的好处（除了集体 116
化本身带来的好处）。

第 365（f）条不仅与正常的破产原则不相容，而且也与破产中对负债的处理不相容。如欲了解原因，请回想一下，从债务人的角度来看，未加速到期的低于市场的贷款也是一种资产。如果债务人可以通过这种贷款出售资产，那么，该资产的售价将高于在没有低于市场水平的融资的情况下出售该资产所得价款。然而，在破产清算中贷款会被加速到期（尽管不一定是在重整中），排除了这种选择。承认一项待履行合同只不过是一项相关的资产和负债，揭示了允许清算债务人转让低于市场价格的待履行合同的不一致性。[23]

---

21. See, e.g., Silverstein, “Rejection of Executory Contracts in Bankruptcy and Reorganization,” 31 *U. Chi. L. Rev*. 467, 468（1964）（待履行合同条款旨在释放“破产财产以向普通债权人支付更大的红利”）; Fogel, “Executory Contracts and Unexpired Leases in the Bankruptcy Code,” 64 *Minn. L. Rev*. 341, 349（1980）.

22. 有时，就像与供应商签订的裤子合同一样，即使是清算中的债务人也可以通过继续经营足够长的时间来支付裤子的费用，然后将其转售给第三方，从而获得有利的合同优势。在这种情况下，承继应该是可能的，即使债务人正在清算，债务人也有能力完成合同。而且，不用承继的能力来自对非破产属性的审查，而不是本身来自使用破产或决定在破产中进行清算。

23. 举一个数值例子以展现贷款和待履行合同的相似性，see Jackson, “Bankruptcy, Non-Bankruptcy Entitlements, and the Creditors’ Bargain,” 91 *Yale L.J*. 857, 883-85（1982）. 在这方面，破产法委员会（ the Commission on Bankruptcy Laws）的建议更符合破产原则。See Report of the Commission on Bankruptcy Laws of the United States, H.R. Doc. 137, 93rd Cong., 1st Sess., pt. 1 at 198（1973）（“在清算情况下……非债务人一方选择只与债务人交易的权利，如禁止转让或类似的合同条款所规定，应予以保留”）。

第 365（f）条的规则还存在一个缺陷。它取消了不得转让条款，而要求受让人对未来的履行给予充分的保证。这些规定要求人们确定某项内容是有效的不得转让条款（在这种情况下，它被忽略），还是有效的合同条款（在这种情况下，它必须被遵守）。问题是，没有一条这样的线可以被精确地画出来。[24] 一个不得转让条款，例如“A 不能转让他向我交付小麦的义务”，可以相当准确地重新起草为合同条款——“A 必须亲自向我交付 A 位于堪萨斯州 Blackacre 农场种植的小麦”。如果第 365 条承认属性的来源应该是非破产法，而不是特别的破产政策，那么，在很大程度上可以避免这些问题。

到目前为止，重点一直是在清算债务人的情况下如何恰当地处理待履行合同。然而，如果债务人正在重整，情况会如何呢？同样，可以借鉴之前关于破产中资产和负债的讨论。将重整中的债务人视为正在经历相当于破产之
117 外债务人所有权发生变化的转变，这种假设似乎是适当的。如果向债务人交付 1,000 条裤子的合同在债务人所有权发生非破产变化的情况下仍然有效，那么这份合同也应该是债务人，或者更确切地说，是其债权人在破产时可以使用（或违反）的合同。正是在这种情况下，承继的权力才最有意义。

然而，这是重整债务人使用净值为正的待履行合同的权利，它源于非破产属性。类似地，我们之前对待履行合同转让的讨论可以在重整债务人的情况下，针对相关的非破产属性重新进行分析，因为如果重整债务人对待履行合同没有用武之地，非破产属性仍然支配着将其转让给第三方。由于重整中的债务人仍然存在，因此可以在债务人不放弃负债的情况下委派职责。在这些情况下，承继和转让是适当的，但仅限于非破产法允许的范围内：如果合同包含根据非破产法有效的不得转让条款，则在破产时忽略它是错误的，正如第 365（f）条所做的那样。对不得转让条款的分析应该源于非破产属性。

第 365 条的起草者未能认识到破产政策的有限的规范作用，这导致了一

---

24. See, e.g., *In re* U.L. Radio Corp., 19 Bankr. 537（Bankr. S.D.N.Y. 1982）（限制“电子商店”使用的条款被忽略，因此，租约可以被转让给一家餐馆）。

个奇怪的错误，即未能区分承继和转让。第 365（c）和（f）条禁止承继或转让待履行合同，“适用的法律免除一方当事人（除了债务人的）……接受债务人或经管债务人，或该合同或租约的受让人以外的实体的履行，或向其提供履行”，其中包括明确订立提供贷款或提供财务便利的合同。这（一旦解决了 1984 年修正案造成的一些语言上的歧义[25]）就排除了“适用的法律”禁止转让的承继。这条线画错了地方。在个人服务合同和类似的情况下（适用法律禁止未经同意的转让），限制的要点是确保非破产当事方从与其签订合同 118
的人那里得到履行。[26]如果普拉西多·多明戈（Placido Domingo）签约在大都会剧院演唱的《卡门》（Carmen）中扮演唐·何塞（Don Jose）一角，他不能将合同转让给（比如说）我。

但是，如果适用的非破产法不把债务人所有权的变更视为转让，则这不应阻止重整债务人承继合同。考虑一下 FAA 着陆权的情况（就像它们是待履行合同一样）。在这种情况下，“适用的法律”禁止转让。然而，如果一家航空公司正在进行破产重整，相关的非破产问题应该是 FAA 着陆权是否在所有权变更后仍然存在。然而，第 365（c）条作为一个限制，因为这个非破产问题被忽略了。对于个人服务合同（以及类似的合同），应该在转让时划定界限，而不一定是在承继时。

违约后的承继和破产约定条款

现在可以根据剩下的两个问题审查待履行合同——不管违约与否，待履行合同是否可以承继；以及是否应该尊重破产约定条款——现在可以快速进行。在这些情况下，待履行合同不会带来新的曲折；在讨论资产和负债时，

25. 如果按字面意思读，“或受让人”一词的增加可能会使整条显得多余；显然，它应该被理解为双方同意的受让人。增加“或债务人占有”似乎并不能解决文中所述的问题。这一条款似乎禁止受托人假设或债务人占有，当适用的法律拒绝向债务人或占有债务人以外的实体进行非合意转让时。这种混乱的措辞是否会被用来达到承继是适当的，但分配是不正确的结果，这是一个悬而未决的问题。

26. See, e.g., Restatement（Second）of Contracts § 318, comment c（1981）.

可以进行同样的分析。

考虑一下破产前违约的情况。第 365（b）条允许尽管存在违约行为，但只要违约行为被纠正或将被迅速纠正，就可以承继。然而，正如我们所看到的，这种救济的权力涵盖面太广，因为它与破产本身的原因无关。债务人如果因为违约而在破产之外失去了有价值的待履行合同，那么他在破产中的情况也不应得到更好的待遇。有两种例外情况发生在债务人时，要么债务人违约是为了有利于非破产方（将有价值的资产返还给非破产方，并允许非破产方从即将进行的集体程序中退出），要么债务人知道自己已经资不抵债，根本不再关心其资产会发生什么。第一个问题作为一种偏颇性清偿法被恰当地分析了（因为当前的《破产法典》没有这样做）。债务人被动的情况也会引起同样的问题。这些问题将在下一章讨论。在这些情况下，有限追溯规则可能是适当的。即使如此，在时间上不受限制的第 365（b）条也涵盖得太广泛了。

119 至于破产约定条款，我们已经看到，对资产和负债而言，禁止其效力的推定规则可能是合理的。由于待履行合同最好被认为是一种混合的资产和负债，因此，没有什么应该改变。但重要的是要注意到，在破产作为改善公共池塘问题的一种手段的情况下，拒绝承认破产约定条款所产生的影响将远远小于第 365 条的世界（world）。第 365 条以无原则的方式将实质性的非破产法的限制抛在一边，而这些限制应该继续发挥作用。例如，在这种制度下，清算中的债务人不能有效地承继许多待履行合同，也不能（除非合同允许）转让这些合同，因为适用了不能缩简义务的非破产规范。此外，重整的债务人可以承继待履行合同，但合同本身或适用法律中的不得转让条款将继续得到承认。因此，在破产中不承认破产约定条款的影响将远远小于目前的情况。

关于第 365 条的结论性说明

正如我们已经看到的，从破产法作为一种收债手段的角度来审查，第 365 条有很大的缺陷。它的缺陷来自未能从普通资产和负债中理解待履行合同的衍生性质，因此，它忽视了非破产权利，以使普通债权人受益（并相应地损害其他一些债权人，通常是合同的另一方）。这些变化本身是不幸的，但同样不幸的是邀请这样一个不适当的实质性规则延伸到对其他概念的操纵，以便同样有利于普通债权人。

例如，考虑下 *In re Booth* 案。[27] 在 Booth 案中，法院面临的问题是，作为契据合同下买方的债务人是否有一份待履行合同。契据合同的基本特征是卖方保留所有权，直到买方全额支付土地的费用为止。根据 Countryman 的测试，这听起来是待履行的：买方仍需付款，而卖方仍需交付所有权。[28] 无论是否是
待履行的，当问题是拒绝履行时，定性应该无关紧要。在破产之外，如果买 120
方违约，卖方对所有权保留的特征表明卖方收回了财产，即使土地价值超过契据合同价格（比如说）100,000 美元，也是如此。即使根据第 365 条，在破产中拒绝履行也会产生同样的后果。

在许多州，土地是通过某种有些不同的机制出售的：所有权在买方占有时转移，但卖方保留土地的担保物权，以确保支付购买价款。根据 Countryman 的测试，这种交易并非待履行，因为卖方没有进一步的义务。同样，当问题是拒绝履行时，第 365 条是否适用并不重要。在破产之外，如果买方违约，卖主可以取消土地的赎回权。但是，如果土地价值超过 10 万美元的购买价格，买方（至少在理论上）可以保留超额部分。

因此，当问题是拒绝履行时，该交易的破产定性是否为待履行合同应该并不重要，因为这里第 365 条与破产中资产和负债的一般处理方式是一致的。然而，由于它们不同的非破产特征，这两种情况的破产处理在被驳回时应该是不同的。在契据合同的情况下，卖方可以取回财产。如果它的价值是 150,000 美元，而不是 100,000 美元，那么卖方，而不是买方的债权人，将得

27. 19 Bankr. 53（Bankr. D. Utah 1982）.

28. See *In re* Alexander, 670 F.2d 885（9th Cir. 1982）.

到额外的价值。[29] 然而，在担保销售的情况下，卖方对 100,000 美元的购买价格担保债权。虽然该价值在破产中得到了认可，但买方的债权人而非卖方，得到了“额外的”50,000 美元。

换句话说，谁能得到这 5 万美元，似乎是一个典型的非破产分配问题，破产法应该尊重这个问题，而第 365 条的使用本身也不会影响这个问题。然而，法院在 *Booth* 案中的裁决，对债务人的无担保债权人来说，将契据合同重新定性为担保销售会“更好”，因为超出的部分将流向无担保债权人，而不是卖方。它得出这一结论，是基于将第 365 条视为“一个指标，显示何时承继或拒绝履行合同将‘使财产受益’，并因此表明合同何时是待履行的”。[30] 因为如果合同“被看作是担保权而不是待履行合同”，普通债权人将得到更多的钱。*Booth* 对其进行了重新定性，理由是“破产法院作为衡平法院，重视实质重于
121 形式，要求债权人之间待遇平等，并厌恶罚没”。[31]

虽然这种重新定性很受欢迎，[32] 但当问题是拒绝履行时，它与使用第 365 条的效果无关。*Booth* 案不仅仅是贴上不同的破产标签，然后使用第 365 条的特殊权力，而实质上是将基础财产权从契据合同重新定性为担保销售。正是交易的基本实质性属性的这种变化，而不是对第 365 条的使用，为债务人的普通债权人获得了盈余。*Booth* 案中的法院将第 365 条视为财产重新定性的正当理由，许多其他法官也表示赞同，这表明该条款在多大程度上已经偏离了破产作为一种集体收债手段的规范性基础，而且它如何引发其他人一起偏离。

---

29. 尽管如此，仍可能发生拒绝履行。例如，购买合同附有极高的利率。

30. 19 Bankr., at 55. See also id., at 58（引用 Silverstein, supra note 21）.

31. 19 Bankr., at 58.

32. See, e.g., *In re* Adolphsen, 38 Bankr. 780（D. Minn, 1983）；*In re* Gladding Corp., 22 Bankr. 632（Bankr. D. Mass, 1982）. 并非所有法院同意：see, e.g., Shaw v. Dawson, 48 Bankr. 857（D.N.M. 1985）；*In re* Britton, 43 Bankr, 605（Bankr. E.D. Mich, 1984）.

6 破产前选择退出活动和偏颇性清偿法的作用 122

至此，破产程序被认为是毫无征兆地发生的。有了这个假设，就有可能审查破产程序的基本特征，而不必担心债权人的战略反应可能会破坏破产试图做的事情。我们现在放松这个假设。一个健康的公司从资不抵债到破产（insolvency and then bankruptcy）通常是一个缓慢的过程。有时债权人可以看到正在发生的事情，他们可能会在不同的时间了解到即将发生的麻烦和集体程序的可能性。

这就产生了一个新的问题。如果债务人的负债超过资产，即使是经营最好的集体程序也无法给普通债权人 100% 的偿付。最先了解到债务人困难的债权人可能会在集体程序开始前试图收回他们的欠款，而不是自己启动程序。具有讽刺意味的是，这种行为重复了破产法旨在解决的问题：对个人利益的追求可能会使债权人整体的处境更加糟糕。因为破产的公共池塘问题的解决涉及收债竞赛规则的改变，它可能会重新引入最初的问题。

此外，还可能存在一个有点相关的问题：当一家公司出现资不抵债，并且该公司很有可能将不得不移交给其债权人时，股东不再有太多的动机来关注债权人的利益。这个问题即使在最健康的公司中也存在，[1] 但随着资不抵债迫在眉睫，这一问题变得更为突出。

这些在破产前的个人动机问题（无论是债权人还是股东）可能会使整体 123

1. 这个问题涉及所有权多元化。See R. Brealey & S. Myers, *Principles of Corporate Finance* 657（1981）.

的情况变得更糟。它们是本章的主题，尽管重点有所不同。当关注债权人“选择退出”即将进行的集体程序的行动时，我们正在审查从个人主义救济制度向集体制度转变所引起的反应。这是偏颇性清偿法*的重点，也是集体化进程自身的组成部分。然而，在聚焦股东的行动时，我们正在审查一个无论是否启动了集体程序都会存在的问题的一个方面，因此这个问题本身并不属于破产程序的组成部分。这个问题通常是从欺诈性转让法的视角来考虑的，尽管它比这更广泛一些。尽管本章将讨论这两个问题，但将更多地关注偏颇性清偿问题，因为它是与破产本身有关的问题。

偏颇性清偿法：过渡性撤销权

偏颇性清偿规则的基本作用已被广泛地接受。[2] 在其最简单的形式中，偏颇性清偿规则有利于一个现有债权人而不是另一个债权人的转移。如果债务人先向债权人 A 付款，再向债权人 B 付款，那么债务人就会优先选择债权人 A 而不是债权人 B。这种行为通常不被认为是欺诈性转让（conveyance）（假设债务人不是出于延迟、阻碍或欺诈债权人 B 的实际动机），因为债务人先前欠债权人 A 的债务被认为是债务人进行转移（transfer）（假定是现金）的公平对价。[3]

这可以用另一种更有启发性的方式来表述。偏颇性清偿法与欺诈性转让
124 法（fraudulent conveyance law）不同，[4] 不是债务人与其债权人之间的权利和救

---

* 译者注：“preference law”在此处是指决定某一事物是否属于偏颇性清偿的法定框架。

2. 例如，see Seligson, “The Code and the Bankruptcy Act,” *N.Y.U.L. Rev.*（1967）：“破产结构的一个基石是必须实现对处境相似的人的平等待遇原则。忽视提交破产申请之前发生的事情是非常不公平的；这样做会鼓励债权人之间的竞争，导致债务人偏袒，并导致分配的不平等。在破产时，破产者会只剩下标签和剩余未抵押资产。” See also, Eisenberg, “Bankruptcy Law in Perspective,” 28 *UCLA L. Rev.* 953, 963（1982）； Morris, “Bankruptcy Law Reform: Preferences, Secret Liens and Floating Liens,” 54 *Minn. L. Rev.* 737, 738（1970）. 关于偏颇性清偿的详尽讨论，see Countryman, “The Concept of a Voidable Preference in Bankruptcy,” 38 *Vand. L. Rev.* 713（1985）.

3. See Uniform Fraudulent Conveyance Act § 3（a）（1919）.

4. 归根结底，欺诈性转让规则涉及债务人采取的行动，无论集体程序发生与否，这些行动是其债权人希望禁止的。这条线在实践中并不总是容易画出来的，但正如本书所提议的，理论上的这条线是清晰的。

济措施的一部分。相反，鉴于集体程序的优势，偏颇性清偿法侧重于债权人之间的关系。在破产程序之外，偏颇性清偿一般是允许的，因为债权人之间的权利主体一般受先到先得规则的控制。要求债权人尊重其他债权人利益的规则，只有在债权人认为可能没有足够的利益可以分配时，才会引起关注。如果没有这种担心，按照定义，债权人之间就不会发生冲突。

每个债权人都有自己的办法来确保偿付，这种想法的一个推论是，债务人可能会给予某个债权人优先权而不是另一个债权人。[5]因此，任何防止偏颇性清偿的都必然是一个集体制度，在这种制度中，债权人如果不考虑其他债权人的利益，就不能从其债务人那里收回款项。由于这个原因，在破产（或其他集体诉讼）之外，偏颇性清偿本身并不令人反感。偏颇性清偿法的理念是以集体救济措施取代个人救济措施的重要组成部分。

在将破产的概念作为一种集体收债手段的实施过程中，我们已经看到，相对价值通常应该得到尊重。到目前为止，相对价值已经在破产程序开始时确定的时间点上进行了讨论。但由于破产前的战略规划问题，我们现在不得不及时后退。我们回到我们在第 1 章所审查的问题的本质：债权人和其他人一样，有动机去推进自己的利益，即使是以牺牲更大的集体利益为代价。一旦债务人资不抵债（或被认为可能资不抵债），每个债权人都有参与资产竞争的动机，这不仅是为了确保自己能得到全额偿付，而且债权人也知道，如果自己不竞争，而其他债权人竞争，自己将会一无所获。

如果债务人的资不抵债是一个容易确定的、众所周知的单一时间点，我们就不会面临明显的问题。在这种情况下，随着资不抵债的出现（并且债权人知道这一点），可以立即启动集体程序。然而，资不抵债的状态很少具有这些属性。债权人通常知道债务人资不抵债的可能性（或者更准确地说，是 125

---

5. See, e.g., Smith v. Whitman, 39 N.J. 397, 402, 189 A.2d 15, 18（1963）（“的确，从资不抵债的债务人处收债的债权人比其他债权人的境况要好。然而，如果为了另一个债权人的利益而搁置转移，就会出现一种偏颇性清偿取代另一种偏颇性清偿的情况”）。

由此产生的集体程序），并且一些人可能比其他人更早认识到这一点。有些债权人可能知道集体程序即将启动，并利用该了解使自己的债权得以满足，从而选择完全退出集体程序。此外，有时债务人知道破产迫在眉睫，可能会先偿付他们喜欢的或他们认为将来需要的债权人。到实际提交破产申请时，那些剩下的债权人将不得不分享资产的“剩余部分”。[6]

这种行为不符合债权人的集体利益，因为它重新引入了公共池塘问题。偏颇性清偿法最好被看作是对这种复制的公共池塘问题的解决方案，这种问题是在破产前的战略规划中产生的。因此，偏颇性清偿法本质上是一项过渡性规则，旨在防止个别债权人在该事件可能发生时选择退出集体程序。[7]它是试图改善公共池塘问题的影响的一部分，而公共池塘问题首先证明了集体程序的合理性。

在考虑偏颇性清偿法时，人们应该牢记它所涉及的有害之处。从公共池塘的角度来看，偏颇性清偿法的存在是为了防止债权人在预期破产的集体程序中试图改变他们相对于其他债权人的现有地位（或让债务人为他们做这件事）。它的目的不是为了防止债权人在原始贷款时被偏袒（例如通过获得担保物权）。这种同时期的“偏颇性清偿”是建立非破产权利的一部分，不会破坏从个人到集体收债制度的转变。因此，它不属于偏颇性清偿法的规范范围。偏颇性清偿法也不应该被设计成打击所有为一个债权人抢先获得偿付的贷后活动，因为这种行为是个别债权人救济措施的理念及其先到先得原则的一部分。相反，偏颇性清偿法应该关注旨在改善贷款后的行为，这些行为试图在
126 即将到来的集体程序（如破产）中改善自己的相对地位，例如试图选择退出无担保债权人阶层，进入已偿付（或有担保）债权人阶层。简而言之，它旨

6. 3 *Collier's on Bankruptcy* § 60.01 at 744（14th ed. 1977）.

7. See Note, “Preferential Transfers and the Value of the Insolvent Firm,” 87 *Yale L.J.* 1449（1978）； see also McCoid, “Bankruptcy, Preferences and Efficiency: An Expression of Doubt,” 67 *Va. L. Rev.* 249（1981）. 在一定程度上，偏颇性清偿法是成功的，它还将阻止仅仅为了发现和应对初期资不抵债以及相关集体程序而支出的费用。

在阻止个人选择退出的行为，因为这种行为会破坏从集体程序中获得的优势。[8]

这种选择退出的行为有两种表面上不同的形式，而现代偏颇性清偿法将两者囊括其中。第一种行为被称为“反最后时刻的抢夺”的政策所禁止。假设债务人拥有价值 100 美元的资产，欠两个债权人（银行和财务公司）各 100 美元。如果破产开始，根据集体规则，每个债权人将获得 50 美元。如果债务人在即将破产的情况下，通过全额偿还银行债务或通过授予银行其全部财产的担保物权来“偏袒”银行，或者如果银行通过获得司法担保权来偏好自己，则托管人很可能能够将这些交易中的任何一项作为偏颇性清偿而搁置。[9] 如果受托人确实搁置了偏颇性清偿并收回了 100 美元，财务公司和银行都将在破

8. 由于偏颇性清偿规则是一项债权人不当行为规则，针对债权在他们自己之间采取的行动，代表债务人对债权人的行为不当的活动，即使从推论上来说，也不是债权人之间的不当行为（见下文注释 58），均不属于偏颇性清偿，尽管其可能受到欺诈性转让的攻击（attack）。例如，债务人在资不抵债时赠予亲属的礼物不是偏颇的，see § 547（b）（1），即使对债权人造成的损害将大于因先前的债务而向债权人支付同等数额的支付。这是对债权人的错误行为，与集体程序的出现无关。同样，向破产公司的股东发放股息可能是欺诈性转让（并可能违反州公司法），但作为优先权，它们是不可撤销的。See, e.g., Model Business Corporation Act §§ 2（n）, 6, 45, 46（a）, 66（1969）； Clark, “The Duties of the Corporate Debtor to Its Creditors,” 90 *Harv. L. Rev*, 505, 554–60（1977）.

9. § 547（b）. 这个例子显然是不现实的。如果债务人向银行支付 100 美元，就不会有更多的资产，尽管启动破产程序以撤销偏颇性清偿仍然符合财务公司（Finance Company）的利益。然而，如果债权人的数量（和资产的数量）增加，一切都不会改变。

产程序中获得 50 美元。[10]

127 现代偏颇性清偿法所禁止的另一类行为是由被称为“反迟延完善（anti-tardy-perfection）”政策予以解决的。假设财务公司在破产前一年或两年与债务人达成协议，以债务人所有个人财产的担保物权为财务公司的贷款提供担保。然而，直到债务人申请破产的前十天，财务公司既没有占有债务人的财产，也没有提交融资声明。由于财务公司在银行获得执行担保权之前提交了融资声明，根据第 9 条，即使财务公司在完善其担保物权方面非常缓慢，金融公司仍有权在银行之前获得偿付。[11] 然而，《破产法典》第 547（e）条通过操纵担保物权的转移时间而忽略了这一结果：通过延迟提交，财务公司被认为在提交申请时收到了转移，由于它是基于先前的债务，所以破产托管人可以撤销该转让。[12]

---

10. 偏颇性清偿条款的反最后时刻抢夺的目标也反映了估值及其时机问题。第 547（b）（5）条要求，转移必须使债权人能够做得比没有进行转移更好，并且债权人根据第 7 章获得了分配。该条的主旨是明确的，但其字面上的时间似乎被误导了。例如，考虑一个债权人被欠 10,000 美元的案例。1 月 1 日，该债权人从债务人处收到 6,000 美元的付款，对其债权全部清偿。如果债务人在那一天申请破产，其无担保债权人预计将获得 60% 的偿付。事实证明，债务人直到 3 月 1 日才申请破产，届时其无担保债权人预计将获得 50% 的债权偿付。在破产程序结束并进行实际分配后，在 11 月 1 日，债务人的债权人实际上收到了 40% 的债权偿付。以哪一天作为比较的基础是合适的？第 547（b）（5）条表明，实际分配的日期是 11 月 1 日，但偏颇性清偿条款的基本政策表明，相关的比较应该使用截至转移日期——1 月 1 日的预期价值。这表明，在 Palmer Clay Products v. Brown, 297 U.S. 227, 229（1936）一案中的决议，作为一个规范性问题，是错误的。在该案中，最高法院指出，是否存在偏颇交易，“并非取决于在所谓的偏颇清偿发生时，如果债务人的资产被清算并在其债权人之间分配，情况会怎么样，而是由在破产结果确定时的偿付的实际效果来确定”。最近的案例已经认识到，确定转让时被转让的资产的价值是适当的，see, e.g., *In re* Abramson, 715 F.2d 934, 939（5th Cir. 1983），尽管该资产后来实际增加或减少了价值。抛开全额偿付（或接近全额偿付）的情况不谈——在这种情况下，等待是没有好处的——因为预期价值包括上涨和下跌的潜力，如果转让的预期价值和债权的预期价值在转让之日是相等的，那么可以推测选择退出行为没有发生。

理论上，适当的价值是债权人的那些主观价值。但是，正如文中所讨论的，证明的困难证明了使用市场预期价值作为规则来代替标准是合理的。当然，由于转让之日的估值（甚至是市场估值），可能很难在事后确定，因此，假定在破产中确定的价值是适当的价值，可能是合适的。但在这种情况下，重要的是要记住，这些价值是作为其他东西的容易确定的替代品，而不是因为本身合适。

11. Uniform Commercial Code § 9–301（1）（b）（1978）.

12. 第 547（e）（1）（B）条规定，就个人财产而言，转让“在简单合同的债权人不能获得优于受让人利益的司法优先权时完成”。第 547（e）（2）条规定，转让“在该转让完成时”“进行”，除非该转让在其“生效”10 天内完善。根据第 547（e）（1）（A）条，对于不动产（不包括固定装置）的转让何时完成的定义是：“当适用法律允许完善该转让的债务人的财产的善意购买者无法获得优于受让人利益的利益时。”由于在讨论第 544（a）（3）条时概述的原因，破产政策不能证明使用善意购买者测试是合理的（参见第 3 章）。善意购买者测试是在 1938 年的《钱德勒修正案》中加入的，并且在 1950 年被限制在不动产转让上。通常，See J. MacLachlan, *Bankruptcy* 295–301（1956）.

这两项政策是否与偏颇性清偿条款（preference section）的目标适当相关？ 128
人们普遍认为第一项政策是（即与之适当相关）。大多数人认识到，偏颇性清偿条款通过阻止旨在使现有单个债权人受益的最后一刻的抢夺，使债权人整体能够获得集体程序的益处。然而，即使在这种情况下，我们也必须小心区分一方面涉及付款或取得其他有形财产的抢夺，另一方面涉及取得担保物权或担保权的抢夺。

由于从根本上说，破产是为了阻止破坏资产池最大化能力的个别行为，因此，破产所要防止的核心问题是个人从该资产池中移除资产的个别行为。但是，取得优先权或担保物权（secured interests）（尽管它们也是财产权）并不会从资产池中实际移除资产。相反，在第一种情况下，这种行动似乎只是在债权人之间重新分配任何给定资产池中的资产。尽管如此，如果出于现有债务的考虑而采取此类行动，并着眼于即将到来的破产，也会破坏破产的目标，并且无法提供任何可能证明其合理性的肯定价值。允许债权人在破产前夕就现有债务取得担保物权或优先权，鼓励了一种浪费性的竞赛，要么从债务人那里取得财产，要么在债务人的资产上取得担保物权或优先权。其结果是产生了债权人在竞赛本身和结果分散方面的额外成本，降低了资产池的净集体价值。从任何抵消收益的理论来看，这种成本也不太可能是合理的。无论是否可以基于效率来解释担保信贷，[13] 任何此类解释都不太可能涵盖在破产前夕获得的贷后担保物权。因此，尽管侧重点有所不同，但有形财产的抢夺和涉及在破产前夕因现有债务而取得担保物权或优先权的抢夺，似乎最终都会以大致相同的方式破坏了拥有破产程序的基本原因。它们都相当于旨在避免集体程序而采取的个人行动，这会破坏其优势。

很少有人质疑反最后时刻抢夺政策的基本要旨。然而，反迟延完善政策
通常被视为与偏颇性清偿法无关。在担保物权迟延完善的情况下，财产权（例 129
如，担保物权）本身早在偏颇期（preference period）之前就被赋予，而从第

13. See supra Chapter 2, note 81.

三方债权人的角度来看，交易的问题是表面所有权的问题。而且，如前所述，表面所有权本身并不是一个只与破产有关的问题。例如，罗伯特·乔丹（Robert Jordan）和威廉·沃伦（William Warren）称这些错误的偏颇性清偿是一个“表面上相似但完全不同的问题”。他们看到的一个明显的问题“是秘密担保权的有害之处”，尽管“应该制定一项反秘密担保权政策是可以理解的”，但他们质疑是否应该通过“将秘密担保权变成虚假偏颇性清偿的技术”来完成。[14]

然而，这两种政策的分歧是没有根据的，至少当反迟延完善政策被缩小到是指迟延的恶名问题时，这些问题在迟延期间被无担保债权人通过取得担保权或其他方式攻击。在第 3 章中，我们审查了在破产之日赋予受托人担保债权人的权力的智慧。假设这种权力是合理的，那么迟延完善的选择退出本质就会不言自明。然而，这与破产法中的反秘密担保权政策无关。正如我们所见，破产法从非破产权利的相对价值开始。如果非破产法表达了反对秘密担保权的政策，并且如果该政策的实施方式允许无担保债权人攻击它们（例如，通过获得担保权），破产法通过赋予受托人担保权债权人的权力，推定尊重由此产生的相对价值。

一旦该政策到位，未完善的担保债权人将在破产中被视为无担保债权人。然而，它选择退出的策略之一是成为一个完善的担保债权人。因为偏颇性清偿法应该适当地关注这一实质性事实，而不是标签（州法是否将迟延完善视为对债务人财产的转移），迟延完善与其他选择退出活动一样，适当地属于偏颇性清偿法的范围，不完全是“虚假”的偏颇性清偿。

从另一个角度可以看出这一点的正确性。在反最后时刻的抢夺政策阻止普通债权人将其地位提升到担保债权人的地位期间，反迟延完善政策通过对现有的担保债权人施加类似的限制，限制其改善相对于普通债权人的地位。
130 如果没有后一项政策，无担保债权人在选择退出和撤销受托人第 544（a）条

14. See R. Jordan & W. Warren, *Bankruptcy* 355–56（1985）. See also Morris, supra note 2, at 759–61.（“这种交易实际上不是一种偏颇交易，偏颇性清偿法也不是破产中处理秘密担保权的适当工具”。）

的权力方面会受到束缚，但同样希望避免第 544（a）条影响的不完善的担保债权人则不会受到束缚。如果允许破产中的一组假定平等的人继续竞争，同时又束缚住另一组人，那么，维护相对价值的核心目标将受到破坏。

简而言之，反迟延完善思想是偏颇性清偿法反掠夺功能的一部分，将其视为体现了一种独特的政策是错误的。归根结底，它们是在达成类似的行为，只是有两种不同的表现形式。它们联合提供了一项过渡性的规则，保留了集体程序的好处，尽管事实上这种程序很少会在发现有关未决需要的信息时立即启动。鉴于这种潜在作用，最佳偏颇性清偿条款应该是什么样子呢？目前《破产法典》第 547 条中的偏颇性清偿条款在多大程度上实现了其预期目标？

原则上，破产立法中关于可撤销的偏颇性清偿的条款应该大致如下："如果债权人在试图授信后改变其地位，以改善其在预期破产（其他集体）程序中的命运，或者如果债务人在该债权人的要求下试图改变该债权人的地位，以改善其在预期破产（或其他集体）程序中的命运，则该债权人必须返还由此获得的任何好处。"这样的措辞将最准确地反映出塑造偏颇性清偿条款的政策。

然而，与根本目标完美契合并不是法律的唯一目标。有时候，最好有一个清晰的规则，以一种易于管理的方式来处理这个问题。[15] 这样的规则可能更好，因为这样的规则（rule）的成本（取缔政策未触及的交易和允许政策建议应当被取缔的交易通过）低于一个更适合但更模糊的标准（standard）[*] 的成本。偏颇性清偿法从未在规则和标准之间找到平衡。[16] 在 20 世纪，偏颇性清偿法的基本要旨一直朝着一条规则的方向发展。《破产法典》的基本偏颇性清偿条款倾向于本身违法原则（per se rule）本身，而不是决定什么是偏颇性清偿 131

15. 关于规则和标准的作用的讨论，see Baird & Weisberg, "Rules, Standards, and the Battle of the Forms: A Reassessment of § 2-207," 68 *Va. L. Rev.* 1217（1982）；Kennedy, "Form and Substance in Private Law Adjudication," 89 *Harv. L. Rev.* 1685, 1687-1713（1976）；Ehrlich & Posner, "An Economic Analysis of Legal Rulemaking," 3 *J. Legal Studies* 257（1974）.

* 译者注：例如，"在破产前的任何时候，出于必要的意图"可以作为一项模糊的标准。

16. Weisberg, "Commercial Morality, the Merchant Character, and the History of the Voidable Preference," 39 *Stan. L. Rev.* 1（1986）.

的宽松标准。这些规则的理念是禁止大多数会引起反对的转让（债权人对预期进行集体程序的无力偿债债务人的财产采取特别行动），而不涉及无异议的交易。在审查非自愿的债权人救济措施以及赋予担保物权或其迟延完善方面，在很大程度上，偏颇性清偿法的这种客观化基本保持不变。但是，这一点通过 1984 年对第 547（c）（2）条安全港的修正而被大大削弱了，在对债权人进行实际偿付的情形下，需要对债权人（和债务人）偿付动机的真实性进行逐案调查。[17] 然而，一旦人们接受了偏颇性清偿规则（rule）不可避免地既过于宽泛又不够宽泛，那么最好建立一个偿付规则（rule）（例如，在债务首次到期后 45 天内偿付）似乎比返回到一个标准（standard）更可取。然而，由于 1978 年颁布的一项糟糕的规则（在债务发生后 45 天内付款的安全港），国会可能很不幸地只是回到了标准。

无论在规则和标准之间达成何种确切的平衡，牢记偏颇性清偿法在维护集体程序的优势方面应发挥的作用提供了一个焦点，可以在此范围内审查偏颇性清偿法的各种细节并探索其局限性。例如，需要以这样的方式界定转让，以涵盖本来容易受到债权人攻击的财产权益的迟延记录，[18] 这一点可以通过反迟延完善政策的作用来解释。然而，偏颇性清偿法的作用中也有其固有的限制。当转让的定义撤销了单个债权人无法取消的交易时，例如当受托人使用第 547（e）（1）（A）条的善意购买者标准来反对不动产转让时，它是出于与集体化无关的原因而使用的，应适当地留给一般法处理。

132 有时，规则和标准之间的紧张关系要求人们决定是使用一个易于应用的规则，尽管它在各方面都过于宽泛和不够宽泛，或进行一个更具体的事实探究。例如，考虑在偏颇期内将货物退还给真正发货人，其从未采取任何《统一商

---

17. 1984 年修订的第 547（c）（2）条规定，托管人不得撤销第 547（b）条下的转移，“只要这种转移是——（A）为支付债务人在正常经营过程中或债务人和受让人的财务事务中产生的债务；（B）在债务人和受让人的正常业务或财务事务过程中产生的；以及（C）按照普通的商业条款产生的”。“The End of Preference Liability for Unsecured Creditors: New Section 547（c）（2）of the Bankruptcy Code,” 60 *Ind. L. J.* 487（1985）.

18. § 547（e）.

法典》第 2–326（3）条规定的恶名昭彰的步骤，是否应被视为偏颇性清偿的问题。[19] 根据非破产法，托运货物在任何时候都被视为发货人“拥有”，由此可以得出的结论是不存在“债务人在财产上的利益” 的转移。但是，在决定这是否是正确的回答之前，人们应该确定这一结论是源于对**债务人在财产上的利益**这一术语的字面适用，还是源于对破产法应该做什么的限制。至于后一种观点，焦点应该是债权人之间的权利（优先权问题），而不是债权人和债务人之间的名义所有权的位置（财产问题）。《统一商法典》第 2–326（2）条规定，具有未解决的表面所有权问题的真正发货人的权利受制于 [20] 收货人的“债权人”。这条规定足以将托运货物的返还纳入偏颇性清偿条款的基本原理范围内。如果不归还货物，受托人（以及普通债权人）将利用第 544（a）条战胜发货人。因此，它们的返还可被视为发货人方面的选择退出活动。

因此，问题不在于这是否是偏颇性清偿的规范性问题（它是），而在于人们是否应该将债务人在财产上的利益这一术语视为阐述了一个不可避免地会过度宽泛或不够宽泛的规则。例如，90 天的要求就是一个典型的规则。没有人否认，它在应用中可能会出现过于宽泛或不够宽泛的情况。但是，该时间表的要点在于，允许在不对债权人的意图进行具体事实探究的情况下对偏颇性清偿问题进行裁决。

然而，似乎没有类似的抗辩适用于债务人在财产上的利益这一术语。要 133
确定发货人是输给普通债权人还是输给担保债权人并不难。事实上，由于第 544（a）条的规定，在任何情况下，如果发货人在收货人破产前没有重新取得货物，则必须给出答案。因此，似乎更可取的做法是将债务人在财产上的

---

19. See *In re* A. J. Nichols, Ltd, 21 Bankr. 612 （Bankr. N.D. Ga. 1982）.《统一商法典》颁布之前的判例法对寄售人规定了恶名要求，作为优先于收货人的债权人的条件，认为退回寄售货物不是偏颇的。See Kemp–Booth Co. v. Calvin, 84 F.2d 377（9th Cir. 1936）； Dwight v. Horn, 215 Iowa 31, 244 N.W. 702（1932）.

20. 根据一些法院对《统一商法典》§ 2–326（1978）的解读，真正的托运只有在属于 § 2–326（2）的范围内才会受到 § 2–326（3）的约束。See, e.g., American Nat' l Bank of Denver v. First Nat' l Bank of Glenwood Springs, 28 Colo. App. 486, 476 P.2d 304（1970）. 根据这种解读，一些真正的托运可能不会被 § 2–326（2）所触及。*In re* Mincow Bag Co., 29 A.D.2d 400, 288 N.Y.S.2d 364（1968）, *aff' d mem.*, 24 N.Y.2d 776, 300 N.Y.S.2d 115, 248 N.E.2d 26（1969）.

利益理解为一个法定短语，不是要求贴上标签，而是要求债务人的普通债权人在破产时是否能够要求将该财产作为他们的财产。

相反，如果财产的转移不会减少剩余债权人必须享有的财产，那么毫无疑问，属于债务人的财产（从所有权属于债务人的意义上说）的转移不应推定为偏颇性清偿。豁免财产的转移，与美国破产法委员会所表达的观点相反，[21] 就是这样一个例子。破产中的普通债权人无法获得豁免财产。因此，当有人从债务人手里夺走资产时，债权人作为一个整体所拥有的资产根本没有改变。豁免财产的这一方面说明了偏颇性清偿法应该如何对待它。可以肯定的是，受益的债权人已经选择退出了破产的集体程序，但是，如果债务人没有进一步的活动（比如用非豁免财产回购豁免财产），则不会牺牲其他债权人的利益。[22] 事实上，其他债权人对债务人的非豁免资产的竞争者少了一个，并且据
134 推测，可能由于转让而比不进行转让的情况更好。从其他债权人的角度来看，这种交易类似于债务人的朋友自愿偿付债权人的债权。[23] 无论对债务人的交易

21. 美国破产法委员会认为，根据1898年破产法作出的将豁免财产的转让视为非偏颇性清偿的决定是不受支持的。《美国破产法委员会报告》（The Report of the Commission on the Bankruptcy Laws of the United States）, H. Doc. No. 137, 93rd Cong., 1st Sess. Part 1, at 204（1973）指出：“没有任何正当理由支持被推翻的判例法：仅仅因为惯常偏向于债权人的财产可以被声称为豁免的事实，并不能证明为什么偏颇性清偿攻击是不适当的。允许偏颇性清偿攻击将进一步实现平等和避免不明智的信贷扩张的目标。这种情况的唯一理由是，其他债权人没有受到损害，因为他们无权期待从豁免财产中获得偿付或担保。”然而，支持豁免财产的转让不属于偏颇性转让规则的“唯一理由”，是考虑到偏颇性清偿规则在破产中的规范作用而提供的一个理由。看到它被如此轻易地驳回是很奇怪的。Cf. *In re* Hale, 15 Bankr. 565（Bankr. S.D. Ohio 1981）.

22. 此外，回购可能构成债务人根据欺诈性转让的理由对债权人的不当行为。See *In re* Reed, 700 F.2d 986（5th Cir. 1983）（在第 11 章讨论）。如果其他财产自动获得豁免——例如，如果债务人有两辆汽车，但只能豁免一辆——其中一辆汽车的转移可能会对其他债权人产生不利后果。但在这种情况下，可以说债务人一开始就没有转移豁免财产。

23. See generally National Bank of Newport v. National Herkimer County Bank, 225 U.S.178（1912）；I-T-E Circuit Breaker Co. v. Holtzman, 354 F.2d 102（9th Cir, 1965）. 可以想象，朋友的支付意愿可以被看作是一种资产，否则债权人通常都会获得这种资产，但这种关系是不确定的，以至于一项将这种转移排除在偏颇性清偿部分的范围之外的统一规则似乎是合理的。

中可能存在什么问题，[24] 将豁免的财产转移给债权人都不在偏颇性清偿理由的范围内，这是基于债权人内部的关切。

另一个范围问题可以通过研究偏颇性清偿法与破产收债作用的关系进行了解。在第 5 章中，我们探讨了允许破产债务人在其财产受益的情况下承担待履行合同的理由。承担的标准要求之一是，待履行合同或未到期的租约仍然有效，即在破产程序提起之前合同尚未终止。破产法应如何处理破产前夕终止的一份待履行合同？请记住，待履行合同具有混合资产和负债的属性。债务人愿意承担的待履行合同是资产部分超过负债部分的合同。但是，在这种情况下，在破产前夕终止待履行合同可以被视为是一种选择退出活动，即 135
发生在普通债权人试图通过偿付、担保权或其他方式来改善他们在破产前夕的地位时。

考虑一个待履行合同的案例，债务人承诺为 1,000 条裤子向供应商支付 10,000 美元。在签订合同后，裤子的市场价格上涨，在破产前 30 天，裤子的市场价值为 15,000 美元。如果这份合同在破产中被承担，并且假设价值没有进一步变化，则供应商将获得 10,000 美元，而普通债权人将从交易中净赚 5,000 美元（支付 10,000 美元并获得价值 15,000 美元的裤子）。但是，如果供应商能够解除合同（而不是违约），在破产前，供应商就可以改善其命运。例如，如果供应商能够让债务人同意取消合同，那么，供应商就能够以 15,000 美元的价格将裤子转售给另一个买方。通过这一行动，供应商将比没有取消合同

24. 对于债务人来说，这种行动可能被认为是不可取的，因为，例如，允许这种行动可能被认为会激励债权人向个人施加压力，要求他们用豁免财产偿还债务，或者因为每个债务人有权获得的最低限度的豁免财产被认为是必要的，而这种转移会干扰全新开始的政策。通常，See Harris, "A Reply to Theodore Eisenberg' s Bankruptcy Law in Perspective," 30 *UCLA L. Rev*. 327, 340–45（1982）. 由于这些原因，国会可能会决定债务人可以撤销其中的一些给付，而 § 522（f）–（h）允许撤销其中的一些此类权益。然而，允许这种撤销的理由与根据 §§ 544–547 规定的托管人撤销理由有着根本的不同：它与单个债务人的豁免权有关，而与债权人之间的平等无关。See, e.g., Deel Rent–a–Car. Inc. v. Levine, 721 F.2d 750, 758（11th Cir. 1983）（"债权人对资产的可获得性不能与债务人根据第 522（h）和 547 条撤销偏颇性清偿的诉讼相关。第 522（h）条旨在单独保护债务人"）。*In re* Riddervold, 647 F.2d 342（2d Cir. 1981）（"鉴于人们普遍认为，'一个偏颇性转让本身不是一种邪恶的行为，而是破产法案为了平等分配而禁止的行为'……不清楚为什么 1978 年法典将撤销偏颇性清偿的权力扩大到破产者"）。债务人能够撤销损害豁免权的利益的理由，因为它与有关个人债务人全新开始的社会政策有关，将在第 11 章中进行审查。

和在破产中承担合同的情况下多得 5,000 美元，而普通债权人则少得 5,000 美元。同样，如果债务人实质性违反合同，供应商可以终止合同，并通过 5,000 美元改善其地位。

此类交易似乎具有选择退出活动的特征，从某种意义来说，在终止时，供应商会比破产时做得更好，而普通债权人做得会更糟。[25] 然而，如果没有债务人的合作，供应商不能选择退出，这是否重要呢？也就是说，任何代表供应商单方面终止合同的尝试都将构成违约，这根本不会改善供应商的命运。只有在债务人违约（给予供应商终止合同的权力）或供应商和债务人同意取消合同的情况下，供应商才会获得利益。

这个特性应该不会有所不同。标准的偏颇性清偿法不仅适用于债权人的单方面行动（例如通过获得担保权），而且适用于需要债务人合作的行动，例如获得偿付或获得担保物权。有人可能会质疑为什么债务人会在合同如此有利的情况下对供应商违约，或者同意取消有利的合同，但人们不必花很长时间寻找答案。这是一个多元化所有权的问题。当债务人资不抵债时，供应商合同的受益人将是无担保债权人。在破产前时期，在债权人接管之前，债
136 务人（或更准确地说，是股东或其代表）可能根本不在乎谁获得资产。正如当无担保债权人试图退出破产程序时债务人可能会在破产前夕向无担保债权人偿付一样，因此，我们也可以把债务人在破产前夕的取消或违约看作是试图帮助供应商，或者仅仅是债务人不关心谁分享其战利品的结果。

因此，没有特别的理由解释为什么偏颇性清偿法不应到达破产前夕取消待履行合同。这一基本原理也为我们在第 2 章和第 5 章中未解决的问题提供了答案。第 2 章中的问题是，尽管有违约，但根据第 1124 条恢复贷款协议是否合适。在第 5 章中，问题是第 365 条规定的债务人在破产中承担待履行合同的能力，尽管存在违约，是否实现了破产的集体化规范。我们现在可以看

25. 这一讨论受制于我们在下一章中探讨的一个注意事项。如果供应商在破产中有权坚持全额付款（因为其未来的供应是被需要的），这种取消可能不反映选择退出活动。

到这两个问题的答案，而且是一样的。[26] 由于面对资不抵债时债务人的被动问题，允许在破产中救济违约是合理的，但仅限于在偏颇期内发生的违约。允许债务人承担违约责任，无论合同是否在破产前实际终止，都可以被视为消除破产前夕的战略规划对集体程序造成的损害的一部分。

这表明了两种后果，目前的破产法似乎都没有实施。第一，在破产前终止待履行合同或低于市场的贷款，无论是否违约，都应该由偏颇性清偿条款达成。第二，在没有破产前终止的情况下，允许对违约的救济应限于在偏颇期内发生的违约。

当前的偏颇性清偿条款可以被理解为破产前终止或取消的待履行合同，一旦人们开始将待履行合同视为资产和负债，这一结果就不足为奇了。继续 137
我们的例子，债务人从供应商处获得履约的待履行的权利是一项资产，从这个意义上说，债务人有了它比没有它更有价值。这是获得 15,000 美元裤子的权利。一旦取消或终止，这项资产归供应商所有，然后，供应商将接管从裤子销售中获得 15,000 美元的权利。因此，它似乎很适合“债务人在财产上的利益”的转让概念；这似乎也是一种“基于先前债务”而进行的转让。[27] 待履行合同还代表债务人对供应商的责任，即支付 10,000 美元的义务。这是一项债务，尽管取决于供应商的履行，但在签订待履行合同时就已经产生了。当合同被取消或终止时，供应商得到裤子而不是从债务人处获得 10,000 美元的权利。因此，该转移可以被视为满足了对供应商的先前债务。因此，法院和评论家未能使用第 547 条来分析破产前的待履行合同的终止，[28] 并不是第 547 条法定时效的结果。相反，这似乎是由于未能意识到一个事实，即一个待履

26. 对这个讨论有一个注意事项。前提是债务人由于被动（passivity）而违约（或使其失效）了一份有利的合同或租约。有时这根本不是原因——合同可能在 3 月看起来是不利的，而只有 8 月的“事后诸葛亮”才会让它看来是有利的。但是，同样，我们可能需要依靠一个规则，而不是一个针对特定事实的标准。也是因为这个原因，我认为其他破产前夕的交易，如同期贷款和担保物权，不应通过偏颇性清偿规则实现，即使它们可能是由于债务人的被动。在这种情况下，被动的可能性并不足够高以保证规则的应用。Cf. Baird & Jackson, “Fraudulent Conveyance Law and Its Proper Domain,” 38 *Vand. L. Rev*. 829（1985）.

27. 这些短语来自 § 547（b）。

28. See *In re* Jermoo’ S. Inc., 38 Bankr. 197（Bankr. W.D. Wisc. 1984）.

行合同应被分析为一种混合资产和负债。

关于偏颇性清偿法的作用，还有一个基本问题值得关注。McCoid 质疑当前形式的偏颇性清偿法是否可以发挥其阻止选择退出行为的作用："唯一的制裁或不成功的偏颇性清偿行为是重新夺回并支付从要求归还财产之时起或从启动追回财产诉讼时起的利息。在最坏的情况下，财产的归还只是恢复原状。在要求之前或追债程序期间使用该财产甚至可能给债权人带来净收益。如果债权人能够保留付款，在最坏的情况下只需要归还，他就有充分的动机接受付款。"[29]

在某一方面，McCoid 肯定是正确的：没有理由从案件开始时才开始对重新获得的偏颇性清偿计算利息。因此，这个问题有一个简单的解决方案。但是，更深层次的问题是，重新夺回是否有足够的威慑力来实现偏颇性清偿法的目标。如果债权人只需归还其拿走的东西，那么，债权人很可能决定选择退出；集体程序可能永远不会开始，或者只在偏颇期结束后开始。

138 对于这一点，没有完美的答案。诚然，正如 McCoid 本人所承认的，"每一个动机"的观点都被夸大了。[30] 为获得偏颇性清偿而采取的行动，以及后来抵制其重新夺回而采取的行动，都会使债权人付出代价。这些负担沉重的成本将阻止（如同重新夺回本身一样）一些偏颇性清偿活动。但即使考虑到这一事实，也可能出现这样的情况："债权人往往会得出这样的结论：明智的做法是接受偏颇性清偿，并希望成功。"[31] 尽管如此，重要的问题是是否有更好的选择。McCoid 建议，也许应该废除偏颇性清偿法。但是，表明它处于劣势并不是说它根本没有威慑力。任何减少行动过程的好处的解决方案都会降低其发生率。在没有偏颇性清偿法和仅恢复原状的偏颇性清偿法的选择之间，后者似乎更为可取。

---

29. McCoid, supra note 7, at 264.

30. Id., at 265-66.

31. Id., at 264.

当然，可以通过增加处罚来增强威慑力。在反垄断法中就采用了这种方法，在这种情况下，违法行为会导致三倍的损害赔偿。[32] 然而，这种解决方案对于偏颇性清偿法来说似乎并不乐观。在反垄断法中，被禁止的行为是那些人们希望普遍禁止的行为。然而，只有在集体程序的情况下，偏颇性清偿才是坏的。如果有可能精确地识别那些涉及故意选择退出行为的行为，也许惩罚是合适的。但是，一旦决定使用一项规则，使得偏颇性清偿问题能够相对容易地得到解决，则惩罚第 547 条所达成的转移就有明显的成本。目前的偏颇性清偿规则在平衡其使用的成本和收益方面可能不是最佳的，但不同的规则也没有明显的优势。

偏颇性清偿法和担保债权人

聚焦于偏颇性清偿法在协助过渡到破产集体程序的作用，阐明了偏颇性清偿法和担保信贷之间的关系。对完全有担保债权人的付款从未被认为是偏颇性的。[33] 鉴于偏颇性清偿法在防止旨在通过规避破产集体程序而使个别债权 139
人受益的行为方面的基本作用，这种排除是完全合适的。正如我们已经看到的，破产法应该尊重在过渡到破产之前确定的权利的相对价值，因为公共池塘问题与原始权利的分配无关。而且，只要担保债权人的权利价值在破产中得到充分尊重，就没有理由认为避免破产集体程序是完全有担保债权人在破产前夕收到付款的基础。[34]

---

32. Clayton Act §4.

33. See, e.g., *In re* Conn, 9 Bankr. 431 （Bankr. N.D. Ohio 1981）. 就法定条款而言，这通常被认为是第 547（b）（5）条要求的结果，即转移是偏颇性的，只有当，除其他外（inter alia），使“债权人获得的收益多于该债权人在以下情况下获得的收益：（A）该案件是本篇第 7 章下的案件；（B）没有进行该转移；（C）该债权人在本篇规定的范围内收到对该债务的付款”。

34. 事实上，破产法反映了一种奇怪的现实张力(an odd practical tension)。长期以来，人们普遍怀疑，由于资产估值膨胀，担保债权人在破产重整中得到的补偿系统性地不足，尽管担保债权人有权首先得到全额偿付的概念得到了口头上的认可。参见第 7 章。此外，在破产程序中，一些法官明确主张对担保债权人的补偿不足，拒绝给予他们金钱“时间价值（time value）”的补偿。就当前目的来看，重点是只要这种补偿不足在破产中存在，担保债权人完全在偏颇性清偿条款基本原理之外的说法是错误的。

当担保债权人在破产程序开始前收回抵押物——除案件或现金替代物外，问题就有些不同了。非现金资产对债务人（作为持续经营企业的一部分）的价值可能高于非现金资产对第三方的价值。在这种情况下，如果将资产归还给债务人，债权人作为一个整体可以得到更好的待遇（而不损害担保债权人）。*Whiting Pools* 案中[35]最高法院根据《破产法典》第542条[36]分析了这一问题，并裁定担保债权人必须将收回的抵押物归还给债务人。作为回报，债务人必须提供“充分保护”。[37]假设充分保护完全补偿了债权人的非破产权利，这就提供了适当的动机：当且仅当财产对债务人的价值超过其对第三方的价值时，债务人才要求归还财产，而充分的保护是（或应该是）以此为基础的。

尽管按照第542条进行了分析，但 *Whiting Pools* 的问题实际上有几个方面，其中至少有一个涉及新生的偏颇性清偿—类型（Preference-type）的问题。在
140 了解这些不同方面之前，Whiting Pools 的问题有可能会造成危害。首先，考虑到一个完全有担保债权人在违约后收回抵押物。在抵押物被收回后但在最终处置前，债务人享有的州法权利之一是“通过履行抵押物所担保的所有义务”来赎回抵押物的权利。[38]如果抵押物在债务人手中的价值高于在第三方手中的价值，并且如果抵押物的第三方价值高于对债权人的债务，那么，赎回抵押物符合债务人（及其债权人）的利益。

在这种情况下，债务人一开始就违约似乎显得很奇怪。至少部分原因可能是，当债务人资不抵债时，根本没有足够的动机将这些资产维持在一起，因为受益人实际上已经成为其他债权人。而其他单独行动的债权人，很可能过于分散，无法达成有效的协商一致的解决方案，其中不包括搭便车者和拒不让步者。破产程序旨在通过提供一种机制来解决这个问题，以确保对如何

35. United States v. Whiting Pools, Inc., 462 U.S. 198（1983）.

36. 第542（a）条要求将“托管人根据本标题第363条可以使用、出售或租赁的财产”移至破产财产。

37. §§ 361, 362, 363; see United States v. Whiting Pools, Inc., 462 U.S. 198, 207（1983）. 我们将在第7章更全面地审查“充分保护（adequate protection）”的正确含义。

38.《统一商法典》§ 9-506（1978）.

处理资产作出适当决定——包括让资产留在债务人手中比留在第三方手中更有价值。与破产法其他地方的类似优先权回应一样，担保债权人在破产前夕的收回不应约束破产债权人，他们应当能够恢复原状并返还抵押物。从另一个角度来看，要求在收到足够补偿后进行周转，实际上就是在赎回抵押物。然而，改变的是赎回权的价值得以保留，而不是实际权利本身。因此，它只是我们将在下一章中研究的自动冻结案例的一个变体，在这种情况下，作为破产政策的一个问题，担保债权人收回和出售抵押物的权利被剥夺，但该权利的价值得到充分保护。

Whiting Pools 案的另一个方面可以通过重点分析担保不足的债权人收回担保物加以分析。抵押不足的债权人收回抵押物时，可能试图从债务人手中的抵押物价值差额中“攫取”一部分，而不是从第三方手中的抵押物价值差额中攫取一部分。如果获得担保物权的债权人只是合法地获得了向第三方出售
抵押物的权利，[39] 那么，试图通过抵押物对债务人的“额外”价值而获得更多 141
利益的企图，可能会被视为担保不足的债权人对债务人（以及在破产情况下对债务人的其他债权人）的一种不当行为。或者，担保不足的债权人可能正试图通过赎回来改善其在破产中的状况。在收回抵押物后，债务人可以直接重新获得抵押物的唯一路径是通过赎回。然而，根据第 9 条，赎回需要偿付全部债务。[40] 或者，担保不足的债权人可能正试图通过赎回来改善其在破产中的地位。在债务抵押不足的情况下，破产前的任何此类付款都将是偏颇的。

---

39. 这是一个至关重要的假设，但它似乎符合《统一商法典》§ 9-504（1978）的主旨。有人可能会争辩说，担保债权人的非破产权利包括他通过取回财产而获得的对债务人的额外杠杆，即他有能力从债务人的超额价值中提取一部分高于第三方能够获得的价值。Cf. Reivman v. Burlington Northern Railroad Co., No. 85 Civ. 3694（S.D.N.Y. June 21, 1985）. 然而，这种分析的困难在于，如果债务人有偿付能力，就不可能发生财产取回的情况。债务人可以首先阻止担保债权人获得该杠杆。但是，当债务人资不抵债时，如果其对资产发生的情况漠不关心，就可能允许这种取回，尽管这不符合债权人的整体利益。

在这一分析中还出现了另一个微妙的问题：如果资产在债务人手中比在第三方手中更有价值，那么，资产的出售价格为什么不仅仅反映第三方以更高的价格向债务人出售资产的能力呢？在没有深入研究的情况下，答案似乎与信息和交易成本有关。至于债务人在取回销售时购买资产的能力，其答案与文章中的讨论一致：（通过充分保护）权利价值对权利本身的替代。

40.《统一商法典》§ 9-506（1978）.

同样，将破产中的赎回作为抵押物返还的先决条件，也会奖励这种行为（通过允许担保不足的债权人间接获得其无法直接获得的东西），从而损害破产程序本身。

当债务人有偿付能力时，这种活动通常不会令人担忧，因为债务人可以通过避免违约来防止这种活动（这样做符合债务人的利益），还因为偿还全部债务本身对任何其他群体的利益来说都不是错误的。但是，当债务人资不抵债时，债务人可能没有足够关注以阻止收回，在这种情况下，由此造成的损害会强加给其他债权人。

由于担保债权人在破产程序开始后收回财产的努力受到了适当的限制（正如我们将在下一章中看到的那样），因此可以将这种破产前夕的收回视为在偏颇性清偿法的范围内。由于这种获得更多财产的能力只有在债权人持有财产的情况下才能持续，[41] 因此 *Whiting Pools* 案可以准确地反映问题的轮廓。但
142 是，*Whiting Pools* 可能更适合被视为解决两个独立问题的方案，即足额担保债权人的赎回问题和不足额担保债权人的选择退出问题，而不是“破产财产”问题，这种分析方法似乎是形式主义的，而且很麻烦。[42]

将偏颇性清偿法视为对从单个救济制度转向集体制度所造成的问题的回应，也使我们能够关注上一代商法中争论最激烈的问题之一：在破产中应在多大程度上承认第 9 条的浮动担保权。[43] 当担保权人取得抵押物（通常是存货或账户）上的担保物权，该担保物权“浮动”在所获得的担保物上时，[44] 债务人在偏颇期内获得新的抵押物的事实是否应被视为可撤销的偏颇性清偿?

---

41. 如果担保债权人已经根据《统一商法典》§ 9-504 规定出售了该财产，则担保债权人不能试图利用该财产作为杠杆索取高于第三方愿意为该财产支付的价格。

42. See, e.g., Cross Electric Co. v. United States, 664 F.2d 1218 （4th Cir. 1981）［债务人在取回后的“权利”（rights）是盈余（surplus）、赎回（redemption）和必要的处置（required disposition）的权利；这些权利并不足以构成债务人可以根据 § 542 出售或者使用以支持营业的财产类型］。最高法院避免了 § 542 令人不安的措辞，通过做出了毫无疑义的评论，认为 § 542 是一个“定义”，而不是一个“限制”。United States v. Whiting Pools, Inc., 462 U.S. 198, 203（1983）.

43. 这场辩论的过程被记录于 Kronman, “The Treatment of Security Interests in After-Acquired Property Under the Proposed Bankruptcy Act,” 124 *U. Pa. L. Rev*. 110（1975）.

44. See Uniform Commercial Code §§ 9-203（3）, 9-204（1）, 9-204（3）, 9-205, 9-206, 9-306（2）(1978）.

当这个问题在1960年代首次被提出时，答案是“不”。这个答案是规范性的，也是积极的。在DuBay v. Williams案中，[45]例如，Hufstedler法官认为旧破产法案的偏颇性清偿条款，第60条体现了两项政策：反最后时刻抢夺政策和反迟到的完善政策。[46]她接着指出，浮动担保权本身并未违反这两项政策。早在破产来临之前，有关担保物权就已通过公开提交申请得到适当注意，因此，其他债权人在这种情况下没有被误导。而且，由于新抵押物的担保协议的取得是自动进行的，因此，不能根据担保权“浮动”的事实作出现成的推定， 143
即在偏颇期收到新抵押物是由于债权人或债务人在最后一刻进行的任何偏颇性行为。[47]

然而，这并不是说在该框架内不可能存在这种偏颇性清偿行为；正如Hufstedler法官所认识到的那样，这是可以的。更确切地说，DuBay案的政策推理从根本上是正确的。从担保权“浮动”这一事实来看，没有理由假定选择退出活动的发生是为了让一个债权人受益而牺牲其他债权人。

对*DuBay*案的最终法定回应是《破产法典》第547（c）（5）条中的“两点净改善”测试。根据该测试，如果担保权人在偏颇期内没有改善其地位，则破产中受托人可以保护存货或应收账款中的担保物权不受到偏颇性清偿条款要求影响（该条款已被修改，以将担保物权附加到后来获得的担保物上）[48]，或者可以表明其地位的改善并没有“损害持有无担保债权的其他债权人”，该担保物权受到破产管理人的保护而不被撤销。[49]

---

45. 417 F.2d 1277（9th Cir. 1969）；see also Grain Merchants v. Union Bank & Savings Co., 408 F.2d 209（7th Cir.）, cert, denied, 396 U.S. 827（1969）；*In re* King-Porter Co., 446 F.2d 722（5th Cir. 1971）.

46. 417 F.2d, at 1288［“国会打算实现两个目标：（1）防止执着的债权人通过在破产前夕从债务人那里获得转移而从债务人的资产中获得超过其公平份额的收益。（2）阻止在向普通债权人隐瞒债务人不稳定财务状况的情况下向债务人提供信贷”］。

47. Id., at 1289.

48. § 547（e）（3）.

49. § 547（c）（5）. 只有在“损害了持有无担保债权的其他债权人”的情况下，才能避免改善状况的要求，这一要求来自Homer Kripke的建议，该建议基于Meinhard, Greeff and Co. v. Edens, 189 F.2d 792（4th Cir. 1951）中的分配公式，被纳入1973年破产法提案 § 4-607。See Report of the Commission on the Bankruptcy Laws of the United States, H. Doc. No. 137, 93rd Cong., 1st Sess., Part 1, at 209-10（1973）.

人们通常认为该条款是 20 世纪 60 年代和 70 年代初期发生的浮动担保权之战双方之间的妥协，[50]并且与许多妥协一样，它并没有表达自己的明确原则。但是，还有另一种更令人满意的方式来看待第 547 (c) (5) 条。它可以被看作是通过一种推定规则来实施偏颇性清偿条款中的反最后时刻抢夺政策。因此，两点净改善测试宣布了一个假设：在偏颇期内持有存货或账户担保权益的担保债权人的状况改善是不寻常的，因此，将被假设为担保债权人在最后一刻
144 抢夺的结果。[51]然而，该债权人可以通过证明该增加不是最后一刻抢夺的结果，以推翻这一推定——用法律的语言来说，通过证明不会损害持有无担保债权的其他债权人的利益。如此看来，一般规则已取代个案分析，但一般规则执行的是一项既定政策。[52]

由于导致第 547 (c) (5) 条的过程并没有就关于偏颇性清偿法的作用达成共识，或者甚至没有任何关于偏颇性清偿法应如何与浮动担保权等非破产规则相关联的明确理论，这种描述可能更多的是对两点净改善测试的一次偶然重新定性，而不是对产生这种测试的起草动机的详细阐述。[53]例如，两点净改进测试并没有以完全清晰的方式调整假设以适应政策。除非该假设是决定性的（为了便于证明），否则，反驳该假设的能力可能也应该以另一种方式进行：受托人应该能够证明，在 90 天期间内发生了故意的偏颇性清偿行为，即使这种行为的结果并没有导致地位的改善，其被两点测试所衡量。[54]

---

50. See, e.g., Kronman, supra note 43.

51. See National Bankruptcy Conference, Report of the Committee on Coordination of the Bankruptcy Act and the Uniform Commercial Code（1970）, reprinted in H. Rep. no. 595, 95th Cong., 1st Sess. 216（1977）. 该报告来自所谓的 Gilmore Committee，报告称，两点测试（two-point test）“试图捕捉偏颇性清偿网（net），尤其是那些受让人（比如以低于成本的价格紧急出售存货，以满足应收账款的需要）试图操纵破产前的情况，从而为自己谋利的情况。（在企业陷入破产的正常过程中，存货或应收账款放款人的地位非但不会改善，反而会恶化。）”

52. Cf. Harris, supra note 24, at 336（“这一选择符合法典的政策，即冒着在偏颇性清偿网中捕获无异议交易的风险，减少因难以解决的事实问题而提起的诉讼”）。

53. See, e.g., Eisenberg, “Bankruptcy Law in Perspective: A rejoinder,” 30 *UCLA. L. Rev*. 617, 631（1983）（“一种更自然的解读……似乎是，作者担心有担保当事人，无论他们是否参与了被操纵的行为，都只是能够获得债务人资产的太大份额。”）

54. 这本质上是 § 553(a)(3) 允许受托人对债权人“为了获得对债务人的抵消权（a right of set-off）”而产生的债务所达到的结果，尽管 § 553（b）中有类似的两点净改善测试。

导致两点净改进测试变化的一个更麻烦的结果也表明，这些变化是在没有首先意识到偏颇性清偿规则的合理性的情况下实施的。无论这些变化在处理起草人所考虑的交易时多么符合一般的偏颇性清偿政策，但在适用于其他问题时，却偏离了该政策。

例如，为了避免 *DuBay* 案的法定推理，第 547（e）条重新定义了转移的日期。[55] 然而，这种重新定义可能会推翻不相关的活动。考虑债权人在偏颇期之外扣押工资或向债权人分配租金的情况。根据这种分配或扣押，在偏颇期内支付给这些债权人的工资或租金是否属于偏颇性清偿？关于转让的最新定义指出，在债务人拥有“对被转让财产权利”之前，不得为偏颇性清偿条款的目的进行转让。转让的这一法定定义可能意味着，在赚取或支付租金或工资之前，不存在租金或工资的转移，从字面上理解，将使向受让人或被扣押人支付此类租金或工资成为偏颇的。[56] 145

然而，基于偏颇期之外的扣押或转让而在偏颇期内累积的工资或租金并不违反偏颇性清偿法的基本政策。这种活动不像债权人之间那样具有操纵性：它既不代表一种迟到的完善（正如它被充分宣传的那样），也不是最后一刻的抢夺（因为如果有的话，抢夺是从一开始就发生的）。[57] 此外，与在库存或应收账款等组成不断变化的抵押物上的担保物权的情况相比，这里看起来似

---

55. 特别是第 547（e）条规定，就偏颇性清偿攻击的目的而言，“在债务人取得所转让财产的权利之前，不得转移。”众议院报告（The House Report）指出，该款“比其他任何一款”，都更能推翻 *DuBay*, H. Rep. No. 595, 95th Cong., 1st Sess. 374（1977）.

56. See *In re* Diversified World Investments, Inc., 12 Bankr. 517（Bankr. S.D. Tenn. 1981）. 由个人财产租赁产生的租金给付的偏颇性清偿问题可能可以通过取得租金权的担保物权来避免，这是第 9 条“账户”，《统一商法典》§ 9-106(1978)，在这种情况下，租金的支付本身将是受 § 547(c)(5) 保护的收益，如果不是受 § 547(b)(5) 保护的话。类似地，不动产租赁中的担保物权，如果得到适当的完善，由于 § 547(a)(3) 中对应收款项的定义，应当受到保护。然而，扣押的工资似乎不符合 § 547(c)(5) 条的安全港（safe－harbor），即使交易是结构化的。

57. Cf. *In re* Riddervold, 647 F.2d 342（2nd Cir. 1981）（案件涉及扣押；根据纽约州的法律，“在治安官采取了 [扣押法令] 中所述的步骤之后，债务人没有可转移的受征收的财产或财产权益”）。大多数其他法院与 Riddervold 案中的意见不同。See, e.g., *In re* Tabita, 38 Bankr. 511（Bankr. E.D. Pa. 1984）；*In re* Mayo, 19 Bankr. 630（E.D. Va. 1981）；*In re* Larson, 21 Bankr. 264（Bankr. D. Utah 1982）；*In re* Eggleston, 19 Bankr. 280（Bankr. M.D. Ten. 1982）；但是，see *In re* Coppie, 728 F.2d 951（7th Cir. 1984）.

乎从来没有太多机会故意进行偏颇性清偿行为。[58] 如果担保物权是在大量的存货或应收账款的混合物中，那么，引起偏颇性清偿问题的根本问题——因此需要进行两点净改善测试——与在偏颇期内购置新的存货或应收账款的原因
146 相关，这些项目或应收账款是增加到该批库存品或应收账款中的。然而，如果所涉及的利益是转让单一合同的租金或工资扣押，操纵的空间似乎要窄得多，这只是因为没有替代品，其数量很容易受到故意行为的影响。

虽然第 547（c）（5）条可能会继续反对将偏颇性清偿法归为假设的类别——这一趋势本身并不令人反感，即使它有时会导致过于宽泛或不够宽泛——但很不幸地发现，使得偏颇性清偿条款本身充满活力的政策被模糊化了。其结果很可能是，偏颇性清偿条款通过服务于目标而不是维护集体程序的优势，损害该程序。对破产原因以及由此产生的偏颇性清偿条款的明确理解，有助于集中运用这种权力。

欺诈性转让法和债务人被动

在本章的几点上，关于破产前夕交易的讨论集中在债务人的冷漠上。我认为，对集体程序的这种漠不关心所造成的问题与债权人故意选择退出活动造成的问题基本相同。在这两种情况下，结果均破坏了集体程序，因此，破产法本身禁止这种活动是适当的。如果没有集体程序，由债权人压力或债务人漠不关心而导致的交易似乎是单个债权人救济措施的一部分；在这种情况下，他们的错误显然不足以证明他们的禁令是正当的。

这种情况不同于一般在欺诈性转让法的框架下分析的一系列债权人权力的情况。欺诈性转让法在破产等集体程序内部和外部都适用。这种非破产的应用在很大程度上表达了偏颇性清偿法和欺诈性转让法在梳理法律权利方面的作用之间的概念差异。偏颇性清偿法对债权人之间的权利进行了梳理，欺

58. 在这种情况下，故意操纵行为是可以想象的。例如，扣发工资的债权人可能会说服债务人不要换一份新的、工资更高的工作，但这似乎不太可能通过取消所有这种转让或扣押的统一规则得到适当处理。

诈性转让法规定了债务人与债权人之间的关系。也就是说，偏颇性清偿法和其他大多数托管人撤销权一样，旨在维护债权人作为诉诸集体程序的整体利益。相反，无论是否需要集体程序，欺诈性转让法都会保护债权人群体免受其债务人的不当行为之害。因此，它与解决公共池塘问题无关。

与欺诈性转让法相关的许多困难是由于未能将欺诈性转让规则的一般作 147
用与偏颇性清偿法的破产导向作用区分开来。《破产法典》中两个欺诈性转让条款的存在加剧了这些困难。《破产法典》不仅通过第 544 条（b）款适用欺诈性财产转让规则，该条纳入了州欺诈性转让法，[59] 还通过第 548 条适用欺诈性转让法，该条确立了一项相关但最终截然不同的欺诈性转让的破产法。如果欺诈性转让法与托管人的其他撤销权一样，与集体程序的理由有关，那么，为破产量身定制的欺诈性转让规则，如第 548 条中的规则，将是正当的。但是，由于欺诈性转让法的来源完全不同，它在破产法中的单独存在更成问题。然后，它需要以行政便利为理由证明这种做法的合理性：就像债权估值程序一样，它统一并简化了 50 个独立州的规则。然而，这一理由仍然取决于破产法以规则为导向的方式实施州政策，而不是故意改变它。基于这样的理由，这种做法是否合理值得怀疑。

欺诈转让法通常只有在债务人资不抵债且无力偿付所有债权人时才会发挥作用。即使法律发挥了预防作用，比如阻止债务人采取行动，以牺牲债权人为代价进行赌博——冒着资不抵债的风险，以期获得只有债务人才能从中受益的巨大利润。[60] 虽然欺诈性转让法通常只有在债务人资不抵债时才有必要，但这并不意味着它在本质上与破产程序的正当理由有关。当然，欺诈性转让法所涵盖的活动并非完全与破产无关。例如，债务人对资产的耗散或隐藏，可能会像债权人掠夺一样阻碍资产更高的持续经营价值的实现。但是，当债

59. 根据第 3 章讨论的 Moore v. Bay 案的限定条件，这种纳入（incorporation）是适当的，因为这是在破产中实现了非破产权利。

60. 欺诈性转让法的适当规范范围在 Baird & Jackson 撰写的文章中得以探讨，supra note 26；Clark, supra note 8.

务人资不抵债时，即使没有任何公共池塘问题——比如债务人只有一个债权人时，这种交易也是不可取的，并且被认为是完全不可取的，因此，完全禁止是合适的。所以，欺诈性转让法的正当性从根本上来说要比破产程序的正当性更为广泛。

148 因此，欺诈性转让法的正当性明显没有那么集体主义。相反，它是债务人—债权人关系的经纬线的一部分；就破产法而言，它应该被看作是初步建立权利的一部分，而不是破产政策本身应该说的话。欺诈性转让法的本质是防止债务人的操纵性活动。如果有关活动是一个债权人对其他债权人的操纵，那么，如果有的话，它应该屈从于偏颇性清偿—类型（preference–type）的基本原理，而不是欺诈性转让的基本原理。[61] 诚然，有时对不同的行为进行分类并不容易。这是一个债权人选择退出的行为吗？它是否是由于债务人的被动而损害了集体程序的结果？还是仅仅是债务人对与集体程序无关的债权人犯下的错误？

这些区别在某些交易中是很重要的。最近在破产程序背景下使用《破产法典》第 548 条，出现了欺诈性转让判例法，增加的一个更令人困惑的内容是托管人对抵押物终止回赎权出售的攻击。[62] 这些案件通常涉及以下事实情况。银行向债务人贷款 60,000 美元，并通过对债务人所有的 Blackacre 进行抵押和登记来保障贷款安全。后来，债务人拖欠贷款，银行取消了对该房产的赎回权。按照州程序，银行对该房产进行了终止回赎权出售，银行或第三方以 60,000 美元的价格购买了该房产。在终止回赎权出售的一年内，债务人申请破产，

61. Clark, supra note 8；Mc Laughlin, "Application of the Uniform Fraudulent Conveyance Act," 46 *Harv. L. Rev.* 404（1933）. 关于欺诈性转让法的经典著作仍然是 G. Gelenn, *Fraudulent Conveyances and Preferences*（rev. ed. 1940）. Glenn 在该著作中首先指出（id., at 1）："偏颇性清偿与欺诈性转让有重大区别，因为它不是针对单个债权人的权利的实现，而只是针对债权人作为一个类别的集体权利，当他们的债务人变得资不抵债时，就会出现这种情况。" See Michel v. J' s Foods, Inc., 661 P.2d 474（N.M. 1983）（"统一欺诈性转让法的目的是在债务人对其财产进行转让时保护债权人，该转让减少了债权人的资产，损害了债权人的权利"）（原文中强调）。

62. Compare *In re* Hulm, 738 F.2d 323（8th Cir. 1984）；Abramson v. Lakewood Nat' l Bank and Trust Co., 647 F.2d 547（5th Cir. 1981）；Durrett v. Washington Nat' l Ins. Co., 621 F.2d 201（5th Cir, 1980）；*In re* Richardson, 23 Bankr. 434（Bankr. D. Utah 1982）, with *In re* Madrid, 725 F.2d 1197（9th Cir. 1984）；*In re* Alsop, 14 Bankr. 982（Bankr. D. Alaska 1981）, *aff' d*, 22 Bankr. 1017（D. Alaska 1982）.

此时托管人声称，终止回赎权出售是一项欺诈性转让，因为Blackacre没有以公平的价格出售（托管人声称出售时价值超过75,000美元），而且因为它是在债务人资不抵债时出售的。

这些案件的事实并不支持对债务人引起的不当行为的推定。事实上，就 149
出现不当行为的程度而言，这些案例表明债权人有可能对债务人做出不当行为。然而，与偏颇性清偿—类型（preference-type）的行为不同的是，在即将到来的集体程序中，不当行为涉及债权人以牺牲其他债权人的利益为代价寻求自己的合理应得权益，在这些情况下，不当行为涉及债权人试图获得超过其合理应得权益。[63] 因此，在资产不足的情况下，债权人一般会对债务人不利，而不仅仅是对其他债权人不利。

然而，这种说法可能过度简化了终止回赎权出售的发生背景。任何允许取消抵押物赎回权的债务人都可能资不抵债。因此，债务人可能没有足够的动机来抵制取消赎回权的债权人在终止回赎权出售中以低于公允价值的价格购买资产的努力。无论如何，债务人都会失去其资产，而且可能不会特别在意谁会得到这些资产。因此，交易可能意味着债务人在无力偿债的情况下以不公平的对价进行转让，这将成为欺诈性转让法以规则为导向的分支的牺牲品。但这是否正确并不是破产法的问题。这里产生的问题，无论是由于债权人的坚持、债务人的被动，还是两者兼而有之，都是针对其他债权人的一种错误行径，无论是否启动集体程序都会存在。如果一个债权人在债务人无力偿债的情况下获得的偿付超过其到期应得权益，无论是否启动集体程序，其他债权人都应对此提起诉讼。事实上，各州监管终止回赎权出售的规则可被视为对这类问题的回应，旨在允许其他债权人能够保护自己。

无论如何分析，这不是一个与破产法有关的问题，因为它不涉及破坏集

63. 担保权人几乎没有什么动机允许以低于债务金额的价格向第三方出售一项抵押物，因为这使其处于无担保的亏损。See Schwartz, "The Enforceability of Security Interests in Consumer Goods," 26 *J. Law & Econ*. 117（1983）. 担保债权人可以以低于公允价值的价格自行购买抵押物，即使这种出售的价格低于债务，因为不足部分的债权加上超额价值的获取可能超过将财产的公允市场价值归于负债的价值。

体程序的选择退出行为。当问题似乎不是债务人对其债权人的固有的不当行为引起的活动，或债务人除了集体化之外对债权人利益有害的被动行为时，
150 欺诈性转让法似乎是错误的工具。[64] 如果第 548 条被用于达成这些交易，当不使用州欺诈性转让法的情况下，在规范性层面上其结果似乎是无原则的。[65]

64. 第 101（48）条将转移定义为包括非自愿转移，1984 年对 § 548 做了相应的修改（也许是无意的）。在欺诈性转让法的背景下，真正的非自愿转让与基于债务人的不法行为的概念相矛盾。非自愿转移很可能是偏颇的，但它们不是欺诈性转让。See *In re* Madrid, 725 F.2d 1197, 1203–04（9th Cir. 1984）（Farris, J., concurring）[“在债务人不是当事人的交易中，人们不能假定债务人存在欺诈……因此，我认为，只有当破产者是参与者的情形中，转让才可以因缺乏‘合理等价价值’（reasonably equivalent value）而被搁置”]；Abramson v. Lakewood Bank and Trust Co., 647 F.2d 547（5th Cir. 1981）（Clark, J., 持异议）；Sheffield Progressive v. Kingston Tool Co., 405 N.E.2d 985（Mass. App. 1980）. 此外，豁免财产的转让可能不具有欺诈性（除非其他财产因此成为豁免财产）；see *In re* Tredwell, 699 F.2d 1050（11th Cir. 1983）；see also supra notes 21–24（关于偏颇性清偿和豁免财产转移的讨论）。

65. See also Kindom Uranium Corp. v. Vance, 269 F.2d 104（10th Cir. 1959）, 该案涉及典型的偏颇性清偿活动——债权人延迟记录契约——但被分析为欺诈性转让。该案在 Jackson, “Avoiding Powers in Bankruptcy,” 36 *Stan. L. Rev*. 725, 783–86（1984）文中被批评。同样，在 Bullard v. Aluminum Co. of America, 468 F.2d 11（7th Cir. 1972）案中，内幕偏颇交易被不适当地分析为欺诈性转让。See W. Warren & W. Hogan, *Cases and Materials on Debtor–Creditor Law*（2d ed. 1981）.

7
运行破产集体程序 151

在本章中，我们将探讨在一个破产程序需要时间的世界中，破产（bankruptcy）的集体化目标的后果。因为情况就是如此，战略行为的时机存在于破产后时期，就像它们在破产前时期一样。我们将研究如何在破产的集体收债功能背景下制定旨在应对这种情况的规则。

转向资产集中持有的集体制度，往往意味着相对价值的概念是相关的考虑因素，而不是对实际权利的承认。由此，例如，应对公共池塘问题需在破产程序开始时停止单个债权人的救济措施，如执行等。此外，担保债权人违约权的行使也必须停止，取而代之的是价值保护。这一结果是通过自动冻结制度实现的，目前体现在《破产法典》第 362 条中。

该条款的核心作用是明确的：其目标是阻止债权人为追求个人私利而采取可能损害公共利益的行动。但是，根据债权人的类型和诉讼类型，实施自动冻结和继续实施自动冻结的原因有很大不同。当债务人破产时，适用于普通无担保债权人诉讼的自动冻结通常应在破产程序期间保持有效，因为相对价值的概念要求此类债权人在案件结束时等待按比例分配。

对担保权人继续实行自动冻结的理由是不同的。在这种情况下，由于相
对价值的概念，对分配的关注并不证明等到破产程序结束才是合理的。相反， 152
冻结的理由必须是，如果担保债权人的抵押物仍然存在，尊重担保债权人权利的价值而不是权利本身受到尊重，那么，债权人整体有时会有更好的发展。然而，这一理由比针对无担保债权人而冻结的理由更为有限。债务人的资产

在很大程度上，可能是诸如有价证券之类的项目，对于这些项目（假设它们不构成控制块），将它们保持在一起时没有额外价值。或者债务人可能正在进行清算，并寻求逐件处置其资产。在这种情况下，一旦情况明朗，尊重担保债权人的实际权利可能是更好的选择。[1] 尊重权利本身是尊重基本价值的最准确方式，而且在某些情况下，这样做不会给无担保债权人带来任何损失。

最后，自动冻结的正当性是最短命的，当自动冻结被适用于破产案件开始阶段债务人占有财产的寄托人（bailor）时。除非寄托涉及一份待履行合同，否则，自动冻结的正当理由仅仅是为了维持现状，直到查明是否存在真正的寄托。一旦确定了这一点，寄托人应该能够取回其财产。因此，当债务人是一家干洗店时，其申请破产前的顾客不应该被要求等待任何时间才能归还衣服（只要他们支付相关清洁费用）。

然而，除了自动冻结外，另一项原则也应适用于破产债务人。因为破产的存在是为了解决由不同破产前所有者及其个人催收权所造成的公共池塘问题，因此，不应利用破产来对债务人的未来经营给予任何特殊考虑。债务人可能从事生产硅片的业务。这样做的话，其资产可能价值 200 万美元——从某种意义上说，买方将为免除破产前负债的资产支付 200 万美元。然而，以特定价格购买资产的买方在计算这一价格时，既要考虑到购买供应品和雇佣工人的需要，又要考虑到一系列法律规则、条例和限制的存在。例如，政府
153 规定可能要求，作为任何硅片生产者的运营条件，需要安装价格 50 万美元的环保设备。如果这些资产可以在不遵守该规定的情况下用于生产硅片（并假设污染受害者不会提起可行的侵权诉讼），那么，这些资产对买家来说价值 250 万美元。然而，上述事实在破产之外是完全不相关的，因为它所描述的运营模式与使用资产生产迷幻药（LSD）一样，是非法的。

---

1. 情况并非总是如此。如果财产的价值超过对担保债权人的债务，担保债权人可能没有足够的动机以最佳价格出售财产，因为根据《统一商法典》§ 9-504（1978），任何盈余都必须返还债务人。在这些情况下，最好的解决办法可能是让债务人出售财产并全额偿付给担保债权人。

这在破产中也应该是无关痛痒的。诉诸一套旨在改善公共池塘问题的程序并不是允许债权人（他们现在像新买家一样，“拥有”资产）放松对资产使用限制的机会。此外，这一原则不仅仅适用于政府法规，也适用于诱发（induce）他人与债务人交易——诱发供应商提供货物、劳动力和信贷，以及买方购买债务人的产出。因为破产法官不能（而且在任何情况下都不应该）命令供应商向债务人提供所需的材料，所以破产中的债务人和其他人一样，必须与供应商进行谈判才能运营。

因此，允许破产后的供应商在普通债权人之前获得偿付的规则是有意义的。如果破产前债权人决定使用资产继续经营企业，他们和任何买家一样，需要说服其他人与债务人交易。这需要付款或合理的付款保证。因此，债权人必须使用资产来支付这些供应。[2] 破产法不应该妨碍破产前债权人对资产优化使用的要求，但为了避免破产外的部署决定发生偏离，破产法也不应该让他们摆脱非破产的约束。

这种管理费用优先权的基本原理源于供应商（和其他人）与破产企业进行交易的实际情况。它还为测试破产后侵权债权的地位提供了依据，这是最高法院在 *Reading Co. v. Brown* 案中解决的问题。[3] 在该案中，代表法院的哈伦（Harlan）大法官得出结论，因债务人在破产程序中的过失而导致火灾的侵权行为受害者，对资产的权利优先于债务人破产前的无担保债权人的权利。他解释道：“考虑到在一项安排中因企业经营而受到伤害的人，是否应与那些 154
为其利益而经营企业的人平等分享或优先获得赔偿，后者似乎更为自然和公正。诚然，现有债权人陷入了并非他们自己造成的困境，但没有明显的理由允许他们试图摆脱这种困境，冒着将其强加给其他同样无辜的人的风险。”[4] 然而，首席大法官沃伦（Warren）与道格拉斯（Douglas）大法官持不同意见，

2. 我们将在本章后面更系统地探讨这一原则的运作。

3. 391 U.S. 471（1968）.

4. Id., at 482–83.

认为这一结果破坏了按比例分配的破产政策。在他看来，法院判决的结果是，“侵权索赔者的地位完全取决于他是否幸运地在破产后而不是破产前受到伤害”[5]。

将 *Reading Co. v. Brown* 一案的根本争议重新定性为实质的一个问题，即公司所有权向其债权人的转移应被视为在申请破产时还是在破产过程结束时发生，这是很有成效的。[6] 首先，考虑一个清算中的公司情况。这样的公司，如果要在破产之外解散，会将其资产分配作为解散过程的最后一步。在决定解散后但在实际解散前累计产生的侵权索赔，大概会在分配中与其他普通债权人按比例分享。公司在解散后不会实施侵权行为，因为根据定义，公司将不复存在。

这一类比支持首席大法官 Warren 的不同观点。破产程序可能是解散决定的一部分，但其启动并不等于解散。Harlan 大法官的观点得到了一个稍有不同的类比的支持，即援引破产的决定本身就是将公司的所有权转移给其债权人的一个触发事件。普通债权人被视为公司的新股东。[7] 破产的公司就像由股
155 东持有的公司。公司在破产程序中产生的任何债务都优先于申请前的无担保债权，因为债务优先于股权索赔权。在破产程序完成和公司解散后，在破产程序中产生的侵权债权将优先于普通债权人的申请前债权，就破产法而言，普通债权人被视为股东。

同样地，考虑在破产程序中被出售给第三方或债权人自己的一个持续经营公司的情况。同样，诉诸最接近的非破产类比——公司的出售——在出售前的谈判过程中产生的债权将被视为普通的无担保债权。在销售完成时，买

5. Id., at 486.

6. 在债务人为个人的情况下，这个问题似乎不会出现。破产案件的开始本身就将债务分为两类，一类是在申请前产生的、推定为被免责的、申请前资产的份额；另一类是在申请后产生的、未被免责的、对个人的人力资本和其他申请后对资产主张的债权。在这些案件中，Harlan 大法官在申请时的立场似乎反映了这种尖锐的分歧（在这一点上，我们不妨回到第 2 章中对石棉债权的讨论）。

7. 他们被视为股东，因为侵权索赔者作为债权人，有权在股东收到任何款项之前得到全额偿付。在破产中，这是管理费用法律地位的结果——其允许此类持有人在无担保债权人收到任何款项之前得到全额偿付。See §§ 507, 726.

方将对公司施加新的资本结构，而销售后的侵权债权将根据施加的资本结构进行分摊。同样，这种观点似乎支持首席大法官 Warren 对该过程的看法。支持 Harlan 大法官观点的类比略有不同。它再次将破产案件的启动视为运营事件——相当于将企业出售给债权人。在破产过程中，当作为所有者的普通债权人决定如何处置资产以及是否应该为企业建立新的资本结构时，就申请前普通债权人的债权而言，公司被视为拥有完整的普通股结构。[8] 如此看来，在破产过程中产生的侵权行为应优先于申请前无担保索赔者。一旦实施重整计划（或出售给第三方），公司将被置于一个新的资本结构中，而确认后的侵权索赔者将如何处理取决于该资本结构的细节。

在这些相互竞争的情景之间进行选择时，应以最小化向集体制度过渡的成本为基础。就企业而言，与非破产最接近的类比似乎是，破产的启动被视为解散过程或关于所有权变更的谈判的开始，而不是结束。这一结论将避免债权人拒绝采用集体程序的可能性，因为如果债权人不进入破产程序，他们的处境会更加糟糕。当债权人避免利用破产将资产所有权转换为自己的所有权时，在过渡过程中产生的侵权债权按比例分享，利用破产来实现转换应该 156
没有不同的属性。

然而，这种按比例处理的论点只适用于——正如首席大法官 Warren 所反对的那样——非合意的债权。破产程序本身的成本应该适当地向债权人收取。这些成本就像与出售房屋有关的经纪费用或与发行股票有关的投资银行家费用。这些成本适当地由程序运行的受益群体来承担。此外，尽管原因有所不同，但合意的债权人也需要管理费用优先权。破产程序的出现，不可避免地传达了关于债务人财务偿付能力的负面信息。如果债权人想让债务人继续经营，他们必须提供激励以让人们与债务人交易。在债务人被推定为资不抵债的情况下，只能通过为合意的债权人提供比申请前的普通无担保债权人按比例分享更高层级的优先权，才能发展这些激励。如果关于债务人财务的信息可以

8. 担保债权人排在管理费用优先权之前。See §§ 725, 726.

提供给供应商，债权人避免使用破产，也会出现同样的结果。

因此，尽管Hanlan大法官将其类比为一家拥有完整普通股结构的企业——并因此得出他的结论，即申请后的侵权索赔者有权获得管理费用优先权，但这个类比最终似乎不太有说服力。在一个企业的所有者可以自由地将影响侵权索赔人支付前景的资本结构强加到它的世界里，适当的破产镜像似乎是在破产程序结束之前保持现有资本结构不变。可以肯定的是，这一结论意味着对侵权行为采取预防措施的动机并没有完全内化，但这一结果不是破产法的结果，而是非破产法的结果。在破产程序之外解散或出售的无力偿债企业，将解散或出售过程中出现的索赔者视为与此类程序开始之前出现的索赔者没有区别。最好的破产镜像似乎是将破产程序的结束而不是破产程序的启动，视为等同于解散或出售。

157 自动冻结和破产后与破产前债权人交易

因此，在破产案件开始后的这段时间，应该遵循两项操作原则。第一个原则表现为自动冻结，旨在维护相对价值，并防止一个债权人（或一群债权人）在破产过程中进行战略欺诈。第二个原则是，为了破产前债权人的利益不应放宽经营相关的非破产规则。

破产法中许多激烈的辩论都涉及其中一项或两项原则。作为一个规范性问题，这些争论本身很有趣，因为它们需要对这些原则与破产中发生的事情之间的关系进行敏锐的理解。作为一个积极问题，它们也为审查似乎是破产法中最复杂的一些问题提供了有用的焦点。

例如，考虑自动冻结是否以及如何适用于破产后拒绝与一个实体交易的问题，该实体同时也是破产前的债权人。相对价值概念的实施，要求在破产中停止使用基准债权人救济——所有债权人在破产之外享有的权利。因此，破产法必须取代债权人救济，如获得执行担保权或担保物权（或者是现金）。此外，所有债权人都可以利用的其他非正式救济措施，例如（在法律范围内）

欺骗和骚扰，也应停止。

然而，相对价值的概念也意味着破产法应尊重在破产之外给予债权人的优先权的价值。因此，尽管担保债权人或破产前的担保持有者不能在破产中行使其违约权，但应当尊重这些权利的优先权价值。但在这一点上，由于破产中的债务人在其持续经营方面不应得到任何特殊待遇，这一事实造成了明显的紧张。破产减轻了破产前债权人的公共池塘问题，但一旦这些债权人在破产中成为企业的所有者，他们就会像其他所有者一样在世界上闯出一片天地。

然而，一个身兼两职的索赔者处于什么位置呢——既是破产前的索赔者又是破产后的供应商？这个问题可能在很多情况下出现。被拖欠破产前货物款项的供应商可能会拒绝交付额外的供应，即使是在货到付款的基础上。未缴纳保险费的保险公司，在得知债务人破产时，可以拒绝为破产债务人续保 158
火险，或者在得知债务人破产后试图取消保险单（根据一般取消条款）。

被视为破产后拒绝交易的简单问题，这些案例似乎很容易通过应用第二条原则来解决。正如大陆航空公司（Continental Airlines）（也不应该）要求我乘坐它的航班，因为它处于破产中，需要我的业务作为持续经营的企业生存下去，同样，供应商或保险公司也不能（也不应该）仅仅因为一个企业处于破产状态，需要供应或保险而被迫与之交易。但是，如果供应商也是破产前的债权人，或者保险公司的保险费尚未支付，破产后的拒绝交易可能会被看作是明显试图追讨破产前的债务。这种活动是否违反了自动冻结，如果是的话，我们如何解决在申请前债权人必须停止其追讨努力的概念与债务人必须在未来业务中自力更生的概念之间的明显冲突？

首先要考虑的是，这种描述可能错误地描述了真正的问题。这真的是一场冲突吗？我认为答案是否定的，因为相反，重点应该放在相对价值概念的应用上。困难的问题不在于原则冲突，而在于确保剩余类别的——无担保债权人——决定是否默许要求符合他们的利益。

假设债务人是一家鞋店，供应商多年来一直是债务人高档男鞋的来源。[9] 当债务人申请破产时，其欠供应商 4 万美元的破产前交货款。除非供应商已在其鞋子或债务人的其他资产上取得了担保物权，这 4 万美元的债务将为了破产的目的被归类为债务人的无担保债务。然后供应商拒绝再向债务人交付任何鞋子，除非债务人全额支付（或承诺支付）4 万美元的债务。另外，假设供应商采取的这一行动可以被证明仅仅是为了收取其申请前的债务，而不是在无担保债权人的类别中挣扎。

供应商拒绝交付的行为是否受制于破产自动冻结？人们的第一反应可能是，这一行动，就像所有类似的无担保债权人追讨破产前债务的尝试一样，
159 应该被禁止。[10] 但这种回应可能过于简单化。我们首先需要评估供应商相对于其他债权人的相对地位。因此，这个问题是一个相对价值的问题。供应商可能拥有一项宝贵的财产权——拒绝交付更多鞋子的权利——它可以在破产之外使用这一权利来确保付款。由于这项权利对破产以外的担保债权人（他们不能要求供应商交付鞋子）有效，[11] 因此在破产中应尊重其相对价值。

在许多情况下，供应商拒绝交付更多鞋子的非破产权利（不构成违约）的相对价值将接近于零。确实如此，例如，当供应商是小麦等可替代物品的来源时。如果供应商拒绝交付更多的小麦，除非其在申请前的债权得到全额支付，债务人可以而且应该找到另一个来源。如果寻找另一个来源的成本微不足道（并且由于破产中债务人没有特别优势原则，新来源有权获得其给付的全额付款），则供应商的威胁无足轻重。因为他们可以很容易地转向另一个来源，债权人作为一个整体，并不会默许供应商要求全额支付其申请前的债务作为继续交付更多小麦的代价，而且供应商的权利没有特殊价值。

---

9. 这是基于此案的事实：*In re* Ike Kemper & Bros., Inc., 4 Bankr. 31（Bankr. E.D. Ark. 1980）.

10. 第 362（a）（6）条，例如，冻结了“在本标题下的案件开始之前，针对债务人的任何归集、评估或恢复一项债权的行为”。

11. 如果供应商已经向债务人承诺交付鞋子，就会有一份待履行的合同。在这种情况下，供应商的取消将构成违约，债务人有权起诉要求损害赔偿（本案不可能成为特定履行的候选案例）。

当供应商拒绝交付更多鞋子的非破产权利，除非按其自身条件，具有一定的实质性价值时，这种情况就更令人感兴趣了。供应商的鞋子可能无法与其他品牌完全互换。例如，债务人可能是作为塞尔比（Selby）鞋而不是弗洛斯海姆（Florsheim）鞋的来源而闻名。此外，债务人可能只有某一特定系列鞋子的不完整尺码的库存，需要补充其缺失的尺码，然后才能有效地进行广告宣传。即使债务人最终可以转向其他品牌鞋的供应商，它也很难在不损失价值的情况下立即实现转型。由于这些情况是由供应商过去与债务人的交易造成的，供应商已经获得了一些杠杆。[12] 它正试图通过要求全额支付其申请前 160
的债权来利用该杠杆的价值。

供应商的方法不应掩盖其行为的后果：本质上，供应商正在使未来交付的价格比继续交付鞋子的世界（以标准价格）价格要更高，并根据其申请前的债务作为无担保索赔者排队等候。尽管如此，默许这一请求可能符合债权人整体利益：尽管如果他们必须全额支付供应商的申请前债权，他们会有损失，但如果供应商实际上拒绝交付更多的鞋子，他们可能损失更多。如果供应商有权强制执行该要求，那么自身利益可能会导致债权人接受这一要求。

然而，这是不是那种在破产中应尊重其相对价值的权利？考虑一下非破产的类比情况。如果企业在破产之外被出售，供应商将有权坚持——它很可能坚持——要求新的所有者支付先前所有者的债务，作为交付更多鞋子的条件。这表明，供应商很可能拥有一项资产（扣留所需货物的权利，直到付清前一批货物的货款），该资产在破产之外也有价值。只有当供应商的行为反映出试图退出一个类别进入另一个类别时，才会与破产程序的目标相冲突。

---

12. See O. Williamson, *Markets and Hierarchies* 34–35（1975）； Demsetz, "When Does the Rule of Liability Matter？" 1 *J. Legal Studies* 13, 23–25（1972）； Kronman, "Specific Performance," 45 *U. Chi. L. Rev*. 351, 367（1978）. 申请前债权人可能有其他手段。例如，债权人可能由债务人的一名经理或主要股东为其贷款提供担保。这种情况的分析方法与文本中的情况相同。债权人作为新的所有者，可以决定是偿付债权还是让担保人承担后果。那么，这样的债权人是怎样的呢——其是对不偿还贷款的实体的特别有效的"唱衰者"？这个债权人是否同样持有一些具有相对价值的东西，在破产中应该受到尊重？这里的答案似乎是否定的。如果不让每个债权人都做出同样的断言，就没有有效的方法来检验这个债权人唱衰能力更强的断言。解决由此产生的事实问题的困难可能需要一个禁止唱衰的统一规则。这有别于扣留货物或服务的能力，后者的有效性可以通过市场上的等价物来检验。

但如果考虑到供应商权利的基本属性，将其视为选择退出的活动，成为一组具有同等优先权的无担保债权人之一，可能是错误的。供应商的权利比债务人不需要其未来供应或服务的无担保债权人的权利具有更大的相对价值。由于其相对价值在破产外更大（在破产外，它可以向任何拥有债务人或其资产的人提出同样的要求，作为未来发货的条件），所以在破产中也应得到尊重。在这方面，供应商的权利类似于担保债权人的权利。在这里，资产是让供应商在未来交付鞋子的权利。

诚然，如果普通债权人向供应商全额付款而遭受的损失比清算资产所遭
161 受的损失更大，供应商的坚持可能会导致清算的决定。[13] 但这并不意味着供应商的行为违反了集体化规范。这些决定是债权人在面对持续经营的非破产成本时不得不做出的决定。因此，认为供应商只戴上了申请前的帽子是错误的。

13. 这种情况需要考虑。它提出了以下问题：当相对价值本身是由发生在资产上的事情定义的，破产法如何尊重权利的相对价值？考虑最接近的非破产类比。供应商在申请前的债务中被欠 50,000 美元。供应商坚持要求得到全额付款，作为履行未来订单的条件，供应商的货物是债务人继续经营所需要的，而且没有替代品可用。如果债务人继续经营，其资产价值为 20 万美元；如果其清算，其资产价值为 18 万美元。［20 万美元的数字是通过扣除供应商未来交货的成本得出的（正如所有未来的经营成本都被扣除一样）。］债务人在其他申请前债权人中有 30 万美元。

为了使业务继续进行，20 万美元中的 5 万美元必须流向供应商，这将留下 15 万美元给其他 30 万美元的索赔者。供应商得到全额付款。其他索赔者则得到 50% 的清偿。然而，如果债务人清算，它不需要从供应商那里购买货物；供应商的威胁没有价值，而供应商将被视为普通的无担保债权人。其结果是，每个人都获得超过 50% 的美元（18 万美元将被 35 万美元的债权分配）。因此，除供应商之外的普通债权人的情况稍好；当然，该群体的情况更糟。

那么在破产中会发生什么呢？之所以存在一个问题，是因为在零星清算中债权人的相对排序不同于企业的继续经营：在继续经营中，供应商实际上具有担保债权人的地位；在清算中，供应商只不过是普通债权人。通过将债权人视为企业的所有者，有权决定如何处理资产，就可以实现解决。在这种情况下，他们会选择零星清算，除非他们能够与供应商谈判达成协议。

这一结果反映了在破产之外可能达成的结果。本案可以重新表述如下，没有实质性的差异：债务人有 350,000 股流通股，没有债务。供应商拥有 50,000 股。供应商决定在未来将其出售给债务人的货物价格提高 50,000 美元。如果债务人同意并支付这笔钱，那么供应商就会多得到 50,000 美元的额外款项，而 150,000 美元将留给其他股东。这个数额是 150,000 美元，而不是 200,000 美元，因为这 50,000 美元现在被认为是未来继续经营的成本，而在之前的例子中它不是；然而，对剩余类别的影响是相同的。如果债务人不同意这样做，它必须零散清算（因为它无法得到所需的货物），而股东群体（包括供应商）总共得到 180,000 美元，即资产的清算价值。

结果是一样的，但在这种情况下，破产政策就无关紧要了。在破产中，人们应该把债权人看作是资产的新的剩余所有者——所以在分析这个问题时，人们应该把他们看作是股东。有人可能会反对这最后一个说明，理由是供应商的行为可能不被允许（作为一个非破产法上的事项），例如，反垄断禁令（antitrust prohibitions）。但这并不重要。如果提高价格作为非破产法的一个事项是不被允许的，那么就很难理解为什么以迂回的方式（通过要求全额支付申请前的债务）来做这件事应该更容易被允许，然而，关键是对供应商权利的限制应该来自非破产法，而不是破产政策。

它也是一个申请后的货物供应商，这些资产合并在一起是否比拆开更有价值，162
部分取决于申请后供应商的收费情况。[14] 此外，这个问题更可能是分配性的。如果供应商坚持全额付款，导致债权人决定他们的最佳途径是清算（无论供应商作为无担保债权人在任何资产中占有份额），那么，供应商将一无所获。当债权人整体的最佳行动方案是无论供应商的要求是否得到满足，继续经营业务时，供应商的威胁就更有可能发生。[15] 在这些情况下，问题不在于资产配置，而在于资产分配这一典型的非破产问题，这种情况可能更为常见。

此外，说供应商有这种权力，并不意味着供应商一定会行使这种权力。即使是针对一个有偿债能力的债务人，供应商在破产之外也有这种权力。由于它通过过去的交易获得的地位，以及它的鞋子不能与其他品牌完全替代，供应商可以在破产之外拒绝向债务人交付更多的鞋子，除非债务人同意为（例如）未来六个月的货物向它支付高于通常的价格，而债务人可能被要求默许。尽管如此，对权力、声誉和重复交易的担忧可能会阻止供应商使用这种杠杆。在破产情况下，供应商不太可能这样做，因为即使债务人的债权人也许不得不在短期内同意这样的付款要求，他们也可以开始寻找替代供应商的鞋子来源。尽管有这种权力，但对声誉和重复交易的担忧可能会阻止供应商使用这
种杠杆。[16] 供应商在破产时可能不会更多地这样做，因为即使债务人的债权人 163
可能不得不在短期内同意这样的付款要求，他们也可以开始寻找替代的鞋子

14. 另一种方法是参考前面注释中的例子，供应商有一个 5 万美元的申请前债权。而不是要求全额支付申请前的债务。供应商可以通过将其未来交货的价格提高 5 万美元来实现相同的结果，这将使资产的持续经营价值减少到 15 万美元。那么，清算似乎是更明智的做法，因为债权人可以得到 18 万美元。在某些方面，这种做法相当于把玩镜子：它使人难以确定哪种观点（持续经营大于清算或清算大于持续经营）是正确的，因为答案取决于供应商制定其需求的方式。

15. 有时，一个缔约方在不符合其利益时威胁不履行义务，以获得“强硬”谈判者的声誉。See Posner, “Gratuitous Promises in Economics and Law,” 6 *J. Legal Studies* 411（1977）. 但在这里，这种做法几乎没有什么好处。债权人是否应该在破产过程中拒绝提供服务，这引起了一个稍微不同的关注——如何让债权人作为一个整体就采取哪种行动达成一致。因此，这反映了本章后面讨论的与 Texlon 和 EDC 控股公司有关的问题的一个变形。

16. See generally Goetz & Scott, “Principles of Relational Contracts,” 67 *Va. L. Rev*. 1089（1981）; Williamson, “Transaction-Cost Economics: The Governance of Contractual Relations,” 22 *J. L. & Econ*.233（1979）; Macneil, “Contracts: Adjustment of Long-Term Economic Relations Under Classical, Neoclassical and Relational Contract Law,”72 *Nw. U. L. Rev*. 854（1978）. 某些制定法的应用，如《罗宾逊—帕特曼法案》（Robinson-Patman Act），可能会质疑其中的一些策略。如果是这样，这是另一条非破产规则，应该适用于破产中类似的策略。

来源来取代供应商。此外，如果供应商因向破产公司提出此类要求而出名，那么，鞋类零售商可能会更不愿意一开始就使用供应商。[17] 因此，说这种权力存在并应在破产中得到尊重，并不是说这种权力将被频繁行使。事实上，解决这个问题的案例数量少得惊人，[18] 而且法律答案（legal answer）的明确性无法解释这种少（smallness）。

还有其他理由可以得出结论，这类权力的相对价值应该得到尊重。如果债务人与供应商谈判了一份长期供应合同，那么根据第 365 条，债务人为保持该供应合同有效而必须支付的价格将是全额支付该合同的全部破产前债务。[19] 如果没有就这种长期供应合同进行谈判，债务人在未支付第 365 条规定费用的情况下，就不得通过司法裁决获得这样的合同。[20]

供应商要求付款的这种骚扰（harassment）的独特之处在于，它反映了一种并非所有索赔者都拥有的权力。它具有相对价值，即执行担保权或破产前索赔者的骚扰，并非破产后供应商（或至少不是破产后不可替代商品供应商）没有给予的这种价值。

在保险合同取消的情况下，基本问题没有什么不同；不同的是，由于保险在很大程度上是可替换的，默许（隐性或显性）基本要求来支付申请前债权的可能性要小得多。例如，考虑一下卡霍基亚·唐斯（Cahokia Downs）
164 一案的事实。[21]Cahokia Downs 在伊利诺伊州经营一个赛马场。荷美保险公司

17. 零售商可能不会充分关心供应商在破产中的声誉，因为受影响的将是零售商的债权人，而不是股东。但是，如果债权人意识到零售商在使用供应商（他们很可能是这样），并且如果他们意识到供应商的声誉（这可能会更加可疑），债权人就不太可能与零售商打交道，从而导致零售商更加"关心"供应商在破产中的声誉。

18. 除了 Ike Kempner, see *In re* Sportfame of Ohio, 40 Bankr. 47（Bankr. N.D. Ohio 1984）；*In re* Blackwelder Furniture Co., 7 Bankr. 328（Bankr. W.D.N.C. 1980）.

19. § 365（b）. 我们在第 5 章中探讨了这种做法的合理性。

20. 否则，债务人就没有动机去遵守 § 365（b）。

21. 5 Bankr. 529（Bankr. S.D. Ill. 1980）. 文中的讨论在一定程度上简化了实际的事实，在这里也有一个承销商和一个代理人。然而，没有什么会改变事实。（代理人已经预付了保险费，但没有得到 Cahokia Downs 的偿还。那么，撤销的效果是通过返还保险费来改善代理人的地位。）在 *In re* Garnas, 38 Bankr. 226（Bankr. D.N.D. 1984）中讨论了拒绝续延的问题。［认为这种拒绝相当于违反了 § 365（e）（1）］，以及 *In re* Heaven Sent, Ltd., 37 Bankr. 597（Bankr. E.D. Pa. 1984）（指出《破产法典》中没有任何内容授权法院指示续延）。然而，这两个案件都没有明确涉及申请前的索赔者。

（Holland America Insurance Co）为其签发了一份火险保单，期限为1979年7月26日至1980年7月26日。1979年10月，伊利诺伊州赛马委员会（Illinois Racing Commission）拒绝了Cahokia Downs在1980年春季和夏季的比赛。1980年4月2日，Cahokia Downs被推入破产程序。4月11日，Holland America根据其保险合同中允许其在提前三十天通知的情况下随时撤销保单的条款，撤销了保单。

撤销是否违反了自动冻结？一方面，该行动可能与申请前的债务完全无关。破产可能向保险公司发出更大火灾风险的信号，因为经理人可能不太关心房舍的情况，因为债权人无论如何都会得到它们。此外，允许随时撤销保险的条款的意义似乎是允许保险公司在不需要详细证明的情况下撤销保险。另一方面，没有支付保险费的事实可能促使了撤销的发生。撤销的效果是改善了Holland America在破产中的地位（从12个月的保险费无担保索赔的持有者变成了10个月的保险费无担保索赔的持有者）。

然而，可能涉及了申请前债务的这一事实，并不能将本案与供应商拒绝交付新鞋的情况区分开来。相反，人们必须分析哪种申请前债务是有争议的。[22]Holland America拥有这项权利，作为一种非破产法事项（以一种普遍适 165
用的方式定义，而非仅仅适用于破产的情况），而且这项权利是在破产以外有效对抗担保权债权人的。因此，不应禁止在破产中行使这一权利。[23]甚至没

22. 法院没有做到这一点。它认为，撤销违反了自动冻结，*In re* Cahokia Downs, 5 Bankr. 529, 531（Bankr. S.D. Ill.. 1980）。“在本案中，毫无疑问，保险单，尤其是已经支付了保费的保险单，是保险公司和被保险人之间有效的、有约束力的合同，并将构成破产财产的资产。此外，火灾保险是对债务人及其债权人的一种必要保护。撤销保险当然属于§362（a）(3)规定的自动冻结条款。在§363的含义范围内，它也是可以被托管人使用的财产，当然§363第（1）段将适用于撤销条款，尽管该条款并不涉及债务人的破产或财务状况。尤其是在本案中，很明显，试图撤销保险的主要原因是破产”。

第363条第（1）款为破产约定条款的效力提供了另一个障碍，这一次规定托管人可以使用、出售或租赁§363所规定的财产，尽管有这种条款。然而，Cahokia Downs对它的依赖，误解了自动冻结的作用（以及对破产约定条款的禁止作用）。一个允许以任何理由解除的条款，即使是被用于在破产时解除，也与一个只允许在破产时解除的条款有很大的不同。

23. 考虑待履行合同条款不会改变任何事情。如果Cahokia Downs希望承担该保单，它将必须向Holland America支付全额保险费，参见§365（b）。此外，除了这一点，将被承担的合同会有其非破产的属性，包括在提前三十天通知的情况下随时解除的权力。

有必要去调查撤销保险是由于火灾风险的变化，还是由于试图要求支付破产前的债务，或者可能是这两种原因的混合，除非适用的非破产法赋予被保险人以通过坚持火灾风险的变化证据对撤销保险提出异议的权利。[24]

在某种程度上，Holland America 公司通过威胁撤销以寻求支付整个申请前债务给它，那么，其撤销（或威胁撤销）就不可能有效。保险在很大程度上是可替代的，有数十或数百种保险来源。如果 Holland America 不提供保险，除非支付已经提供的十个月保险的申请前债务，那么几乎可以肯定能够从其他来源获得类似的保险。因此，如果撤销的目的是为了强制支付申请前债务，并且，除非保险费率普遍上调（使相同风险水平的替代保单更加昂贵），否则没有理由认为这种救济会成功。那么，为什么 Cahokia Downs 公司会抵制撤销呢？[25] 有人怀疑更换保单（来自 Holland America 或另一家公司）实际上会更加昂贵，可能是因为人们对更大风险的担心增加了。但这只是重申了一
166 个原则的后果，即破产中的债务人在未来的经营方面不应获得特殊的优势。Cahokia Downs 公司的“资产”—— Holland America 保单——具有其破产前的属性，包括提前 30 天通知随时撤销。破产法应规定 Cahokia Downs 在破产时没有与其保险愿望相关的特殊权利。

可以肯定的是，申请破产可能是 Holland America 被撤销的原因，即使该保险公司并未寻求强制支付申请前债务。破产的申请是一个带有某些信息的事件。这里的相关信息可能是火灾的可能性增加。如果从未提交过破产申请，Holland America 可能永远不会自行发现这些信息。此外，如果 Holland America 取消合同是因为它试图强制支付申请前的债务，那么申请破产也可能是撤销合同的原因，因为它带有关于 Cahokia Downs 偿付能力的信息，否则

24. 这就是 *In re* Garnas, 38 Bankr. 221（Bankr. D.N.D. 1984）案中的错误，该案认为，由于保单“通常”是续延的，有一个待履行合同，不续延违反了 § 365（e）（1），因为“如果不是因为他们已经根据《破产法典》申请救济，该合同本应该自动续延”并且“不续延会严重损害重整……”。适当的审查是，根据非破产法，在类似的案件中，不续延是否是可诉的。

25. 显而易见的原因可能是，Cahokia Downs 希望通过只支付一小部分（给申请前债权的持有者）以获得多几个月的保险。然而，把保单看作是一份待履行合同，将极大地改变这一结论。See supra note 23.

Holland America 公司可能会发现得太晚。但是，说申请破产会带来后果，因为它传递了信息，并不是说这是一件坏事。一般来说，信息的增加被认为是好事。因提出破产申请所产生的这类问题是下一章的主题，但似乎没有对此类讨论予以限定，即自动冻结是否应适用于这类活动。

那么，在这两种情况下，即供应商关于未来鞋子交付的要求和保险公司要求在破产前支付保险费作为继续或续保的条件，认为自动冻结的政策和无特殊好处的政策之间存在冲突是不正确的。相关的问题是，一些当事人有更高的相对价值，而破产法尊重他们。[26]

然而，与这些情形相关的还有另一个问题。供应商或保险公司提出要求。 167
谁应该决定是否应满足该要求？重要的是，适当的索赔者群体决定是否默许供应商或保险公司的要求符合破产财产的整体利益。这不是一个应该由股东代表作出的决定。相反，这是一个应该留给剩余阶层的决定——该阶层从选择中获得利益并支付成本。这个阶层被推定为无担保债权人阶层。

这是多样化所有权问题的一个应用。在前一章对偏颇性清偿法的分析中，这一问题表现在这样一个事实上，即资不抵债债务人的股东或经理可能对谁获得资产漠不关心。一旦很明显没有足够的资金向债权人全额支付，继续将决策权掌握在股东及其代理人手中，就会有效地将决策者与因决策而获益或损失的群体区分开来。我们看到，这个问题需要在破产前立即采取过渡性应对措施。同样，这个问题也会在破产后的时期重演。由于“经管债务人”的概念，决策权仍然保留在破产前的经理和股东身上。[27]

26. 同样，这似乎是一个案例中提出的问题，例如，Donovan v. TMC Industries, Inc., 20 Bankr. 997（N.D. Ga. 1982）. 提出欠薪支付请求的工人说服劳工部长提起诉讼，要求禁止将债务人的存货作为“热销商品”运输，这违反了《公平劳动标准法》（Fair Labor Standards Act，FLSA）。法院认为本案是一个平衡 FLSA 政策和破产政策的案件。然而，对本案的恰当看法是一种相对价值。如果 FLSA 被结构化以禁止任何人出售“污点”货物，包括债务人的清算人或随后的担保方，直到工人的最低工资债权得到偿付，那么，工人债权就等同于担保债权，他们本身的价值应得到尊重。Jackson, “Translating Assets and Liabilities to the Bankruptcy Forum,” 14 *J. Legal Studies* 73（1985）. 本案在此文中得到了更详尽的讨论。

27. 这不一定是坏事。使用现有的管理人员可能比转移到不熟悉业务的无利益关系的托管人那里有实质性的优势。

例如，考虑一个已然被称为特斯伦（Texlon）问题的情景。[28] 出借人是债务人的一个申请前的债权人，以无担保方式向债务人贷款 100 万美元。当债务人进入破产程序时，它需要额外的运营资金。出借人同意再提供 100 万美元，但作为提供贷款的一项条件，它坚持要求债务人所有资产的担保物权，并要求该担保物权保证债务人对出借人的全部债务，而不仅仅是申请后的贷款。这是“交叉抵押”条款的一种形式：与一笔贷款相关的担保物权，也用于担保其他贷款。

这笔贷款的条件是否应获得批准？这个问题的答案是“视情况而定”。*Texlon* 一案提出的问题是确保正确的群体作出决定。在 *Texlon* 案中，该交易是在贷款人和债务人向破产法院提出单方面申请的基础上获得批准的。此外，
168 在这里，谁是债务人很重要：为此，债务人是旧的管理层，作为经管债务人经营企业。

然而，在大多数破产案件中，股东代表可能是作出这一决定的错误群体。交叉抵押条款是获得新信贷的一部分代价。这笔交易是否划算，取决于是否有必要借款，以及给予交叉抵押条款是否会因改善破产前无担保债权的状况而比其他债权人节省更多的利息费用。[29] 该条款的成本可能远远超过与贷款相关的利率优势（如果有的话）。[30] 唯一可以毫无偏见地作出决定的方法是，由一个能够从成功的决定中获益并为失败的决定付出代价的群体作出决定。这

---

28. 因为 *In re* Texlon Corp., 596 F.2d 1092（2d Cir. 1979）.

29. See, e.g., *In re* General Oil Distributors, Inc., 20 Bankr. 873（Bankr. S.D.N.Y. 1982）. 在该案中，银行在通用石油公司的应收账款中拥有完善的担保物权，并且在申请破产时已经获得完全担保。它同意向债务人进一步预付资金，条件是给予它债务人所有未设押财产的担保物权，以担保所有贷款。如果银行的申请贷款事实上已经有了完全担保，交叉抵押条款并没有改善银行的状况。此外，鉴于银行已经在通用石油公司的账户中拥有担保物权，通用石油公司将根据 § 363 规定，强制要求在通用石油公司使用账户债务人支付账单时获得的任何现金之前，为其提供充足的保护。交叉抵押条款只赋予银行在任何情况下都可以坚持的权利，而且该条款可能不会使任何普通债权人处于比没有贷款时更糟糕的境地。

30. 例如，考虑以下情况。假设有 300 万美元的无担保债权，包括银行的 100 万美元债权和 200 万美元的资产。在银行的交易之前，所有的债权人都将获得 67% 的美元收益。在银行交易之后（不考虑新贷款，新贷款可能会被新资产抵消），银行将获得 100 万美元，而不是其申请前的贷款数额，即 667,000 美元。剩下的债权人将有 100 万美元剩余来满足他们 200 万美元的债权，使他们得到 50% 的收益。那么，交叉抵押条款的效果是，无担保债权人整体向银行转移了 33.3 万美元。对于新贷款来说，这似乎是一个惊人的成本。

个群体包括剩余索赔者，在破产公司的情况下，他们几乎是无担保债权人。应该由他们来决定贷款是否值得，以及贷款条款是否是他们能得到的最好条件。

Texlon 的问题在于决策者，正如弗兰德利（Friendly）法官所指出的，“经管债务人很难做到中立”。[31] 在破产之外，情况也可能如此（股东的利益可能与债权人的利益相冲突）。然而，在那里，存在着对抗性的制约因素：债权人可能有契约或有能力在他们不喜欢债务人的行为时收回贷款。这些限制在 169
破产中被削弱了，因为自动冻结限制了这些权利的行使。因此，需要这些监督机制。因为破产中的表演通常是为债权人进行的，所以应该咨询他们。

在 *Texlon* 一案中宣布的程序规则是对该问题的适当回应。禁止单方面命令在新贷款中进行交叉抵押，取而代之的是要求举行债权人需要出席的听证会。法院指出，“听证会可能会确定是否存在其他融资来源；如果给予其他债权人类似的优惠条件，其他债权人是否愿意分享融资；或者债权人不希望以偏爱选择某一特定贷款人的价格继续经营”[32]。正如 Friendly 法官所指出的，这种解决方案并不完美。如果迅速需要贷款，可能很难决定需要咨询哪些债权人。但它似乎比其他选择要好。事实上，原则上没有理由将这种解决方案限制在交叉抵押条款。在新资本来源可能具有实质性可替代性的情况下，所有与申请前贷款人进行的申请后交易都应得到谨慎审查。

由于市场替代方案的存在，*Texlon* 案的程序性解决方案似乎很适合解决在申请后处理与申请前的索赔者有关的根本问题——即确定这些成本对剩余组别是否值得。然而，在其他情况下，解决方案将更加困难，因为所涉及的问题不仅仅是这笔交易对破产财产是否有利。在谁为交易买单的问题不明确的情况下（在 Texlon 案中，合适的组显然是无担保债权人组），仅仅咨询相关组别是不够的。

31. 596 F.2d, at 1098.

32. Id., at 1098–99.

考虑下面这个问题，来源于（松散地）EDC Holding Company（EDC 控股公司）一案。[33] 银行借给债务人 1,000 万美元，以奶酪作为担保物权。在申请破产时，如果奶酪在接下来的 60 天内出售，将价值 1,000 万美元。如果届时没有出售，奶酪将变质，其价值将迅速降至零。在破产时，债务人还欠工人 400 万美元的养老金缴款和各种贸易债权人 2,000 万美元。债务人无力偿债，其资产（包括奶酪，如果在 60 天内使用）价值为 2,000 万美元。

170 如果允许这种情况在破产过程中持续下去，没有任何参与者在破产后采取任何行动，奶酪将被出售，而银行将从出售的收益中得到全额偿还。剩余的 1,000 万美元资产将被分给 2,400 万美元的无担保负债；[34] 无担保索赔者将获得受偿比例为 40% 的偿付。

这一结论假定任何索赔者均未在破产后采取行动。然而，事实上，索赔者权利的相对价值可能被错误地描述了。根据适用的劳动法理论，工人有权罢工和纠察，[35] 而这些权利对破产之外的担保债权人有效。因此，它们在破产中的相对价值大于无担保债权人的相对价值。另外，根据《劳动法》的规定，在发生劳资纠纷时法院不能下达禁令，因此，破产时不仅要尊重罢工和纠察权利的相对价值，还要尊重罢工和纠察权利。[36]

然而，无论人们认为这是一个尊重权利本身的问题，还是仅仅尊重其相对价值的问题，都必须解决两个截然不同的问题。第一个问题是，如果工人设立纠察线并要求支付 400 万美元的申请前债权，那么向工人支付这笔费用

---

33. 676 F.2d 945（7th Cir. 1982）.

34. 就目前的目的而言，忽略 § 507（a）(3) 和（4）项规定的某些工人债权的可能优先权。

35.《诺里斯-拉瓜迪亚法案》第四部分（Section 4 of the Norris-La Guardia Act），29 U.S.C. § 104，撤销美国所有法院“在任何涉及或产生劳资纠纷的案件中”对罢工发布禁令的管辖权。该法第 13（c）条，29 U.S.C. § 113（c），将“劳资纠纷”定义为“[任何] 关于就业条款或条件的争议”。

36. See Briggs Transportation Co. v. International Brotherhood of Teamsters, 739 F.2d 341（8th Cir. 1984）；*In re* Crowe & Associates, 713 F.2d 211（6th Cir. 1983）；*In re* Petrusch, 667 F.2d 297（2d Cir.），*cert. denied*, 456 U.S. 974（1981）；but see *In re* Tom Powell & Son, Inc., 22 Bankr. 657（Bankr. W.D. Mo, 1982）（Norris-La Guardia Act prohibition does not apply to statutory injunctions）；Note, “The Automatic Stay of the 1978 Bankruptcy Code Versus the Norris-La Guardia Act: A Bankruptcy Court Dilemma,” 61 *Tex. L. Rev*. 321（1982）（辩称禁令是合适的）。工会可能无权阻止其他人越过纠察线，但如果其他工会尊重纠察线，文本中描述的情况就会存在。

是否符合索赔者的整体利益。在我们正在考虑的例子中，答案是肯定的。如果工人得到补偿，并且奶酪被出售，剩余索取者的剩余资产为 1,600 万美元。如果工人得不到赔偿，而他们的罢工纠察线有效，奶酪就会变质，所有索赔者整体上只剩下 1,000 万美元的资产（一旦工人按比例获得赔偿，非工人索赔人的资产就更少了）。

因此，对第一个问题的回答是，默许这一要求符合索赔者整体利益。但现在有了第二个问题：谁来支付（以及谁来决定支付多少）？这类似于从协同合并中分配收益的问题，似乎没有一个简单的“正确的”分配规则可以制定出来。[37] 但存在一个操作原则：我们要确保关于分配问题的争议不会对部署问题产生不利影响——在我们的例子中，就是让奶酪变质。 171

这一点表明了几种解决方案没有吸引力。允许一个组或另一个组通过谈判达成协议似乎是没有希望的。例如，赋予银行谈判权可能会导致银行向工人支付全部的 400 万美元（而不是为了更少的数额进行谈判），因为普通债权人而不是银行会为此结果买单。[38] 赋予普通债权人谈判权可能会好一点，因为他们可能会延长谈判时间，使之超出对银行和被视为一个整体的普通债权人最有利的范围，理由是如果不达成协议，银行可能会损失更多，因此银行可能会被迫与工人达成一项附带协议，银行用自己的钱来支付款项。

最有希望的解决方案是尝试将这两个问题分开，并以一种能够产生正确的部署结果的激励方式来决定分配问题。例如，可以允许银行进行谈判，但要求它达成的任何交易都必须让普通债权人处于如果没有工人买断和罢工纠察的情况下的地位。这样一来，如果银行的利益和普通债权人的利益得到合并，银行将有动机确保工人获得与他们相同的条件。

---

37. 比较“Fair Shares in Corporate Mergers and Takeovers,” 88 *Harv. L. Rev*. 297（1974），和 Lorne, “A Reappraisal of Fair Shares in Controlled Merfers,” 126 *U. Pa. L. Rev*. 955（1978）； Toms, “Compensating Shareholders Frozen Out in Two-Step Mergers,” 78 *Colum. L*. Rev. 548（1978）. See also Brudney, “Equal Treatment of Shareholders in Corporate Distributions and Reorganizations,” 71 *Cal. L. Rev*. 1072（1983）.

38. 工人们也会因为维持他们的纠察线而蒙受损失；因此，根本不清楚必要的“收购”（buy-out）价格是 400 万美元。

诚然，只有指明银行和普通债权人之间分配问题的结果，这种规则才能一方面确保银行与普通债权人之间，另一方面确保银行与工人之间的利益攸关的分配问题上有适当的分配动机。此外，如果罢工行动造成的损害首先由银行和无担保债权人双方承担，例如，奶酪的价值是1,500万美元而不是1,000
172 万美元，那么，这条规则就必须加以完善。在这种情况下，达成交易的成本可能要像协同合并带来的收益一样分配，即三分之二归银行，三分之一归普通债权人。

只要操作规则将达成错误部署结果的激励降到最低，破产法指导银行和普通债权人的分配结果这一事实，似乎并不特别令人担忧。在破产中，目标是确保个人行动不会破坏集体的利益，推定的分配规则是当前的秩序。例如，无担保债权人按比例分配的规则是一个基于相对价值的推定分配规则。在这里，规定一个分配结果，因为它确保了正确的部署决定似乎与破产的意义一致。

基本问题不是破产法所独有的，也不是由破产政策和非破产政策的冲突造成的。相反，当收益（和成本）在不同阶层之间分配时，它是一个多样化所有权的问题。然而，这是一个在破产中最为严重的问题，因为当债务人破产时，更多的群体可能实际上会对结果产生兴趣。

区分破产前索赔者的行为与破产后的运营

由于我们在本章中一直在研究的两项原则，区分破产程序通过解决公共池塘问题而有助于实现索赔者的申请前权利和构成债务人（及其申请前索赔者）必须进入的持续世界一部分的实体的申请后权利，是至关重要的。一方面，允许自动冻结以阻止申请后的供应商（和其他人）提起诉讼，会干扰破产债务人必须继续照常与世界其他人开展业务的原则。另一方面，如果不将自动冻结适用于作为申请前索赔者的一方当事人，可能会错误地分配其相对优先权的风险。

考虑第三巡回法院在 *In re M. Frenville Co.* 一案中的推理结果，[39] 该案认为自动冻结不适用于赔偿诉讼，因为它直到破产申请开始后才“产生”。在那起案件中，银行于 1981 年起诉会计师事务所，指控其在编制 Frenville 公司 1978 年和 1979 年的财务数据时存在过失，损害了银行的利益。然而，银行没有起诉 Frenville，可能是因为 Frenville 在 1980 年申请了破产，而银行在 1981 年就 1978 年或 1979 年的财务状况的过失或欺诈提出的任何诉讼都会被自动冻结所阻止，因为这是一个申请前债权人寻求确立其债权的行动。[40] 173

然而，在银行对会计师事务所提起诉讼后，会计师事务所起诉 Frenville 要求分担和赔偿。第三巡回法院认为，自动冻结并未禁止该诉讼，理由是第 362 条仅适用于在提交申请书之前“已经或可能已经开始”的诉讼程序，或基于申请前“债权”的程序。第三巡回法院的结论是，在其面前的事实中，这两个事件都不成立。根据法院的说法，根据州法，在银行对会计师事务所提起诉讼之前，会计师事务所不能提起分担和赔偿诉讼。自 1981 年银行提起诉讼以来，会计师事务所对 Frenville 的诉讼是在 Frenville 申请破产之后“已经开始或可能已经开始”的诉讼。同样，法院得出的结论是，会计师事务所的“债权”是在申请后提出的：会计师事务所并没有从 Frenville“获得付款的权利”，最早也要等到银行对其提起诉讼。[41]

可以肯定的是，第 101（9）条使债权何时产生的问题定为决定性问题（正如它应该如此）。但是，这个问题是由破产法决定的，只需参考非破产法来看推定的债权是否具有适当的属性，这首先需要人们对哪些属性是相关的有一个规范性的把握。正如破产法不受非破产标签的限制一样，它也肯定不会（也不应该）受非破产程序规则的约束，这些规则规定索赔者何时可以提起诉讼。

---

39. 744 F.2d 332（3d Cir. 1984）.

40. § 362（a）(1) and（6）.

41. 744 F.2d, at 337（“由于银行的诉讼是在 Frenvilles 的非自愿第 7 章程序提出后大约 14 个月开始的，A&B 的债权及其诉讼理由是在申请后产生的”）。第二巡回法院已经表示，它可能不同意这种推理。See *In re* Baldwin-United Corp., 765 F.2d 343, 348 n.4（2d Cir. 1985）.

破产政策表明，相关属性与债权是否基于债务人的破产前行为有关，即使债务人在提交破产申请时倒闭或死亡，其后果仍将继续存在。

我们在第 2 章中看到类似的失败，即在区分源自债务人申请前行为的权利与仅源自债务人持续申请后存在的权利时，没有注意到债权发生时的规范作用。弗伦维尔（Frenville）一案说明了同样的根本失败和该失败的破坏性后
174 果。由于自动冻结，银行不能直接起诉 Frenville。它要么寻求自动冻结的救济，要么在破产法庭上决定其债权。在这两种情况下，它的债权几乎可以肯定是作为 Frenville 破产案中的无担保申请前债权人的债权。然而，会计师事务所要求分担和赔偿的诉讼只是将责任从会计师事务所转嫁给 Frenville。行动的根本原因是一样的。Frenville 在决定自动冻结不适用于该诉讼时，认为这是一个申请后债权。然而，申请后的债权会在申请前无担保债权之前得到偿付。因此，第三巡回法院在决定自动冻结问题的同时也决定了优先权问题。此外，由此产生的优先权决定肯定是错误的。如果银行直接起诉 Frenville，它就会作为申请前债权持有者提起诉讼。但是，当银行从会计师事务所收回款项，而会计师事务所又因为会计师事务所的债权被认为是申请后债权，而从 Frenville 获得赔偿或注资时，Frenville 将不得不在申请前的无担保债权人得到任何款项之前全额支付。这一结果表明，在不理解本章重点讨论的两项原则的情况下，试图适用自动冻结诉讼是危险的。

这种理解对于解决一系列的破产问题至关重要。例如，它为政府监管行动阐明了自动冻结条款的例外情况的含义。第 362（b）（4）条豁免了第 362（a）（1）条规定的自动冻结，“政府单位为执行该政府单位的警察或监管权力而开始或继续的诉讼或程序”。应该划定的界限是明确的。一方面是政府单位试图因债务人的一些申请前行为而获得付款。这些试图获得付款的行为与所有其他行为一样，应在案件开始时停止，之后才能处理和解决基本的优先权问题。如果政府单位持有无担保债权，自动冻结应继续有效，以确保州作为无担保债权人获得的资产份额不超过其按比例分摊的份额。然而，如果该政

府单位持有完全有担保的债权，则冻结的持续性应按照与任何担保债权相同的标准来衡量。因为在这种情况下，最终必须全额偿付政府单位的债权，所以现在解除冻结并让它收款可能是合适的。另一方面，政府单位采取行动以要求债务人在破产期间或破产后的经营中遵守现行的游戏规则。由于债务人应遵守破产后世界的规则，自动冻结不应适用于这些行动。 175

考虑一下这种区别是如何产生的。假设公司是一家硅片制造商，在加利福尼亚州拥有土地，该公司违反州和联邦法律在该土地上倾倒有毒废物。在加利福尼亚州总检察长提起的诉讼中，法院已下令公司清理有毒废物。这项清理工作将花费公司 20 万美元。清理后的土地价值为 5 万美元。加利福尼亚州还收到了一份法院命令，禁止公司进一步生产硅片，除非它以 30 万美元的成本安装环保设备。公司还欠一些普通债权人 80 万美元。

自动冻结不应适用于禁止公司在安装环保设备之前生产更多硅片的禁令。这一命令是针对公司的未来经营，并与公司的所有者未来将面临的经营成本有关，无论公司是否破产。它不属于申请前债权，因为如果公司在进入破产的那一刻停止经营，它就没有价值。如果公司不复存在，这项禁令就没有意义了，因为公司不会造成进一步的污染，也不会禁止未来的硅片制造。因此，当该公司申请破产时，其索赔者必须决定其资产在硅片生产中是否比在其他情况下（如被拆散）更有价值，因为生产硅片需要花费 30 万美元购买环保设备。事实上，如果不花 30 万美元购买环保设备，它们就值得生产最多的硅芯片，从任何破产的角度来看这一点都是无关紧要的。

无论作出哪种决定，假设该公司的资产（包括分割有毒废物的土地）价值为 50 万美元。如何正确处理已经存在的有毒废物的命令？这被适当地归类为申请前的债权，因为该损害是由公司申请前的行为引起的。该公司的持续存在与有毒废物已经泄漏这一事实无关，这一事实决定性地将这种情况与未来硅片生产相关的污染区分开来。[42] 尽管如此，清理令是否属于那种不应受到

42. 对这一点的分析，要结合这个案件进行探讨：Ohio v. Kovacs, 105 S.Ct. 705（1985）, supra Chapter 2.

自动冻结措施约束的申请前行动？用第 362（b）（4）条的语言来说，它是“政
176 府单位为执行该政府单位的警察或监管权力而采取的行动……吗？”[43]

本章重点讨论的两种政策得出的答案是，在自动冻结的适用性方面，应在债务人的申请前和申请后行为之间划清界限。因为这一清理令是针对公司的申请前行为的，所以，加利福尼亚州被认为是申请前的索赔者（claimant）。本案的相关问题是加利福尼亚州的债权地位，而不是是否首先适用自动冻结。

要了解为什么会出现这种情况，首先考虑如果公司决定其最佳行动方案是出售其资产并清算时将存在的情况：它所获得的 50 万美元将超过它继续经营所获得的收益（在那里它将不得不花费 30 万美元来安装环境设备）。与要求安装环保设备作为进一步经营的条件的命令不同——该命令在清算中的价
177 值为零——无论该公司清算还是持续经营，加利福尼亚的清理命令都有价值（因为它是申请前的）。这个问题是一个相对优先权的问题，而这个问题的答案应该源于非破产法。

相关的比较将是在根据州法解散公司的情况下会发生什么。有多种结果是可能的。值得简要考虑的是其中三种最可能的结果。首先，考虑这样一种

43. 有毒废物清理案件可能会因以下事实而变得复杂：清理令可能与申请前和申请后债权有一些共同的属性。例如，如果有毒废物处理厂每天以恒定的速度排放有害气体，就可能存在“未来”伤害（从潜在的未来侵权债权的意义上来说）。这些将被定性为申请后债权，因为它们仅仅是因为上述场所没有被清理而产生的。（当债务人是公司时，正如前文注释 6–8（notes 6–8）所分析的，在破产过程中产生的侵权债权应该与申请前的侵权债权同等对待。但是，这种观点在 Reading Co. v. Browns, 391 U.S. 471 [1968] 一案中被大多数人所拒绝。）然而，州可能认为，受害者不会起诉（出于这样或那样的原因）。如果国家通过每天的罚款来迫使这种成本内部化，直到场地被清理干净，这种罚款似乎在申请后，直到债务人根据州法实际解散时，因为罚款是申请后侵权债权的替代品。而且，接受 *Reading Co. v. Brown* 案，此种债权至少享有管理费用优先权。See *In re* Charlesbank Laundry, Inc., 755 F.2d 200（1st Cir. 1985）；但见前面的文字讨论，其质疑 Reading Co.v. Brown 的规范可取性。但是，如果州政府决定，确定有毒废物在该地区的继续存在所造成的未来危害的数量是如此困难，以至于它想通过强制性禁止命令清理该地区的方式来禁止这种损害，那该怎么办呢？这种命令与刚才讨论的那种申请后债权有共同之处。然而，在这种情况下，债权人是否应该支付清理费用，仍然取决于非破产属性。如果债务人可以根据州法律解散来避免该禁令的影响（文中探讨的问题），则该州的禁令仍然可能具有不高于无担保债权的非破产相对价值。那么，最好的破产类似物可能是暂缓执行这一禁令，直到债权人决定是否进行清算。当然，这阻碍了他们迅速作出决定。但这可能是州通过禁令而不是通过日积月累的罚款进行诉讼的结果。州仍然可以证明正在发生的危害，也许可以主张随着时间的推移将一部分禁令费用转化为申请后债权，作为这些费用的替代品。在这一点上，它类似于将特定的履行要求转换为损害赔偿要求。在这方面，它类似于将强制履约债权转换为损害赔偿债权。参见前文第 2 章。

情况，即清理有毒废物场地的义务在州法解散中被视为无担保义务（而且，在出售后不随场地财产或公司的任何其他资产一起转移）。在这种情况下，如果该公司解散，其资产将以 30 万美元的价格出售，包括加利福尼亚州在内的每个索赔者将获得偿付比例为 50% 的偿付。在这个过程结束后，将没有剩余的资产，债务人解散。

如果该公司在破产中提请第 7 章的程序，其实没有什么变化或者可以说应该有所变化。[44] 各种债权要求的州法规定的相对价值应予以保持；所有索赔者（包括加利福尼亚州）都应被视为无担保的，因此将获得 50% 的偿付。虽然该公司没有得到免责，[45] 但这不是实质性的变化，因为该公司在破产后没有资产，可以根据州法自由解散。当它这样做时，它的债务将被有效地免责，因为同样，没有债务人可以起诉，也没有可供主张权利的资产。

自动冻结的第 362 条（b）款（4）项，免除了加利福尼亚州要求公司清理有毒废物场地的行动，这一结论的问题就变得很明显了。这个结论，因为它意味着加州可以要求该公司花费必要的 20 万美元来清理现场，从而完全满足加州的全部债权，是对优先权问题的解决——而且根据我们目前的假设，这是一个不正确的解决方案。

在 *Penn Terra* 案中就犯了这个错误，法院认定自动冻结并不适用于州清理令。[46] 尽管第三巡回法院正确地将重点放在与自动冻结有关的重要区别上，即有关行动是针对过去的还是未来的，但它错误地得出结论，认为清理令是申请后的，因为它是一种“防止未来损害的公平行动”[47]。关键属性不涉及什 178
么时候实现损害，而是涉及什么时候发生导致损害的行动。第三巡回法院认为自动冻结并不妨碍诉讼，甚至没有面对这一问题就决定了一个优先权问题。

44. See Southern Ry. Co. v. Johnson Bronze Co., 758 F.2d 137（3d Cir. 1985）.

45. § 727（a）(1）.

46. Penn Terra Ltd. v. Department of Envtl. Resources, 733 F.2d 267（3d Cir. 1984）. See also Note, “Cleaning Up in Bankruptcy: Curbing Abuse of the Federal Bankruptcy Code by Industrial Polluters,” 85 *Colum. L. Rev*.870（1985）; Note, “Belly Up Down in the Dumps: Bankruptcy and Hazardous Waste Cleanup,” 38 *Vand. L. Rev*. 1037（1985）.

47. Id., at 278.

诚然，说自动冻结适用于清理令并不意味着一个州必须作为无担保债权人排队等候。这两个问题截然不同。有很多方式可以使某一特定索赔者拥有比无担保债权人更大的权利。继续我们的例子，加州似乎很有可能至少对有毒废物场地拥有相当于法定担保权的权利。这将源于其要求任何场地所有者清理泄漏的有毒废物的权力。[48]考虑到这一限制以及清理后的场地只值5万美元的事实，这个场地对任何购买者来说都没有价值。无论该场地是否归州所有，该州都可以通过提供清理该场地的服务以换取该场地的所有权，从而轻易获得该场地的5万美元价值。任何所有者都会欣然同意这种交换。在这种情况下，加州将花费20万美元，拥有价值5万美元的资产。然后，其剩余的15万美元的“债权”可以抵偿公司剩余的45万美元的资产——同样，在没有其他条件的情况下，作为无担保债权人，与其他80万美元的无担保索赔者按比例分享。

最后，加州有可能对该公司的全部资产拥有优先权，例如，根据最近颁布的新泽西州的法规情况似乎就是如此。[49]在这种情况下，加州将有权在其他索赔者收到任何东西之前，从公司的资产中收回全部20万美元。

在所有情况下，相关的问题是一个优先权问题。自动冻结问题的解决不应当决定一个本该由非破产法以不同方式决定的优先权问题。一如既往，这里是一个非破产属性的问题。《破产法典》应被理解为在非破产权利的价值上尽可能少地创造混乱。

那么，这表明第362（b）（4）条所划定的界限是针对未来经营的监管行动
179（例如，要求只有在安装了环境控制装置后才能生产硅片）和旨在“修复”债务人过去所做事情的监管行动。前者源于这样一种观念，即在未来的经营中不应给予破产债务人任何特殊优势；后者反映了一个事实，即有争议的是

48. 几乎可以肯定的是，假设的这种权力是存在的。

49. See Chapter 11 of the 1985 Laws（Senate No. 1423）（新泽西州泄露赔偿基金管理人针对受清理令约束的排放者的财产提出的担保权，将优先于所有其他正在提出或已经对该财产提出的债权或担保权）。

申请前的群体所主张的债权，而破产程序是为该群体运行的。

请注意，这一结论中没有任何内容表明有毒废物不应该被清理，而且是尽可能迅速地清理。自动冻结的适用不应阻止该场地被清理，从而避免持续的伤害。问题是谁来支付清理费用。如果州对债务人的所有资产拥有相当于法定担保权或担保物权，那么，可能没有什么理由不解除冻结并要求将这些资产用于清理场地。但是，无论这是否是适当的分配结果，州总是可以花自己的钱来清理现场，然后在破产中主张债权。它能否得到全额偿付，将取决于适用的非破产规则规定的相对优先权，而不是源于破产法本身的任何规定。

至此，我们一直假设公司正在清算，并讨论债权的相对优先权的非破产上的问题。如果我们得出公司决定继续经营的结论，会有什么变化吗？例如，该公司可能决定它作为一个持续经营的企业有 50 万美元的价值（即使在花了 30 万美元安装环保设备后），而且 50 万美元比它转到另一个企业或清算所能实现的要更多。在这种情况下，对适用的非破产法的审查可能会表明，正如我们以前所看到的那样，申请前债权的相对优先权是不同于清算情况下的优先权的。例如，一个州可能要求，只有在证明所有环境命令都得到遵守的情况下，它才会更新制造公司的年度经营许可证。如果加利福尼亚州要颁布这样的制定法，即使清理令在其他方面等同于无担保债权，公司继续经营的成本将是要求其清理有毒废物场地。如果不清理场地，加州可能会扣留运营许可证。

这并不意味着自动冻结不应当适用。这里有必要探索一个相对价值（relative values）的问题。就像只有在缴纳州税的情况下才能续展或转让的酒类许可证一样，[50] 经营许可证要求的一个后果是，作为获得许可证续展的一个 180
条件，加利福尼亚州有权首先从该公司的资产中获得付款。那么，该公司的索赔者就面临着另一个选择。如果他们想继续从事硅片的业务，他们就需要获得经营许可证。由于有毒废物的泄漏，这将花费 20 万美元。但这是一笔商业成本，如安装环保设备要收取 30 万美元的费用。这是公司的索赔者在决定

50. *In re* Anchorage International Inn, Inc., 718 F.2d 1446（9th Cir. 1983），已在第 3 章讨论过。

是继续经营（在这种情况下，他们将不得不支付费用）还是清算（在这种情况下，加利福尼亚州的债权将被视为无担保债权）时必须考虑的因素之一。让他们做出这种选择只是继续反映相对价值，并尊重这样一个事实，即由于非破产属性，加利福尼亚州债权的相对价值在持续经营的企业中可能比在清算的企业中更大。

那么，自动冻结的适用性如何？由于清理令来自公司的申请前行为，所以自动冻结应该首先适用。然而，如果公司决定继续经营，加州权利的相对价值相当于一项有担保的债权，它有权获得全额偿付。由于破产法主要涉及相对价值，因此，在收到 20 万美元的债权将得到全额支付的“充分保证”后，下令颁发经营许可证是适当的。[51] 解除冻结，让权利本身得到尊重，而不仅仅是它的价值，这或许也是恰当的。然后，这就变成了一个类似于对任何其他担保债权人继续冻结的问题，我们将在下一小节考虑该主题。

然而，在讨论这个问题之前，看看最高法院 1986 年的一份意见书是有用的，该意见也适用于同样的分析。在 *Midlantic National Bank v. New Jersey Department of Environmental Protection* 一案中，[52] 在适当弃置有毒废物场地的情况下涉及类似的问题，第 554 条允许弃置“对财产造成负担或对财产的价值和利益不重要的”财产。最高法院认为，“托管人不得在违反州法或章程的
181 情况下放弃财产，该法规或章程是为保护公众健康或安全免受已确定的危害而合理设计的”。然而，它还指出，该州对其清理支出的管理费用优先权的主张，并未提交法院。这种区分是正确的，至少只要禁止放弃的规定不以事实上的方式解决优先权问题——正如异议人士所警告的那样，“要求托管人动用（债务人）所有的可用资产来清理这些场地”。正如托管人根据第 363 条使用或出售财产（例如可卡因）的权力，肯定受到非破产法对使用和出售

51. § 362（d），接下来要讨论。这可能会全额支付给州，而公司随后决定清算。但这是在不确定如何处理公司资产期间需要经营许可的结果。在破产之外也会存在完全相同的问题。See also supra note 13.

52. 106 S. Ct.755（1986）. 这一观点被广泛解读为赋予清理令优先权。See, e.g., Id., at 767（Rehnquist, J., 持异议）；N.Y. Times, Jan. 28, 1986, p.32. 然而，该意见两次指出，它并不涉及基本的优先权问题。See 106 S. Ct., at 758 n.2 and 759 n.4.

的实质性限制一样，根据第554条放弃财产的权力也应该受到这种限制。然而，这样说并不意味着清理令优先于其他债权。为了解决这个问题，我们必须关注适当的非破产类比。在*Midlantic National Bank* 案中，债务人正在进行清算，适当的非破产类比是根据州法清算的情况。因此，基本的优先权问题与刚才讨论的与有毒废物清理令和自动冻结有关的问题是一样的。

自动冻结的救济和破产延迟成本

对完全有担保的债权人适用自动冻结首先是有意义的。允许担保债权人充分行使其权利可能会阻碍维护债务人资产价值的努力。[53] 冻结担保债权人的取回权，并代之以要求担保债权人接受资产清算价值的要求，可能符合所有者整体的利益。[54] 由于取回和随后的回购可能带来的成本，用担保债权人在非破产法下的实际实质性权利替代担保债权人接受这些权利的等值要求，是符合集体化规范的。因此，对担保债权人适用自动冻结，以权利的相对价值代替权利本身，符合破产作为集体收债手段的作用。 182

然而，在什么情况下，应该保持冻结的继续存在？如果承认实际权利适用本身的成本很低或没有成本，那么，这样做甚至比尊重其价值更可取，因为当实体权利本身得到尊重时，所造成的混乱最少。[55] 在某些情况下，允许担保债权人取回和出售其抵押品可能是更为可取的行动方案。当两个因素并存时，这些情况似乎是存在的。第一个因素是对有担保方的欠款等于或超过了有关的抵押物。在这种情况下，当保全人在取回抵押物之后，完全有动机以尽可能高的价格出售抵押物。[56] 在抵押物价值超过债务人所欠金额的情况下，

53. 参见前文第2章。

54. 这种区别反映在众议院和参议院对法案的报告中，这些法案后来成为《破产法典》。See S. Rep. No. 898, 95th Cong., 2d Sess. 53(1978)(“在破产中可能会出现这样的情况，即给予担保债权人对其交易的绝对权利也许是不可能的，或者会严重损害破产法的政策。尽管债权人可能无法获得其谈判的实物，但本条的目的是确保担保债权人得到基本上是他谈判所期的价值”)。H. Rep. No. 595, 95th Cong., 1st Sess, 339(1977)(同样的引述).

55. 参见前文第2章。

56. See Schwartz, “The Enforceability of Security Interests on Consumer Goods,” 26 *J. L. & Econ*. 117(1983).

没有类似的保证来保证担保权人将花力气以高于借款的价格出售抵押物。因此，在抵押物价值超过债务的情况下，继续实施自动冻结是适当的，因为它允许债务人的无担保债权人出售抵押物，他们有更适当的动机。然而，还有第二个因素：即使对有担保方的欠款超过了抵押物的价值，债务人的资产维持在一起的价值也可能超过分开的资产的价值。在这种情况下，继续冻结仍然是适当的。

因此，解除冻结是适当的——允许担保债权人实际行使其取回和出售的权利——似乎是在下列情况下：（a）债务人占有的资产不产生剩余价值，以及（b）有关抵押物的价值不超过担保权人的债权金额。这实质上是对第362（d）（2）条所代表的解除冻结的测试，它要求在以下情况下解除对“财产冻结的行为”，如果“（A）债务人对该财产不拥有权益；以及（B）此类财产对于有效的重整不是必需的”。

这一分析有助于考虑应如何解释有效重整等术语。例如，在*Koopmans*一
183 案中，[57]法院得出结论，该条既适用于第11章的重整，也适用于第7章的清算：

> 债务人没有所有者权利的财产对于有效重整也是必要的，无论是在企业经营中还是在计划中，以便通过恢复权利或清算来增加财产的利益……该财产可能对其他财产的清算很重要，如仓库或冰箱，虽然超负荷，但可能需要用于储存库存品或待售的杂货。单独存在的财产可能没有权利，但当作为整体出售时，可能为其他资产带来更高的价格，例如，尚未组装的手表的工作装置，或相邻的不动产地块。

这种做法是合理的：如果资产在债务人手中的价值高于在第三方手中的

57. *In re* Koopmans, 22 Bankr. 395（Bankr. D. Utah 1982）； But see *In re* Jug End in the Berkshires, Inc., 46 Bankr. 892（Bankr. D. Mass. 1985）.

价值，就不应该解除冻结，即使债务人在该财产上没有权利。

说不应该取消冻结，仅意味着担保债权人的权利本身应该被冻结。它并不排除维护这些权利的相对价值。情况仍然是，尽管自动冻结，但在提交破产申请时存在的取回和出售权利的价值应全部予以保留。因此，对于什么构成对破产中担保债权人的“充分保护”这一问题的规范性答案就变得很清晰：如果没有第1124条规定的恢复原状，那么它赋予担保债权人的价值就与取回权和出售权给予担保债权人的价值相同。

由于这是破产法中最容易被误解的一点，[58] 因此，有必要对此进行详细的审查，以表明破产政策中没有任何需要妥协之处。[59] 保留担保债权人权利的全部价值只是一种概念的应用，即破产法关注的是部署问题，不应改变分配权利，因为在破产中这样做将干扰破产解决公共池塘问题的尝试。 184

将资产部署问题与分配问题分开的最佳方式是确保决定如何部署资产的各方享有其决策的所有利益，并承担其决策的全部成本。[60] 破产规则使各类投资者能够从债务人财富的任何上升中获益，同时，避免试图将资产保持在一起的全部成本，从而激励这些投资者做出这种尝试，即使这对投资者不利。也就是说，即使对资产拥有完全所有权的个人会立即清算这些资产，他们也会试图将资产维持在一起。将保持公司完整性的风险强加给剩余类别，就会消除这种激励。破产中对担保债权人的充分保护是对这一原则的应用，以应对破产程序不是即时的这一事实。

对于债务人是否应该作为一个单位维持在一起的问题，通常的答案是，

---

58. See *In re* Bermec Corp., 445 F.2d 367（2d Cir. 1971）；*In re* South Village, Inc., 25 Bankr. 987（Bankr. D. Utah 1982）；*In re* Briggs Transportation Co., 780 F.2d 1339（8th Cir. 1985）；O’Toole, “Adequate Protection and Postpetition Interest in Chapter 11 Proceedings,” 56 *Am. Bankr.* L.J. 251（1982）.

59. 颁布的《破产法典》中也没有任何规定。See *In re* Martin, 761 F.2d, 472（8th Cir. 1985）；Grundy Nat’L Bank v. Tandem Mining Corp., 754 F.2d 1436（3d Cir. 1985）；*In re* American Mariner Industries, Inc., 734 F.2d 426（9th Cir. 1984）. Note, “Compensation for Time Values as Part of Adequate Protection During the Automatic Stay in Bankruptcy,” 50 *U. Chi. L. Rev.* 305（1983）.

60. 这一点在此文中以不同的背景提出，Easterbrook & Fischel, “Corporate Control Transactions,” 91 *Yale L.J.* 698, 698（1982）.

通过估算资产维持在一起时产生的收入流，将该收入流折算成现值，并将其与资产被拆分出售所实现的金额进行比较。[61] 根据这一观点，只有当债务人作为一个持续经营的企业的价值高于清算价值时，债务人才能保持完整，因为资产会产生更高的价值。[62]

考虑以下例子。投资者借给公司 1 万美元。公司承诺在 1 年内偿还给投资者。即使公司肯定会在一年后偿还 1 万美元，投资者也会坚持要求某种形式的利息；一年后收到 1 万美元与今天手里有 1 万美元是不同的。[63]

当然，公司不一定能按时全额偿还这 1 万美元。有一种风险是，公司要
185 么隐藏其资产，[64] 要么变得资不抵债。除了货币固有的时间价值之外，不偿还的风险增加了借给公司 1 万美元的成本，如果是自愿交易，投资者将坚持要求为承担这一风险而获得补偿。如果投资者在公司价值 1 万美元的钻机上持有担保物权，可能会大幅降低风险，但不可能完全消除风险。首先，钻机存在价值下降的风险，要么是因为其市场价值波动，要么是因为它在使用过程中磨损从而贬值。还有一种风险是，公司不允许投资者在违约时拥有钻机，然后投资者将被迫诉诸冗长的法庭程序来获得资产。这样的延迟给投资者带来了两种成本。第一，投资者继续承担贬值和价值波动的风险。第二，即使抵押物没有贬值且价值稳定，投资者也要承担延迟的时间价值成本。仅仅说投资者对抵押物享有优先于其他债权人的权利是不够的；我们必须确定投资者何时有权获得抵押品。[65] 一位有权在某年的 1 月份占有一台 1 万美元的机器

61. See, e.g., J. Vanhorne, *Financial Management and Policy* 105–41（5th ed. 1980）.

62. 同样，正如本文明确指出的，虽然，我通常指的是经济价值（economic value），但没有必要只关注经济效果。参见前文第 2 章，note 4。

63. See R. Brealey & S. Myers, Principles of Corporate Finance 10–22（2d ed. 1984）. 在分析这个问题时，不考虑通货膨胀的影响。当然，对通货膨胀的考虑使关于货币时间价值的观点更加生动。

64. 这种行为无疑会构成欺诈性转让。See Uniform Fraudulent Conveyance Act §4（1919）; cf. Clark, "The Duties of the Corporate Debtor to Its Creditors," 90 *Harv. L. Rev*. 505, 517–33（1977）. 但通常情况下，当债务人资不抵债，资产要么无法追踪，要么为了价值而在善意购买者手中，则针对债务人的欺诈性转让诉讼几乎无法带来多少安慰。See Uniform Fraudulent Conveyance Act §9（1）（1919）.

65. See James & Kirkland, "Adequate Protection through Augmented Interests in Reorganization Plans," 58 *Am. Bankr. L.J.* 69（1984）.

并将其出售的担保债权人，比一位有权在该年7月份占有价值1万美元机器的担保债权人的情况要好。

出于这个原因，我们不能简单地问担保债权人根据州法将获得多少钱；还必须询问担保债权人何时会得到这些钱。根据州法律，提交破产申请通常会确定“何时”。至少如果公司正在清算，投资者扣押其抵押物并将其出售以清偿债务的权利，随着破产申请的提出而到期。[66] 在破产之外，止赎和出售可能需要时间，特别是如果公司是顽固的，[67] 但非破产程序可以推定为在提交破产申请时就已经启动了。如果投资者在发生违约且未提交破产申请的情况下，通过出售资产获得资金时未获得资产的清算价值，那么，其非破产权利的价值将不受保护。因此，投资者担保物权的内在价值是投资者出售钻机的权利，从而在特定时间内先于其他债权人的权利获得其清算价值。 186

当资产作为持续经营的价值更高时，向担保债权人提供这种权利不会导致清算。在钻机上拥有担保物权的债权人权利，是根据钻机在公开市场上出售给第三方时能带来的金额来确定的。[68] 如果该公司作为一个持续经营的企业实际上比零散出售得到的价值更高，则必然有足够的资金支付向担保债权人支付机器的全部清算价值。照此操作，接连不断。说一家公司有持续经营盈余，只是说，如果逐一出售，其资产的清算价值总和小于这些资产组合在一起的持续经营价值。[69]

此外，该公司可以从现金准备中支付给担保债权人，也可以在有担保、

66. 参见前文第2章。正如本章后面的分析所示，如果企业正在重整，而且债务人愿意恢复整个合同，那么就会给出不同的答案，§1124。

67. 如果投资者不能在“不破坏和平”的情况下收回抵押品，它必须寻求法院的协助。参见《统一商法典》§9-503(1978)。

68. 一些担保债权人辩称，他们的权利应该由抵押物的持续价值来判断，而不是根据其清算价值来判断。但是，如果不根据§1124恢复，持续经营的估值就会对他们造成过度补偿，因为根据州法，这样的估值不是他们所拥有的权利。See *In re* American Mariner Industries, Inc., 734 F.2d 426 (9th Cir. 1984). 然而，这两种估值之间的差异可能并不像破产法官通常认为的那么大，至少在抵押物的二级市场发展良好的情况下是如此。清算价值并不等同于抵押品在大甩卖时的价格。清算价值还应该包括第三方因有机会将其回售给债务人而享有的价值。

69. 持续经营价值和清算价值都代表折现为现值的未来收入流，持续经营盈余的概念意味着持续经营价值代表的收入流大于清算价值代表的收入流。

无担保或股权的基础上从新投资者处借钱。担保债权人在提出申请时不需要获得现金，就可以获得其非破产权利的全部价值。[70] 只要担保债权人获得的一揽子权利与抵押物的清算价值相等——担保债权人可以在申请时以同样的价格出售——它就获得了非破产法规定的权利价值。

因此，原则上，任何一家作为持续经营的企业比零散出售的企业更有价值，将能够给予担保债权人以州法律规定权利的价值。诚然，这样做可能意味着其他所有者，如普通债权人或股东，将获得更少或甚至没有应得的东西，但资产权利如何在投资者之间分配与资产如何部署的问题是截然不同的。只有后者才是与集体收债程序有关的问题。给予担保债权人谈判的好处，不应阻
187 止公司在唯一所有者将其维持在一起的情况下继续存在。事实上，未能充分承认担保债权人的权利，将会削弱确保资产用于增进所有人利益的破产目标。如果那些有望从延迟中获益的人不承担延迟的成本（包括担保债权人面临的成本），他们就会有动机将公司维持在一起，即使唯一所有者不愿意。

然而，关于这一点的讨论是不完整的。基于债权人权利的取回和转售的充分保护假设违约。在应用它时，人们需要对相关的非破产类比保持敏感。在清算案件中，例如，我们一直在处理的案件，破产被视为违约事件。当债务人继续经营——在破产中进行重整时，情况未必如此。适当的类比是股票所有权的变更，根据非破产法的规定，这种事件不会触发自动违约。假设已经根据第 1124 条作出恢复原状的决定，那么，寻求基于违约的充分保护分析是不合适的。在恢复后，担保债权人的权利由其非违约的合同权利来确定。这是第 1124 条和第 1129（a）（8）条规定的破产后时期的结果。因此，将自动冻结以及由此而获得的充分保护视为抵消破产程序需要时间这一事实的工具，意味着在破产程序未决期间应复制这一结果。这意味着要注意恢复后合同的条款，而不是基于违约的充分保护。

在这一点上，讨论忽略了这样一个事实，即在破产案件开始时，最佳行

70. See James & Kirkland, supra note 65, at 83–84.

动方案并不总是明确的。然而，没有什么是取决于此的。可以肯定的是，重整（和其他破产程序）需要时间（事实上，这一事实是本章讨论的重点）。此外，在现实世界中，估值是很难确定的。目前，一个公司是否值得保持完整尚不清楚，而确定重整后公司的最佳资本结构也需要时间。这并不意味着耐心地保护担保债权人的非破产权利的相对价值会促进清算。同样，适当地规范重点是将收益和成本考虑在内的。

等待条件改变或更多的信息会产生成本。如果债务人的资产在今天清算时能卖到 1 万美元，则一个完全拥有该债务人资产的投资者将不得不权衡立即获得 1 万美元的价值和等待带来的更不确定的价值。如果公司的所有权是 188
分散的，分析应该完全相同。如果担保债权人获得其债权的时间价值，而初级债权人仍然是决定是否尝试重整的人，则就不会引入任何激励机制，导致作出与唯一所有人不同的决定。这就是破产法的目标。

例如，假设债务人是由今天可以按 1 万美元价格零散出售的资产组成。[71] 进一步假设，如果努力保持业务运行，债务人有 80% 的机会在一年后价值 12,000 美元（按现值美元折算）。然而，这项努力有 20% 的可能性会失败，资产将不得不在年底在公开市场上出售。以现值美元计算，这样的销售只能实现 8,000 美元。（今天的清算和一年后的清算之间的 2,000 美元的差价来自货币的时间价值，也可能来自资产在这一年中的贬值。）在这种情况下，应该尝试保持企业的运营。如果这些资产维持在一起再放一年，按现值美元计算，它们的最佳估值是 11,200 美元。[72] 如今，第三方将为作为一个单位的资产支付 11,200 美元，而不同的第三方只需为零碎资产支付 1 万美元。因此，单一所有者会把资产维持在一起，要么由自己掌握，要么出售给第三方。

在面临不确定性时，给予担保债权人获得其非破产权利的价值，并不妨

71. 本例中的所有数字都将折算成现值美元。

72. 出现这种情况是因为 0.8（$12,000）+0.2（$8,000）= $11,200（译者注：原文公式如此。应理解为 $12,000 x80%+$8,000 x20%=$11,200）

碍把资产维持在一起的努力。如果将这些资产维持在一起并以 11,200 美元的价格出售给第三方，担保债权人可以从收益中获得 10,000 美元。如果公司被重整（实际上是出售给支付资产费用的现有所有者），[73] 除了补偿的性质外，没有任何变化。担保债权人可以获得重整公司的股份——大约占 89.3%[74]——今日价值为 10,000 美元；而另一类所有者，无论是普通债权人还是股东，可以在重整公司分得 10.7% 的股份，价值 1,200 美元。

189 当然，重整后的债务人有 20% 的可能会失败，并在一年内以 8,000 美元（现值美元）的价格零散出售，在这种情况下，没有转售其股份的担保债权人最终将获得低于全额的付款（约 7,140 美元），[75] 而其他所有者将因其 10.7% 的股份获得少量付款（约 860 美元）。但是，如果担保债权人得到了失败风险的补偿，它就不会受到损害。换句话说，如果它获得足够的股票，那么在成功的情况下，担保债权人在重整公司中的股份价值约 10,715 美元——以现值美元计算，它将得到全额补偿。如果成功，额外的 715 美元现值将补偿担保债权人五分之一的机会，即如果失败，它将遭受 2,860 美元的损失。

与单一所有者不同，就分散的投资者而言，由于他们的相对权利不同，如果不加约束，就会有做出错误决定的动机：担保债权人会急于清算，而普通债权人和股东（他们往往因延迟而得不偿失）可能倾向于过分乐观，并在没有必要时选择重整。假设一个初级阶层（或任何其他阶层）会从所有者整体的角度作出资产部署的正确决定，而没有法律规则强制其考虑成本和收益，这是错误的。一项强制普通债权人和股东给予担保债权人其债权的全部价值（包括对货币时间价值的补偿）的规则，将重整公司的决定成本完全强加给了初级阶层，如果公司成功，他们将从中受益。因此，他们的激励机制与单一所有者的激励机制相似，他们关于如何部署债务人资产的决定不会因为自

---

73. 我们在第 9 章中审查了单独的重整章节的可取性，并详细探讨了这种看待重整过程的方式。

74. 该公司今日的预期价值是 11,200 美元。如果担保债权人得到的是略低于公司 89.3% 的股票（假设没有使用其他形式的所有权主张），其股票的现值将为 10,000 美元。

75. 同样，为了明确说明问题，0.893（8,000 美元）大约等于 7,140 美元（译者注：通过 \$8000 ×0.893 得出的近似数）。

身利益而扭曲。[76]

然而，我们已经看到，在没有违约的情况下，基于清算的充分保护分析 190
是不合适的，例如，在重整中恢复的情况。那么，在破产过程中，可能还没有作出是继续还是清算的决定——是恢复还是不恢复呢？在构建破产规则时，重要的一点似乎是要继续尝试制定一项规则，在唯一的所有者不会寻求延迟的情况下，该规则不鼓励延迟。这需要一种“非此即彼”的保护形式，直到决定是否让债务人继续存在并根据第 1124 条恢复贷款。在恢复的情况下，保护是由恢复贷款的过程本身提供的。第 1124 条规定，如果债务人无法偿还应计付款（似乎还包括按市场利率计算的利息），那么贷款不能恢复，必须被视为违约。至于其他意外情况，如果最终决定清算债务人或继续偿还债务人但不恢复贷款，则应在此期间提供基于清算的充分保护。这需要保护抵押物的清算价值，并（以受保护的方式）对该价值计提市场利率的利息，或者定期支付现金以达到相同的结果（如果最终恢复贷款，则必须归还付款，而且要超过恢复贷款的临时应付款项）。

后记：破产后的经营

当涉及公司时，破产政策关注的是确保分配冲突不会导致糟糕的部署决策。在某种程度上，这意味着破产可以被用来确保公共池塘问题不会导致资

76. 在谈到一个相关问题时，雷蒙德·尼默（Raymond Nimmer）提出，通过充分保护来补偿时间价值的论点不仅没有考虑到它“在许多情况下有效地阻止了重整”所带来的成本，而且还基于“经济上理性的行动者采取行动以优化效益的假设”。Nimmer, “Secured Creditors and the Automatic Stay: Variable Bargain Models of Fairness,” 68 *Minn. L. Rev.* 1, 13–14（1983）. 他提出了一个充分保护的模型，该模型是由不同的行为假设和对“整体重整目标”的关注所应产生的结果的类型而推导出来的。Id., at 51.

我不同意这种做法，主要是因为我不认为承认担保债权人的非破产权利的价值，会产生阻止所有者整体所希望的重整的效果（这才是适当的重点，而不是重整的一些绝对数量）。此外，在提出这个论点时，我并没有假设破产程序中的行为人是理性的利润最大化者。相反，我做了一个更温和的假设，即他们在某种程度上对其行为的经济成本和收益很敏感，法律规则应该确保这些参与者的决策不会因为这种敏感性而系统性地偏向于清算或重整。确保剩余债权人享有与唯一所有者相同的利益并承担相同的成本，并不取决于对经济理性的深层假设。无论决定的基础是什么，都不应该因为利益落在一方而成本落在另一方而被扭曲。当剩余债权人的动机没有被扭曲时，剩余债权人的行为是否符合经济理性，完全取决于他们自己。

产的不合时宜地分割和债务人的清算，而这些债务人作为持续经营的企业对
191 其所有者来说更有利可图的话，我们可以说，有时破产政策的效果之一是让公司保持活力。然而，这与说破产法体现了一种独特的、实质性的公司全新开始政策大相径庭。

清算公司不需要通过破产程序来免责，因为根据州法，他们可以通过解散来实现这一目的。事实上，目前的《破产法典》并未规定清算公司免责的内容，[77]这强调了一点，即公司免责不是一项固有的破产政策。诚然，根据第11章进行重整的公司确实可以获得免责。[78]然而，即使在那里，认为这种免责的原因来自财务上的全新开始政策也是错误的。与个人不同，无论是清算还是重整，公司都无权保护任何资产免受破产前索赔者的影响。相反，从破产法作为一种集体收债手段的角度来看，重整公司免责背后的理由是，为了让公司的所有者就是否继续经营还是清算做出公正的决定，作为唯一的所有者，他们必须能够在任一途径下获得相同的结果 。在重整的情况下，破产前的索赔者已经将他们的索赔转化为新的所有者权益，将其视为最终付款符合其整体利益。

重要的是不要忘记一项政策，即处于（或通过）破产的债务人在其未来业务中不应该得到任何特殊优势。在许多情况下，不同的破产前索赔者可能继续持有权利，使其破产前的债权比其他无担保债权人的债权具有更高的相对价值。芝加哥期货交易所的会员[79]可能有权停止出售债务人的会员资格，但无权强制出售。正因为如此，如果债务人通过破产保留其会员资格，鉴于成员没有机会主张其特殊权利，对成员的债务可能被视为无担保债权。但是，如果在破产后，债务人随后试图出售其在交易所的会员资格，那么会员没有理由不能在当时主张他们的权利。相对价值是否产生于破产时或破产后行使

77. § 727(a)(1).

78. § 1141（a），（c），（d）.

79. Recall Chicago Board of Trade v. Johnson, 264 U.S. 1（1924），在前文第 4 章中讨论过。

的权利，应该没有区别。

从这个角度看，破产对此类权利的处理类似于担保权转移原则，该原则允许在破产中其债权未得到完全清偿的担保债权人在破产后继续追索其抵押 192
物，如果这些抵押物仍然在债务人手中，尽管已经免责，[80] 就期货交易所的会员资格而言，会员的权利类似于债务人资产的担保权（即会员资格）会随着会员资格一起在破产中转移。

鉴于这一点（这是事实的融合），即无论它是在破产期间还是在破产后，破产法应尊重债权的相对价值的事实，与谈论公司债务人的财务全新开始是错误的事实——当处理在第 11 章程序中获得免责的公司债务人时，《破产法典》中涉及债务免责效力的条款[81] 应被谨慎看待。第 524 条应被解释为，正如第 362 条应解释的那样，禁止所有破产前无担保索赔者主张权利，但不禁止主张权利——例如期货交易所会员的权利，他们的破产前债权未被全额支付，这使得特定的破产前索赔者拥有更大的相对价值。类似地，第 525 条不应该被解释为，正如它有时被解释的那样，[82] 比如，禁止一个州在没有全额缴纳破产前的州税的情况下执行其对酒类许可证转让的限制，只要该转让限制的价值在破产中得到承认。当债务人是一家公司时，将这些条款视为实施一种全新开始的政策，就像是混淆了苹果和橘子。相反，它们代表了破产法中已经体现的相对价值概念的发挥。

80. 这一原则在 Long v. Bullard, 117 U.S. 617（1888）中宣布，并被编入 § 524（a）（2）。See also *In re* Tarnow, 749 F.2d 464（7th Cir. 1984）； United States v. Marlow, 48 Bankr. 261（D. Kan. 1984）； H. Rep. No. 595, 95th Cong., 1st Sess. 361（1977）（“破产免责不会妨碍有效担保权的执行”）。

81. §§ 524，525.

82. *In re* Aegean Fare, Inc., 35 Bankr. 923（Bankr. D. Mass. 1983）（因为 § 362 和 § 525，州法要求被许可人支付申请前的税款，作为酒类许可续期的条件，违反了至上条款）。

8

193 # 破产程序的时机：适当启动的问题

确保只在必要时启动破产程序，并且不会太早也不会太晚，这是一项艰巨的任务。在本章中，我们审查了启动集体程序存在的一些问题和可能存在的法律回应。从分析维度看，将上述两个问题分开讨论是有益的。我们将首先考虑破产程序使用不当的问题，然后重点关注破产程序的启动时机问题。

破产申请中的“善意”：战略性误用与公共池塘问题

正如本书中强调，每当破产法改变非破产权利的相对价值时，就会刺激对破产程序的不当使用。这在现实中随处可见。以 *Tinti Construction Company* 案为例，[1] 该公司由两兄弟全资拥有，从事建造独栋住宅的业务。1980 年中期，Tinti（作为一个建筑协会的成员）与当地木匠工会签订了一项为期两年的集体谈判协议。1981 年，Tinti 遭受巨额亏损，部分原因是建筑业的衰退，部分原因是该公司在一些竞标中输给了非工会公司。根据法院的说法，如果 Tinti
194 不能解除其工会合同，其“几乎注定会失败，并有 8 至 12 名员工会失业”。

然而，Tinti 案并没有公共池塘问题。Tinti 以现金方式购买大部分物资，除了股东注资外，从未大举借债。在试图利用破产程序时，Tinti 公司“除了工会要求向员工福利计划和未支付工资差额缴款外，没有其他未决债权。”因此，Tinti 案是一个单一债权人案件。即使如此，Tinti 还是申请了破产。

1. 这些事实来自 *In re* Tinti Construction Co., 29 Bankr. 971（Bankr. E.D. Wisc. 1983）.

显然，提交破产申请的原因与改善单一债权人救济措施的破坏性影响无关。虽然 Tinti 可能已经破产，但它只有一个债权人。诚然，它也有股东，这解释了申请原因。Tinti 的管理层希望摆脱集体谈判协议的束缚，这可能为股权保留一些东西。[2] 在破产之外，不能单方面撤销集体谈判协议；相反，雇主必须与工会围绕就业条款和条件的变更进行谈判。然而，在破产案件中，人们认为集体谈判协议是待履行合同，可以被拒绝履行，这是第 1113 条规定的解决方案。这代表了破产实体性规则的变化，与公共池塘问题无关。可以预见，它创造了利用破产程序改变规则的动机。在 Tinti 案中，没有与债务催收有关的破产理由，也没有竞相改善资产状况。在案件中，破产程序被误用，法院看到了这一点。[3] 不难看出，由于缺乏公共池塘问题的必要条件，这种情况意味着把破产作为收债手段是误用的。[4]

在其他案件中，破产案件的启动源于一种透明的尝试，即拖延担保债权人行使止赎权。例如，在破产前夕，债务人成立了一家新公司，在新公司里
置入债务人的担保资产，公司随后申请破产。[5] 此类案件，显然也不是公共池 195
塘案件。相反，它们反映了相对价值转变的后果。尽管我已经讨论过如何解释“充分保护”，但许多破产法官并不赞成。[6] 此外，在许多情况下，人们认为，即使适用正确的法律标准，在实践中破产法官也会低估充分保护担保债

2. 这一策略是否会成功是另一个问题，一定程度上取决于工会由此提出的损害索赔的形式。

3. 这个问题是在拒绝的情况下出现的；然而，法院的意见同样适用于根据第 305 条驳回申请的决定，因为申请未“善意”提交。并非所有法官都同意一个债权人的破产案件必然是不合适的。See, e.g., *In re* Waldron, 36 Bankr. 633（Bankr. S.D. Fla. 1984）（适当地使用破产只是为了避免选择购买债务人授予的不动产）。

4. 当然，公共池塘问题的存在并不能证明规则的改变（拒绝集体谈判协议是恰当的）是合理的，而这在一个债权人的情况下是不合理的。

5. 这些案例不胜枚举。大多数但不是所有法院都将此类行为视为误用破产。比较 *In re* Spenard Ventures, Inc.,18 Bankr. 164（Bankr. D. Alaska 1982）与 *In re* 2218 Bluebird Ltd. Partnership, 41 Bankr. 540（Bankr. S.D. Cal. 1984）；*In re* Thirtieth Place, Inc., 30 Bankr 503（9th Cir. Bankr. App. 1983）；*In re* Dutch Flat Investment Co., 6 Bankr. 1134（Bankr. N.D. Cal. 1980）.

6. 参见前文第 7 章。

权人所需的补偿。[7]当使用破产的效果是对担保债权人补偿不足时，延迟会损害债务人或无担保债权人的利益，因为担保债权人承担延迟的一些成本。因此，这种补偿不足反映了相对价值的另一种变化，该变化会导致为了解决公共池塘问题以外的目的而申请破产。同样，在这种情况下，确定破产申请是否适当的标准是“善意”标准。

然而，广泛依赖善意测试可能预示着一个更深层次的问题。当明显是为了改变规则时，使用善意测试来拒绝进入破产程序，表明了当问题暴露时，破产法常被视为一种集体收债工具，而不是作为拒绝集体谈判协议或对担保债权人赔偿不足等政策的工具。但是，如果认为善意测试是对破产的不正确使用，那么，当其与无力偿债和多样化债权人相结合时，就不应该认为是对破产的正确使用。如果破产法忠实地维护相对价值的概念，许多对善意的审查可以避免。如果不把破产法作为改变相对价值的契机，则会避免许多常见的破产战略用途。[8]

196 在实操中，将破产作为一种旨在改善公共池塘问题的集体债务催收手段，将极大地减少对善意调查的依赖。一般来说，这种减少是有益的。善意的调查往往针对具体的事实，而且成本很高。此外，它不能充分应对“混合动机”的情况——存在多个债权人和单一利己的战略目标。善意只是那些适用于破产案件的一个标签。只有理解破产法的目标和限制，才能丰富其内涵。[9]

然而，这并不意味着，如果破产法拘泥于集体化收债程序，它就可以完

7. See Blum, “The Law and Language of Corporate Reorganizations,” 17 *U. Chi. L. Rev*.565, 577–78 & n.18 (1950)； Festerson, “Equitable Powers in Bankruptcy Rehabilitation: Protection of the Debtor and the Doomsday Principle,” 46 *Am. Bankr. L.J.* 311, 329 (1972). 其中大部分可能只是在不知不觉中使用启发式方法的结果，这导致法官过于乐观。我在第 10 章讨论了这些认知偏差。

8. See, e.g., Comment, “Good Faith Inquiries under the Bankruptcy Code: Treating the Symptom, Not the Cause”, 52 *U. Chi. L. Rev*. 795 (1985). 事实上，许多关于破产的金融文献将破产决定视为“具有谈判能力的索赔者联盟可以从立即清算中获益”的一种方式。Bulow & Shove, “The Bankruptcy Decision,” 9 *Bell J. Econ*. 437, 454 (1978)； see also White, “Public Policy Toward Bankruptcy: Me-First and Other Priority Rules,” 11 *Bell J. Econ*. 550 (1980)； Ang & Chua, “Coalitions, the Me-First Rule, and the Liquidation Decision,” 11 *Bell J. Econ*. 355 (1980).

9. 例如，当债务人有多个债权人时，可能需要询问债务人是否已经破产。关于这种情况，这是一个可能的例子，see *In re* Win Sum Sports, Inc., 14 Bankr. 389 (Bankr. D. Conn. 1981)

全取消善意调查。因为破产程序与非破产程序不同，几乎不可能消除战略性使用破产的问题。例如，我们之前审查过允许破产法院评估债权而不是遵守非破产司法审判程序的规则。[10] 我们认为，在债务人无力偿债的情况下，它们是一种合理的成本节约手段，因此符合索赔者整体利益。但是，债务人可能没有资不抵债。或者，尽管有这些好处，但作为一个整体的索赔者使用破产会产生一定成本，所以，避免破产可能会更好。在破产是可取的情况下，尽管这种估值程序可能是有意义的，因为它们不可避免地改变了在破产之外确立债权的成本（因为这是它们的目标），但是，这些估值程序可能会提供一种激励，促使诉讼一方因为成本的变化而赞成（或反对）使用破产程序，无论破产是否必要。[11]

那么，人们无法回避这样一个事实：破产法，正是因为它有专门的程序
来应对公共池塘问题，所以必然会产生与解决该问题无关的战略激励。因此， 197
可能有必要制定一些规则来界定何时使用破产程序。

问题在于如何界定规则来适应破产要做的事情。正如我们所看到的，当多个索赔者有可能行使单个债权人的救济措施，而债务人没有足够的资产来满足他们时，破产就会做出适当的反应。这是一种资不抵债的状况，或者人们常说的“破产意义上的无力偿债”。在这种状态下，无论债务人是否有足够的流动资产来支付当前的账单，预计它都无法产生足够的资金来支付其所有的债务。《破产法典》似乎正确地界定了这一点，至少对于第一次削减来说是这样，即当以公允价值计算的资产预计无法以公允价值偿还债务时所存在的状态。[12]

然而，进一步的反思表明在信息不完美的世界里，即便是理论上的答案

---

10. 参见前文第 2 章。

11. 关于这种情况有一个可能的例子，see *In re* Tarletz, 27 Bankr. 787（Bankr. D. colo. 1983）. Cf. *In re* Cordova, 34 Bankr. 70（Bankr. D.N.M. 1983）（单一债权人的非自愿破产是合适的，因为破产程序可以更好地出售正在进行的业务，而治安官没有能力这样做）。

12. § 101（29）.

也并非简单。通常我们无法确定资产在未来任何时间的价值。这样做产生的影响是，即使不符合破产的定义，单个债权人攫取救济措施所造成的公共池塘问题也可能存在。资产的价值取决于其使用价值，在信息不完善的世界里，这本身就是对未来行动的可能性的“最佳猜测”。因此，说债务人的资产在公允价值上高于债务人的负债是一个数字答案，它吸收了关于资产价值的概率分布。在许多此类情况下，债务人按公允估值计算的资产超过其负债的说法与资产很可能不足以全额偿还债务的说法是一致的。[13] 在这种情况下，尽管在技术上债务人是有偿付能力的，但无论如何债权人都可能会攫取资产，因为他们将是受到负面可能性影响的群体，而积极可能性的好处将流向其他群体，比如股东。[14]

198 例如，考虑一家公司拥有10万美元的债权和一种资产，它刚刚以每张1,200美元的价格购买100张彩票。在同一事件发生时，为每张彩票支付2,400美元（抛硬币的结果是“正面”）；如果硬币显示“反面”，则没有回报（由于不明原因，该公司没有对其持股进行多元化）。这些彩票的总售价可达12万美元。[15] 因此，按公允价值计算，由于这家公司的资产超过了它的负债，所以它是有偿付能力的。但债权人会注意到，如果他们等待，会发生什么。如果彩票中奖，将有24万美元，其中10万美元归债权人所有，14万美元归股东所有。因此，债权人的上限是10万美元。但是，如果没有中奖，那将一无所获，债权人也不会得到一分钱。显然，每个债权人都希望行使其对这些彩票的个人权利，试图征收彩票后出售以换取现金，这是符合每个特定债权人利益的。因此，尽管该公司在技术上是有偿付能力的，但将会出现争夺资产的状况。[16] 如果存

13. 事实上，在任何情况下，也有统计上的机会主义破产——即使是像IBM这样的公司。但是，在资不抵债的可能性越来越大之前，不太可能出现公共池塘问题，其需要通过破产来解决。以IBM为例，不太可能出现违约事件，引发债权人抢夺资产。而且，假设一个债权人退出，寻找替代者是没有问题的。

14. See, e.g., Baird & Jackson , “ Fraudulent Conveyance Law and Its Proper Domain”, 38 *Vand. L. Rev.* 829（1985）.

15. 据推测，他们的销售对象与公司不同，可能是持有多样化投资组合的人。

16. 同样，有必要找到一个违约事件。在这种情况下，这种赌博可能会触发欺诈性转让规则的启用。See Baird & Jackson, supra note 14.

在公共池塘问题(很可能是这样)，在这种情况下，集体破产程序也是合适的。[17]

通常，人们认为，在一种不同的情况下，破产程序是适当的——债务人面临着被委婉地称为流动性危机（liquidity crisis）的情况，因为它无法在债务到期时偿还债务，即使其资产价值超过了负债。这通常被称为“股权（或现金流）意义上的资不抵债”。然而，也许更有用的是，较少地将其视为一种不同类别的案件，而是把破产意义上的资不抵债看作另一类基本问题。通常，这种现金流问题往往是资产不足以支付负债的潜在问题的征兆，因为在“暂时的”流动性危机中，应该有可能通过剩余资产来借款以恢复流动性。因此，当宣布出现现金流危机时，该公司很可能实际上已经无力偿债，或者至少其状态存在充分不确定性，以至于它无法借到必要的资金来支付当前债务。在这两种情况下，债权人整体会感到紧张，这种紧张会导致他们使用单个债权 199
人的救济措施，这是可以理解的。

那么，在每一种情况下，使用集体破产程序可能是一个合适的结果。这对于进入破产程序的适当性测试意味着什么？问题显而易见：人们想要区分出那些可能存在公共池塘问题的案件，并排除可能只是由寻求战略优势的自利的索赔者推动案件的情况。

作为实现这些目标的第一个近似法，破产法最好可能制定一项测试，要求主张破产程序的人证明债务人有合理的可能性在未来无力偿债或可能无力偿债，这是因为他们没有足够的资产全额偿还债权人的债务。由于有现金流动问题的债务人有可能符合这一标准，因此，证明该债务人处于这种状况会是一种满足显示其无力偿债的合理可能性要求的方法。

这个测试本身可能并不足够。例如，在有些情况下，债权人之间明示或

---

17. 在这个例子中，没有持续经营盈余来维持资产。因此，如果有任何来自破产程序的好处，也必须来自其他来源。参见前文第 1 章。但这一点很清楚，在许多情况下，也可能存在持续经营盈余。

默示地同意目前不使用破产。[18]例如，考虑一个试图开发一项新技术的初创公司的案例。在技术开发过程中，那些以债务形式向该公司注资的人已含蓄地同意不接管该公司的股票，如果他们诉诸破产，他们可能会这样做（因为根据公平估值测试，失败的可能性足以将该公司定性为资不抵债）。但当情况发生变化时，通过破产来破坏交易是不合适的，因为虽然存在资不抵债的情况，但目前还没有出现公共池塘问题。

无力偿债测试（insolvency test）可能并不够，但这并不意味着有必要诉诸开放式的善意调查以处理这些不寻常的案件。这种调查可能是适当的，
200 但这种方法的收益（更准确地确定何时需要破产）可能不值得其成本（实施逐案调查）。然而，问题可能并不严重。如果破产规则设计得当，那么大多数案件都可以通过在证明存在多个债权人和合理的破产前景后，创建一个可反驳的适当性推定，从而得以妥善处理。例如，在一家初创公司中，债权人不太可能通过接管整个公司、积极方面与全部来试图增加其利益。可能很大一部分上升潜力在于公司员工的技能和知识，他们可能正是将被挤出的股东。事实上，他们的协议可能会以一种让债务人不违约的方式拟成的。在这些情况下，如果不存在直接的公共池塘问题，应拒绝债权人进入破产程序。[19]

分析破产测试的作用，使得我们从观察《破产法典》中得出两点思考。首先，第 303（h）（1）条中的测试表明，债务人“通常没有支付到期债务”，从理论上讲，这本身是不够的。[20]债务人可能资不抵债，这是因为它没有足够的资产来清偿所有对其提出索赔的人的要求，并且仍然能够在到期时偿还流动债务。

---

18. 关于明示协议的例子，see *In re* Old Colonial Ford, Inc., 24 Bankr 1014（Bankr. D. Utah 1982）. 债权人或除人类（human beings）以外的债务人，没有理由不能放弃诉诸破产的权利。法院不赞成此类协议，see United States v. Royal Business Funds Corp., 724 F.2d 12（2d Cir. 1983），这在很大程度上是不假思索地适用个人免责权的结果。一个公司债务人同意不使用破产并不能阻止其债权人使用破产。

19. 因此，即使是“无力偿债合理可能性”测试，也可能被认为是一个更基本的证明的替代品：债权人很有可能在一场失控的竞赛中掠夺资产。

20. 无力偿债测试的发展可以在该文中追溯到，McCoid, “The Occasion for Involuntary Bankruptcy”［1985 起草（draft）］.

尽管随着债权人贷款加速到期，这两项测试可能会失败，但并非总是如此。例如，在 Manville 提出申请时，它似乎已经资不抵债，因为它没有足够的资产向所有索赔者全额付款，但由于尚未显现的石棉沉着症索赔者尚不能要求 Manville 付款，所以 Manville 有可能在未来几年内要偿还其到期的债务。可是，Manville 很可能因为由此产生的公共池塘问题而成为合适的破产候选者。然而，这么说并不是说使用第 303（h）（1）条的理由完全可以简单地建立在这样的基础上：它是一个易于适用的规则，而且是一个可以处理大多数需要破产的案件的规则。尚不清楚该测试是否易于应用，[21] 或者增加一项替代性无力偿债测试是否会使所有调查过于针对具体事实。

其次，没有特别的理由说明这些测试不应适用于债务人提出的申请（除非债务人是一个人，可能为了获得全新开始而申请破产）。债务人的股东或 201
管理层的决定应受到与债权人申请同等的审查。它们都是由各种所有者启动破产程序的行动，当破产没有为独立的社会政策服务时（就像个人寻求全新开始的权利一样），没有理由在启动自愿和非自愿申请的测试之间划出一条清晰的界限——实际上，这条界限在任何情况下并非清晰。[22]

这种讨论表明，一系列旨在确定是否存在或可能被认为存在无力偿债以及由此产生的对资产争夺的测试，对于决定破产案件（bankruptcy case）是否应该继续进行是适当的。因为在一个案件开始时有很多不确定性，这些测试必须是粗略的。然而，其他可能的解决方案的前景似乎并不乐观。在某种程度上，通过普通债权人投票决定他们是否需要破产来解决破产启动问题似乎更为可取。[23] 然而，在债务人明显有偿付能力的情况下，他们不仅不是一个合适的投票群体，[24] 而且在案件开始时能否确定正确的群体也不清楚。破产程序

21. *In re* B.D. International Discount Corp., 701 F.2d 1071（2d Cir. 1983）.

22. 在债权人威胁提出非自愿申请后，许多公司“同意”提出自愿申请。

23. 例如，这种投票发生在受托人的选举中，§ 702，尽管即使在这种情况下，国会也不得不试图限制操纵投票的能力。See id.

24. 当债权人将获得全额偿付时，他们可能会无动于衷。在这种情况下，股东将是适当的群体（如果有的话）。

的大部分时间是用来确定谁是无担保债权人以及他们的债权金额。因此，要建立适当的投票程序以正确决定一个必须在案件开始时解决的问题，并非易事。

因此，无法精确应用的测试（如无力偿债测试）可能是最好的折中方案。此外，一旦在破产中避免了明显的规则变化，就有可能通过一系列的假设来实施这一测试：假设破产是适当的，除非能证明申请的实体（或与之相关的其他实体）正在利用破产来服务于某些利己目的，这会导致减损共同利益。

目前，《破产法典》规定了另一条进入破产的途径。如果“在提交申请之日前 120 天内，1 名保管人，不是为强制执行针对债务人财产的担保权而获
202 委任或获授权掌管债务人，少于实质上全部财产的受托人、接管人或代理人，获得委任或接管，则允许提出非自愿申请。”[25] 在某种程度上，这种替代方法是明智的。确保非破产集体程序发挥与破产法基准规则相同的最佳方式：允许任何认为在破产程序之外获得的利益少于其在破产程序之内获得的利益的索赔者进行强制转换。[26] 然而，在另一个层面上，目前尚不清楚这条路径是否应该成为无力偿债测试的替代选择。非破产集体程序的启动可能也是出于其他可疑原因。与其让破产程序紧随其后，不如将两种程序都予以驳回。[27] 也许实现这一目标的适当方法是将程序移交到破产法院，然后再应用无力偿债测试将其驳回——这表明，如果不诉诸无力偿债测试，就不应解决这条通往破产道路的适当性（propriety）问题。[28]

---

25. § 303（h）（2）.

26. Jackson, “Bankruptcy, Non-Bankruptcy Entitlements, and the Creditors’ Bargain.” 91 *Yale L.J.* 857, 867 （1982）.

27. 如果非破产集体程序被认为是原始权利的一部分，无论它是否遵循破产规则，这种驳回都不适当。在这种情况下，该案件也不应移交至破产法院。同样，资不抵债测试的适用将实现这一结果。

28. 如果资不抵债的问题是在非破产法集体的地方决定的，只要决定所依据的属性与破产法适用的属性相同，其决定也可以适用于破产。Cf. Brown v. Felsen, 442 U.S. 127（1979）.

最后，第 303（b）条的附加要求是什么？[29] 破产程序应该是对真正的公共池塘问题的回应。有鉴于此，要求一个以上的债权人提出破产申请，并要求债权人是无担保的（因此推定他们可能从破产中获益），是具有理论意义的。然而，这是一个现实问题。考虑到债权人有能力在提出申请时“购买”其他债权人的合作，这些要求能否提供更多形式上的保护尚不确定。[30] 203

更成问题的是，“或有”债权持有者或“真正的争议”主体被排除在申请债权人身份之外。据推测，这些排除条款的设计是为了防止那些可能因自私的目的而寻求破产的索赔者提出申请。[31] 但在可以满足破产门槛要求的情况下，目前这种游戏是否值得付出代价（就合法申请和调查成本而言）尚不清楚。

最佳时机激励规则

至此，我们已经研究了试图（try to）决定破产程序是否合适的测试。我们现在需要考虑时机规则。破产程序可能启动得太早，因为即使存在公共池塘问题，从债权人整体的角度来看，在破产之外进行协商一致的谈判更为可取。破产程序也可能启动太晚，因为单个债权人的救济措施已经产生了有害（harmful）结果。[32]

此外，不确定信息的问题加剧了这两点。在很多情况下，使用破产程序

29. 第 303（b）条要求非自愿申请“（1）由三个或三个以上的实体提出，其中每个实体或者是针对该人的债权持有人，该债权不是或有责任或者善意纠纷的主体，或者是代表该持有人的契约受托人，如果该债权的总额，相比该债权的持有者所持有为该债权提供担保的债务人的任何担保财产的价值，至少高出 5,000 美元；（2）如果这种持有人少于 12 人，不包括此类人员的任何雇员或内部人员，以及根据本篇第 544、545、547、548、549 或 724（a）条规定的可撤销转让的任何受让人，由一个或多个持有人，其持有这种债权累计至少为 5,000 美元。”

30. See, e.g., *In re* Win Sum Sports, Inc., 14 Bankr, 389（Bankr. D. Conn. 1981）； see also Bankruptcy Rule 1003（c）.

31. 这些自私的理由可能是利用破产规则来解决纠纷，或者向债务人施加压力来解决纠纷。

32. 参见美国破产法委员会的报告。Part I, at 14–15（1973）. 引用关于尽管破产但仍失败的公司数量的统计数字是很常见的，see LoPucki, “The Debtor in Full Control–Systems Failure under Chapter 11 of the Bankruptcy Code？（pt.1）,” 57 *Am. Bankr. L.J.* 99, 100–01（1983），作为破产申请提交得太晚的证据。我同意大多数申请可能提交得太晚了，但一项关于破产的统计数据告诉我们，大多数使用破产的企业最好是清算而不是继续经营。这本身并没有告诉我们关于时机的任何事情。

的一项最大成本来自申请的信息。一家公司的财务问题可能被模糊地知道或关注。然而，提交破产申请是向世界发出的相当明确的信号：公司正陷入财务困境。从提交破产申请中可以合理地推断出，该公司在未来不太可能持续经营。这种信息性的申请内容可能对公司尤为有害。[33] 债务人可能难以为其产
204 品找到买家，因为潜在的买家可能担心债务人将无法履行其保证（一个耐用品制造商，如汽车制造商，可能会发现这个问题比餐饮连锁店或消耗品制造商更令人烦恼）。经理人或企业家可能不太愿意加入企业并学习企业的特有技能。债务人也可能发现更难收回其拥有的资金。可能它的债务人只是不付款或强加虚假的抗辩，认为与债务人的重复交易不再重要，如果他们不给破产的公司付款，他们的声誉并不会受到影响。[34]

破产规则本身并不直接造成这些伤害。一个企业可能会遇到财务问题，并在不使用破产程序的情况下遭受类似的损失。但是，提交破产申请可以向客户、供应商和其他人传达信息，而其他机制可能不会。[35] 特别是在企业死了（dead）并不比活着更有价值，而只是承受着过多固定债务问题时，要想以令人满意和及时的方式向有关实体传达这一信息可能是非常困难的，因为这些实体在听闻破产申请的消息时（理性地）会做出最坏的假设。

因此，提交破产申请这一实际问题本身可能会通过降低债务人企业的价值而损害债务人及其所有债权人。[36] 在许多情况下，这些信息成本可能会产生使用或避免使用破产程序的战略动机。通常，人们可能会认为他会使得破产

---

33. 具有讽刺意味的是，这可能对社会有益。一般来说，信息越多越好。总的来说，如果破产申请的信息内容在一系列案例中都是准确的，那么可以想象，买家（和其他人）的境况会更好。但在某种程度上，这些信息将由一个能够避免使用破产的唯一所有者（或一个由不同所有者组成的一致群体）控制，尽管如此，它仍然代表了相关群体（所有者）使用破产的成本。

34. 一个普遍的现象是，对于一家破产中的公司而言，未偿应收账款的价值大幅下跌。See, e.g., "The Business in Trouble–A Workout without Bankruptcy," 39 *Bus. Lawyer* 1041（1984）；*In re* Lackow Brothers, Inc., 16 Bankr. 566（Bankr. S.D. Fla, 1981）, aff'd, 22 Bankr. 1018（S.D. Fla. 1982）.

35. 这是一种金融信号。关于一般的信号理论，see A. Spence, *Market Signaling: Informational Transfer in Hiring and Related Screening Processes* 1–4（1974）.

36. 然而，总的来说，问题是这是否是一个坏的结果。一般来说，信息越多越好。如果信号大体上是准确的，那么让其他人做出推断可能比不做要好。当然，这并不是针对任何特定情况。

程序启动得太晚，因为债务人及其债权人试图避免发出此种信息信号，但事实并非如此。债务人的债权人也是竞争者之一，或出于其他原因对债务人感到愤怒，他可能会赞成启动破产案件，正是因为这种信息信号不公正地（从其他人的角度来看）将成本强加给债务人。[37]

可能还存在其他信息问题。公司经理和控股股东首先认识到公司出现了财务衰退。对此的一个回应是延长了“内部人（insiders）”的偏颇期。但问 205
题更严峻：由于所有权多元化的问题，股东和债权人的利益并不一致。当一家公司的股东发现公司很可能无力偿债时，他们会意识到破产程序的到来是一个“清算日”，这一天，他们可能一无所获。因此，他们的动机是尽可能推迟这一天的到来，用公司剩余的资产进行“赌博”。如此一来，他们不会有任何损失，而且可能会有所收获。[38] 当一个公司无力偿债，负债 10 万美元，且资产只有 8 万美元时，把这 8 万美元押在大西洋城的 20 号轮盘赌上，不太符合债权人的利益，但这样做显然符合股东的利益。

因此，一旦消除了明显不当的破产战术使用（如拒绝集体谈判协议），公司股东可能会拖延很长时间来提交破产申请。即使他们可以利用破产进行拖延，在处理无力偿债债务人的最佳策略是首先在破产之外拖延，然后在破产内部再次拖延。[39] 人们可能认为，债权人的动机恰恰相反——过早地启动破产程序。但这可能是错误的。作为一个整体，他们没有动机过早启动破产案件（从某种意义上说，债务人仍有偿付能力），或者在非破产谈判会留下更大资金池的情况下。通过这样做，虽然他们得到了全额偿付，但他们没有从

---

37. 或者债权人可能只是尝试某种形式的勒索，利用破产来使未来的威胁更加可信。See Posner, “Gratuitous Promises in Economics and Law,” 6 *J. Legal Studies* 411（1977）（分析合同修改中的一个类似问题）。

38. See Baird & Jackson, “Corporate Reorganizations and the Treatment of Diverse Ownership Interests: A Comment on Adequate Protection of Secured Creditors in Bankruptcy,” 51 *U. Chi. L. Rev*. 97（1984）； R. Brealey & S. Myers, *Principles of Corporate Finance* 392（1981）. 此外，心理因素可能导致经理人对公司未来的机会过于乐观。See R. Nisbett & L. Ross., *Human Inference*（1981）.

39. 例如，在 *In re* Old Colonial Ford, 24 Bankr, 1014（Bankr. D. Utah 1982）中，情况似乎就是如此。这也不能通过给股东一些机制来“解决”，就像目前第 11 章所做的那样，可以通过谈判收回公司的一些价值。即使他们最初推迟使用破产，他们仍然掌握这一权力。

股东那里获得额外的价值。此外，有理由认为，任何单个债权人启动集体程序（而不是寻求自己的救济措施）的动机，也将导致债权人拖延。例如，当有关债务人破产的信息开始向债权人传播时，每个债权人的反应可能是设法先归集，而不是启动集体程序，并希望在其他人启动破产程序之前就已经过了偏颇期。

206 这并不完全正确。考虑一家连锁餐厅的肉类供应商。由于申请后交付的货物享有管理费用优先权，因此人们可能会认为供应商希望看到债务人被推入破产，这样就能在未来的交付中确保得到全额付款。此类担忧有时会引发法律反应，旨在劝诱供应商不要推动破产。六个月规则（the six-months' rule），赋予在破产程序六个月内交付铁路物资的优先权，这或许就是一个例证。[40]

然而，尚不清楚供应商是否存在这种破产动机，或者，如果存在这种动机是否一定是不良的。关于第一点，不完全可替代的供应商应该能够坚持为提前交货支付费用，以作为申请后继续交付的代价。此外，担心集体诉讼的供应商的反应可能是坚持在货到付款（COD）基础上进行交易，而不是启动破产。[41] 至于后一点，因为供应商担心债务人无力偿债，它可能会寻求管理费用优先权。在这种情况下，如果债务人出现无力偿债有着合理的可能性，供应商提出申请的行动是否会对债权人整体不利，这一点并不清晰。

考虑到所有这些原因——尤其是当人们还注意到由债权人启动的破产案件数量很少时[42]——通常，很可能是破产案件启动得太晚而不是太早。诚然，当破产被用于某一方的战略优势时，也会有例外。然而，一旦避免了破产中

40. 这一原则首次得到承认，是在 Fosdick v. Schell, 99 U.S. 235（1879）中。通常，see Fitzgibbons, "The Present Status of the Six Months' Rule," 34 *Colum. L. Rev.* 230（1934）. 它被继续适用于铁路重整，*In re* Boston & Maine Corp., 634 F.2d 1359（1st Cir. 1980），尽管不适用于其他债务人，*In re* B & W Enterprises, 713 F.2d 534（9th Cir. 1983）.

41. 然后，供应商可能不会危及其获得未偿债务全额付款的机会。

42. Statistical Analysis Division, U.S. Bankruptcy Courts, table F-2A（1984）（在 1983 年提交的 349,232 起破产案件中的 1804 起——大约占 0.5%——是非自愿的）。这个统计数字有些误导性，因为大多数破产案件是由个人提出以清偿债务，人们会认为这些案件是自愿的。即使作为企业破产的一个子集——1983 年有 58,986 起——非自愿破产的数量也很少。Id.

权利价值的多数相对变化，似乎可以公正地预测剩下的最大问题会是破产案件启动得太晚（too late）而不是太早。

然而，想要找到这个问题的解决方案可能并非易事。最有前景的途径可能是尝试向最有可能首先了解债务人破产情况的群体提供激励，使其启动破 207
产程序而不是延迟。这个群体可能是股东（通过他们的代理人——经理）。从股东的角度来看，破产法的问题在于，当一家公司破产时，破产法对他们没有任何好处。因此，他们的动机是用资产进行赌博，而不是启动破产程序。也许我们应该考虑设计一种制衡激励——一种“赏金”，以鼓励股东在适当的时候提出破产申请。[43]

当然，这个建议的难点在于如何制定适当的赏金。[44] 一种方法是粗略地计算由于使用破产程序而增加的资产净值，并将该价值差额的一部分分配给股东。因此，举例来说，某人（法院指定的专家或类似人士）会计算出如果这些资产在单个救济措施的争夺中被零星拆散时能卖出多少钱，以及在破产程序中资产的实际价值，还有，比如说将差额的 25% 分配给股东。[45] 无论债务人清算、整体出售，还是重整，都可以这么做。[46]

没有完善的解决方案。法律规定的任何赏金都可能过于慷慨或不够慷慨。此外，它的计算可能不精确，特别是当它需要一个虚构的数字——如果没有集体程序，这些资产能卖多少钱。尽管有这些警告，但值得思考的是，它是 208

43. 关于赏金的讨论，see Lands & Posner, “Private Enforcement of Law”, 4 *J. Legal Studies* 1（1975）； Becker & Stigler, “Law Enforcement, Malfeasance, and Compensation of Enforcers”, 3 *J. Legal Studies* 1（1974）. 该文讨论了向股东提供赏金的问题。可以想象，还可以设计一种针对债权人的赏金制度，尽管这样做比较困难。任何给予他们超过全额偿付的赏金，都可能使债权人过于急切地启动破产案件（并且必须通过一套惩罚制度来平衡）。任何低于这个数额的赏金都不可能促使债权人提出申请（除了赏金外，还可能制定一套对延迟提交申请的处罚制度）。

44. 此外，人们必须处理代理问题。如果经理们掌握了内幕信息，那么赏金的一部分可能不得不直接针对他们。See Easterbrook & Fischel, “Corporate Control Transactions,” 91 *Yale L.J.* 698（1982）； Fama & Jensen, “Separation of Ownership and Control,” 26 *J. L. & Econ*. 301（1983）.

45. 人们应该适当地扣除成本。然而，假设当事人的破产成本（除了反映在债务人资产价值中的成本外）与这些当事人的非破产成本相匹配，可能更简单。

46. 对持续经营盈余进行分割的理由与通常在第 11 章重整中分割该盈余的理由大相径庭。 在这里，它被用来鼓励对破产程序的最佳利用；在第 11 章重整的背景下，在 § 1129 的背景下进行分割的理由是非常可疑的。参见第 9 章。

否比目前的制度更为可取，因为此种制度里根本没有奖赏，而且决定性因素导致破产案件的延迟启动。奖赏的功能类似于偏颇性清偿条款：基于规则（rule-based）来解决激励问题，而通过标准解决这个问题的成本太高。[47] 虽然无力偿债和破产的必要性并非紧密联系，但诉诸破产程序获得具有额外价值的赏金表明了正确的激励：当没有利益时，就没有赏金。[48]

---

47. 它还实施了一项政策，首先体现于 Statute of 4 Anne, ch. 17（1705）. 在该法规中，商业债务人被给予通过合作寻找其资产的激励。一个合作的债务人可以保留（除了他的生命之外）5% 的资产，并获得免责。

48. 人们可能想要考虑对债务人的错误申请进行惩罚是否也是合适的，类似于那些现在通过 § 303（i）和（j）对债权人施加的惩罚。如果是有偿付能力的公司，可以对公司本身进行惩罚。但是，如果公司资不抵债，而破产被认为是不合适的（例如，因为这是一个单一债权人的案件），则必须对股东或高级职员和董事施加惩罚。否则，这只是从债权人那里取得后再给予债权人。

9
重新考虑重整 209

《破产法典》重整条款构成了债权人对企业债务人救济措施的历史演变的一个阶段，从普通法破产管理到现在《破产法典》第 11 章规范公司重整的正式程序。[1] 由于这段悠久的历史，许多关于公司重整程序有用性的传统智慧已经产生，并且广为接受。因此，与《破产法典》中有关索赔者之间权利的规定相比，这里可能比其他地方更需要回到第一性原理，以确定重整过程应该做什么以及应该如何去做。

正如我们所看到的（尽管可能不能说太多遍）商业失败和破产法旨在解决的问题之间存在区别。一家公司可能会失败，从某种意义上说，它的资产在其他地方得到了更好的利用——无论它是由成千上万的债权人和股东拥有，还是由一个人拥有。企业失败问题本身并不是破产问题。破产不是专门用于解决这些问题的方案。

当债权人众多且存在潜在的公共池塘问题时，破产法确实可以发挥作用。但是，正如没有公共池塘问题时可能会发生企业失败一样，没有企业失败也可能存在公共池塘问题。企业的负债可能超过资产本身，这一事实并不能说明资产是否应该做他们正在做的事情或其他事情。以 *Manville* 一案为例，其 210
资产的当前使用（作为建筑供应公司）完全有可能是这些资产的最佳使用方式，如果 Manville 还不存在，那么为了这个目的组装这些资产也是值得的。并且，

---

1. 这一过程在这篇文章中被简要追溯，Clark，“The Interdisciplinary Study of Legal Evolution,” 90 *Yale. L.J.* 1238, 1250–54（1981）.

Manville 实际上可能因为其过去所犯下的侵权行为而资不抵债，这与上述观点并不矛盾。

换言之，企业是否应该继续经营与解决公共池塘问题之间无关。[2] 如果企业是为保住工作岗位或因为对社区的重要性而必须继续经营，那么，该政策应作为一般法律问题来实施。它不应该转向企业的所有权是否多样化，因为如果该政策位于破产法中就会这样做。有人认为重整法律制度应该有一个独立的实质性政策，给企业以喘息空间，或者重整企业以保住工作岗位，这是错误的。这些政策不应该是破产政策。如果单独的所有者或无异议的所有者群体可以通过避免破产而忽略这些政策，那么，存在公共池塘问题的事实并没有理由将它们引入破产，因为，它们会干扰破产作为集体收债工具的核心作用。相反，非破产法决定谁对公司的资产拥有权利。唯一与破产相关的问题是，在给定初始权利的情况下，如何最恰当地部署公司的资产组。

因此，第 11 章的重整条款应根据以下标准进行测试，即它们是否有利于实现对索赔者整体的最大利益的资产配置。对公共池塘问题的关注表明，这个问题是破产法的适当问题。换言之，第 11 章的正当性以及审查其条款的衡量标准是重整后的公司作为一个整体是否比资产用作其他用途更有利于全体所有者。

重整作为资产出售的一种形式

从这个角度来看，可以从概念上对重整是什么进行理解。至少作为一个
211 开端，可以把重整看作是任何破产程序中作出的与资产配置有关的决定的一种形式。[3] 例如，在一个典型的清算程序中，公司的资产被出售给第三方以换取现金或证券。它们可能被零散地、分块地或作为一个整体出售。在任何情况下，清算程序的决策者都应采取对索赔者最有利的行动方针。

---

2. 然而，这是一个常见错误。See, e.g., *In re* South Village, Inc., 25 Bankr. 987（Bankr. D. Utah 1982）.

3. See Clark, supra note 1.

重整和清算概念之间的关键区别在于，在重整中，公司的资产（或大部分资产）是出售给债权人本身，而不是第三方。主要的区别不在于资产在重整中维持在一起；如果将资产作为一个单位出售给第三方买家，它们在第7章清算程序中也可以维持在一起。事实上，破产法的政策（即尽可能为索赔者争取最大利益）要求在第7章程序中进行这种持续经营的出售，如果这样做会给公司的资产带来比其他路径更多的收益。重整和清算之间的关键区别在于谁是资产的新所有者：是第三方还是前索赔者。[4]

重整程序大体是一种方法，通过这种方法可以将一家公司作为持续经营企业出售给索赔者本人。与任何清算程序一样，这个过程包括两个步骤：第一，出售公司的资产；第二，对债务人的索赔从这次出售的收益中支付。[5]

企业在重整中被出售给自己的索赔者，这种情况的不同之处在于，用于支付对债务人的债权收益的估值更加困难。在直接的零散清算中，要么将资产以实物形式分配给担保债权人（从而模仿他们的非破产权利），要么将资产出售（通常以现金形式）并将现金分配给各方，主要是按照他们的相对非破产权利的顺序。在持续经营的清算中，企业被出售给第三方，通常是为了获得现金和/或有价证券。在这两种情况下，估值程序并不棘手。[6] 对债权进行衡量，确定其相对优先权，而收益由于是现金或有价证券很容易估值，按照相对非破产权利的顺序分配给债权持有人。然而，在重整中，用于支付针 212
对债务人的债权的“出售”收益将主要包括针对同一公司的新债权。这使得向索赔者支付的款项估值变得更加困难，因为重整后公司证券的价值将取决于其作为持续经营企业的价值。[7] 在不使用市场定价机制的情况下确定这些价

4. 当然，在给定的重整中，可能会有两种制度的混合。该公司的一些资产可能会变现。此外，重整公司的股份可能会被出售给新的投资者。

5. 在这篇文章中，我第一次提出将此作为看待公司重整的一种方式，Note, “Giving Substance to the Bonus Rule in Corporate Reorganizations: The Investment Value Doctrine Analogy,” 84 *Yale L.J.* 932, 943–46（1975）.

6. See Clark, supra note 1, at 1252.

7. 当对价包括对公司的债权时，对对价的估值必然涉及对公司的估值。See Blum, “Corporate Reorganization Doctrine as Recently Applied to the Securities and Exchange Commission,” 40 *U. Chi. L. Rev.* 96, 110（1972）.

值是破产重整程序的标志之一。[8] 重整章节规定的核心主要是这些估值问题。[9]

那么，在审查重整条款时提出的关键问题是，选择重整而不是清算是否会给公共池塘带来净收益。与重整程序相关的困难在于对得到的收益（重整后公司的证券）进行估值，这发生在公司被虚构地出售给破产前的索赔者时。无论该程序是零散清算、持续经营清算还是重整，该程序本身的任何形式似乎都不要求在一种程序中采用不同于另一种程序的债权之间的分配标准（第二步）。[10] 因为分配问题不应影响资产的部署，这表明在决定采取这三种途径中的哪一种时，应在第一步就选择第 7 章清算（零散地或持续经营企业）或第 11 章重整进行相关调查。该决定应基于哪条路径从资产中获得最大的总美
213 元等值回报来作出——应在不考虑对这些资产的未决索赔的情况下作出决定（该考虑在支付时相关，而在出售阶段不相关）。

根据上述推理，可以看出初始绝对优先规则背后的基本原理。Douglas 法官在 *Case v. Los Angeles Lumber Products Co*. 案中 [11] 宣布的这一规则，似乎旨在模仿相对的非破产权利。根据 *Case* 一案中阐述的绝对优先规则，索赔者有权完全按照其非破产权利得到尊重。资产整体上存在持续经营盈余的事实并不重要。[12] 这代表了债务人资产价值的一部分，债权人有权在破产之外凌驾于股东之上，而绝对优先规则尊重破产内部的权利。由于在实践中绝对优先规则

---

8. See Blum, "The Law and Language of Corporate Reorganizations," 17 *U. Chi. L. Rev*. 565, 569（1950）.

9. §§ 1111（b）, 1121–29; *In re* Barrington Oaks General Partnership 15 Bankr. 952（Bankr. D. Utah 1981）. 这些条款规定了确定由谁制订"计划"以及对计划条款存在何种限制的依据，并提供了一套批准计划的程序。这些条款还表明，当用于清偿债权的对价不是现金或经过市场测试的等价物时，潜在安排的范围（例如，债券持有人获得的是债券还是普通股）将极大扩张。它们在第 7 章中的缺失，反映了以现金或市场等价物出售资产所面临的估值和支付问题要简单得多。

通过 § 1111（b）实施的相对价值的变化（此处有利于担保债权人）在这篇文章中被中肯地批评，Eisenberg, "The Undersecured Creditor in Reorganizationsand the Nature of Security," 38 *Vand. L. Rev*. 931（1985）.

10. See Brudney, "The Investment Value Doctrine and Corporate Readjustments," 72 *Harv. L. Rev*. 645, 677（1959）.

11. 308 U.S. 106（1939）. 该案从早期的股权接管案件中派生该理论。例如 Northern Pacific Ry. Co. v. Boyd, 228 U.S. 482（1906），并宣布这一"固定原理"是法律措辞"公正和公平"所固有的。

12. 308 U.S., at 123（"债券持有人可能因止赎和清算而遭受比其接受债务人的［重整］计划后的情况更糟，这一事实与该条款下拟议的计划是否'公平公正'无关"）。

的严格性取决于估值的准确性，所以，绝对优先规则经常被规避。[13]但该理论是一种尊重非破产权利价值的理论。

重整过程中的谈判和估值

然而，问题仍然是，绝对优先规则的表述是否准确地抓住了低级类别的非破产权利的价值。在 *Case* 案中，Douglas 法官拒绝在适用绝对优先规则时考虑“无形”因素。[14]股东们认为公司拥有他们比没有他们更有价值，而且这是 214 债权人在破产之外无权获得的一项资产——Douglas 法官将其描述为一系列无形资产的代表，这些无形资产会破坏绝对优先规则。然而，正是在这些争论中孕育了目前版本的绝对优先规则，体现在《破产法典》第 1129 条中。它提供了一个由两部分组成的测试。首先，单个债权人有权获得与他们在第 7 章清算中所能获得的一样多的赔偿（“债权人最佳利益”测试），但只有经他们自己同意才能放弃。[15]第二，某一类债权人有权在任何低级类别债权人因其债权或利益而获得任何东西之前，坚持全额偿付（最初的绝对优先规则），但是，可以通过持有该类债权人 50% 债权和三分之二债权的该类成员表决放弃这种权利。[16]

允许按类别表决放弃绝对优先规则的理由是，尽管有非破产权利，但持续经营盈余的分配是各类债权人之间谈判的适当主题。[17]然而，这种推理应该被谨慎地审查。到底在谈判什么，以及为什么在破产框架内谈判是一个合适

13. Blum, supra note 8； Friendly & Tondel, “The Relative Treatment of Securities in Railroad Reorganizations under Section 77,” 7 *Law & Contemp. Prob*. 420, 423（1940）.

14. 308 U.S., at 122–23: “[下级法院认定股东参与]将有利于债券持有人，因为这些股东具有‘财务地位和社区影响力’，并能提供‘管理的连续性’，这并不构成向他们发行新股票的法律依据。这些项目是大量无形资产的例证，如果这些无形资产被认为是向无价值的次级权益发行股票的充分对价，就很容易规避全部或绝对优先权的原则……事实上，此处列出的这些项目并不是发行有关股票的充分对价。在这种情况下的事实，它们不可能转化为相当于老股东参与的货币价值。它们在新公司资产负债表的资产栏中没有位置。它们仅仅反映了模糊的希望或可能性。”

15. § 1129（a）（7）. 根据 § 1124，到期日已恢复的贷款除外。参见第 2 章。

16. §§ 1126, 1129（a）（8）, 1129（b）.

17. See J. Trost, G. Treister, L. Forman, K. Klee, & R. Levin, *Resource Materials: The New Federal Bankruptcy Code* 335–39（1979）.

的主题？

从破产作为一种集体收债手段的角度来看，重整过程正当性基础必然是资产对索赔者自身的价值要高于对第三方的价值。罗伯特·克拉克（Robert Clark）认为，重整过程“在以下情况下具有经济意义：没有或只有少数潜在外部买家能够准确、及时地了解企业真实状况和未来前景，或者寻找和教育外部买家的过程本身非常昂贵。”[18]我们将很快审查这种理由可能成立的情形。目前，假设它在某些时候是成立的。这一理由表明，将企业回售给破产前的
215 索赔者所带来的额外价值是他们所拥有的企业价值和第三方愿意为其支付价格之间的差额。假设这些资产是以其最高和最佳用途而出售的，这意味着对单个索赔者的基线保护应该是资产在清算中的售价。即使接纳重整过程的这一正当性，把对单个索赔者的基线保护（baseline protection）确定为零散清算的标准也是不合适的。

因此，即使接受重整是合理的这一前提，适当的谈判主题很可能比通常认为的要小。[19]人们应该只就资产在第三方手中的价值与在破产前索赔者手中的价值差额进行谈判，这些资产的价值将以最高价值和最佳方式的利用。然而，还有一个更麻烦的问题与重整过程的正当性有关。第 11 章谈判规则的正当性最终建立在如此基础上，即拥有该规则可以让索赔者整体上享受比其他情况更大的资产馅饼。任何其他理由只是掩盖了对初始权益的明智审查，但不属于破产政策的内容。

然而，当人们关注这一点时，就会意识到为自己的利益而谈判是不可取的。问题在于，就如何分割通过将资产售回给索赔者而不是出售给第三方而获得的盈余进行谈判获得的好处，是否值得谈判所产生的代价。这就需要对谈判

18. Clark, supra note 1, at 1252.

19. 通常，§ 1129（a）（7）的“债权人最佳利益”测试被视为一个零散清算标准。然而，该条款或其政策中没有任何内容表明这是正确的解释。See Jackson, “Bankruptcy, Non-Bankruptcy Entitlements, and The Creditors’ Bargain,” 91 *Yale L.J.* 857, 893 & n.168（1982）.

的预期成本和收益进行评估。[20]

不少谈判成本是显而易见的。在任何避免市场定价机制的过程中，都会有无数关于资产价值以及关于这些资产的索赔价值的争议。[21] 关于不同阶层为企业未来福祉所增加的相对价值也存在争议。[22] 此外，由于对盈余进行投票的过程是由全阶层投票决定的，因此，合理构建阶层结构变得很重要；但对“适 216
当”的分类问题可能没有绝对的答案。[23]（例如，在合同上从属于另一个债权人的债权人应该归入同一阶层还是单独阶层？在各种估值假设下，我还没有看到任何不会引发战略性配售的答案。）因此，必须制定新的程序规则（如分类规则）[24] 而与不需要类似规则的世界（向第三方出售资产）相比，这些新的程序性规则必然会带来成本。[25] 此外，在双边垄断背景下，这些组别正就分配问题进行谈判，任何时候这样做都存在分配冲突干扰最佳部署结果的危险。

还存在另一个不太明显的成本。对于资不抵债的公司来说，多样化的所有权给不同的所有者群体创造了截然不同的动机。具体来说，延迟是符合股东利益的。今天，任何固定价值的事件，如资产出售，甚至重整计划的完成，都不会给他们留下任何基线权益。当一个群体不会因延迟而有所损失，这个群体实际上会倾向于延迟。破产法的大部分内容与这种激励有关。例如，它推动了为担保债权人提供充分保护的概念，从而要求可能从延迟中获益的群体为此付出代价。然而，没有类似的机制（或可以轻易设计出来[26]），要求股

20. 对这个问题进行了详细而有说服力的审查，同时得出结论认为第 11 章的规则并没有被证明是合理的，以上内容载于这篇文章，Baird, “The Uneasy Case for Corporate Reorganizations,” 15 *J. Legal Studies* 127（1986）.

21. See, e.g., *In re* Atlas Pipeline Corp., 39 F.Supp. 846（D. La. 1941）； *In re* Merrimack Valley Oil Co., 32 Bankr. 485（Bankr. D. Mass. 1983）；*In re* Landmark at Plaza Park, 7 Bankr. 653（Bankr. D.N.J. 1980）.

22. Baird 提出了这一点，supra note 20, at 142.

23. 这篇文章探讨了分类系统的一些操纵问题，D. Baird & T. Jackson, Cases, Problems, and Materials on Bankruptcy 665–72（1985）；see also *In re* Pine Lake Village Apartments Co., 19 Bankr. 819（Bankr. S.D.N.Y. 1982）.

24. §§ 1122, 1123.

25. 有时，如果解决关于出售资产的步骤是否具有成本合理性的争议变得至关重要，则可能有必要进行分类。然而，在大多数时候，这似乎不是一个重要的问题。

26. 股东受到有限责任原则的保护。在这里也不一定要废除它，因为许多股东可能对少数股东（管理）的行为没有什么发言权。或许可以对经理们或大股东施加处罚，但目前尚不清楚这些手段是否会特别有效，尤其是在迟延造成的损失高达数百万美元的情况下。

东赔偿无担保债权人的延迟费用。因此，如果情况变得更糟，债权人会为此付出代价。如果情况有所好转，无担保债权人可能会得到一些好处，但他们
217 不会得到全部好处。[27] 因此，谈判的过程本身可以用来实施延迟。

在破产之外，破产事件允许普通债权人撤回他们对公司的出资并停止延迟。这是一项在特定时间冻结资产价值并剥夺股东未来收益可能性的权利。[28] 破产法应该尊重这些权利的相对价值，就像它尊重其他无数权利的相对价值一样。如果没有对从延迟中获益的群体施加矫正成本，当破产程序被用来延迟这种兑现时，这些程序就会扭曲非破产的相对价值，并干扰破产所提供的公共池塘解决方案。

为了最大限度地降低这些成本，马克·罗伊（Mark Roe）在一份敏锐的分析中建议，根据破产法第 11 章进行重整的公司需要向公众发行该公司最终发行股票总数的 10%。[29] 通过这种方式可以获得企业的整体价值。然后，Roe 要求对企业的剩余债权作为普通股发行，并根据破产前索赔者的相关权利（连同向公众出售 10% 的收益）分配给破产前索赔者。简言之，Roe 的建议将通过依赖市场定价机制和避免谈判本身来解决与第 11 章谈判相关的成本。

然而，这项建议虽然很有前景，但似乎并没有对第 11 章应该做什么这一特定的规范性观点做出回应。诚然，它解决了谈判问题，但只是通过取消谈判过程。为了证明取消谈判的合理性，人们必须假设谈判是没有必要的。它通过让市场估值来解决估价过程。然而，第 11 章程序的正当性是，假设它是

27. See generally Baird & Jackson, "Corporate Reorganizations and the Treatment of Diverse Ownership Interests: A Comment on Adequate Protection of Secured Creditors in Bankruptcy," 51 *U. Chi. L. Rev*. 97（1984）. 这是诸如 *In re* Lionel Corp., 722 F.2d 1063（2d Circ. 1983）一案的根本问题。债权人希望出售莱昂内尔（Lionel）公司旗下一个盈利的业务分公司以换取现金；可想而知，股东们拒绝了。第二巡回法院裁定，股东控制重整程序和颁布重整计划的权利优先于债权人根据 § 363 出售资产的权利。这种解读，作为一个积极的事项，是基于一种并非不合理的假设，即国会打算在重整程序中赋予股东有价值的程序性权利。当然，从索赔者整体利益来看，这是否合理的规范性问题（normative question）是另一回事。
28. 因此，可以将其视为一种期权。See Black & Scholes, "The Pricing of Options and Corporation Liabilities," 81 *J. Pol. Econ*. 637（1973）. 这些通常是契约或违约条款的结果。See Smith & Warner, "On Financial Contracting: An Analysis of Bond Covenants," 7 *J. Fin. Econ.* 117（1979）.
29. See Roe, "Bankruptcy and Debt: A New Model for Corporate Reorganization," 83 *Colum. L. Rev*. 527（1983）.

有价值的，或者因为索赔者对公司价值有更多的了解，或者因为各种索赔者 218
正在为公司的未来福祉做出有益的贡献。Roe 的解决方案是通过假设这些正当性都不成立以“解决”第 11 章中当前存在的谈判和估值问题。但是，我们也会看到，如果有人得出了这个结论，就不再需要第 11 章程序了。

为什么不取消第 11 章?

这就是我们现在转向的问题——公司重整领域的 64,000 美元问题——为什么要有一个单独的重整程序？[30] 首先，考虑根据使用第 11 章而不是第 7 章来分配盈余进行谈判的理由。假设有这样的盈余。支持这一假设的一个论点是，买方不会支付与资产价值相当的价格，因为他们缺乏当前所有者所拥有的关于资产真实价值的信息。[31] 然而，这种说法似乎值得怀疑。问题必须是：“更好的估值与什么相比？”说市场可能因为缺乏获取充分信息的路径而被低估，理论上可能是正确的。[32] 但是，如果不使用市场定价机制，替代者似乎不是索赔者本身，而是破产法官。可以肯定的是，如果索赔人之间能够达成一致意见，他们可以决定估值问题。然而，在这些情况下，他们可能根本不需要破产重整程序。此外，说内部人士拥有更高级的信息是一回事，而假设所有被要求谈判或批准计划的所有者都拥有此类信息则是另一回事。所有者包括贸易债权人、税务机关和侵权行为受害者。他们对重整计划进行投票表决。为了理智地投票，他们需要得到内部人的信息，以了解为什么企业的价值高于市场
预期。然而，如果能给他们提供进行明智投票所必需的信息，那么，人们就 219
必须面对这样一个难题：为什么不能向市场也提供这些信息。

因此，说谈判之所以合适是因为内部人拥有占优势的信息，这是不合逻

30. 同样，关于这个问题的有趣的扩展处理，see Baird, supra note 20.

31. Clark, supra note 1, at 1252.

32. 尽管相关信息有时可能导致市场估值过高，但重整并不关心这类情况，因为将资产出售给不知情的第三方符合各方的利益。此外，这一信息点几乎没有实证支持。See Altman, “Bankrupt Firms’ Equity Securities as an Investment Alternative,” *Fin. Analysts J.* 129 (July–Aug. 1969)（没有发现市场低估的证据）。

辑的。只有在所有人都分享这种信息时这种说法才有意义。此外，还存在第二个问题：达成一致意见的可能性不大。在这种情况下，索赔者不会最终决定估值问题。索赔者可以在他们之间协商来分配盈余，但破产法官必须出于两个目的进行估值。第一，破产法官必须确定哪些第三方会为这些资产支付费用，以确保在适用第 1129（a）（7）条的“债权人最佳利益”测试时，对任何特定异议债权人提供基线保护。第二，在任何情况下，如果债权人得到的不是现金而是针对重整后企业的新票据，破产法官还必须对这些票据估值，根据第 1129（a）（7）条的标准，以确定它们是否足以保护异议索赔者。[33] 但是，我们无法通过抽象地或关注其名义（或表面）价值来确定这些票据的价值。相反，这些票据的价值取决于公司本身的价值。

那么，难以回避的事实是，破产法官必须确定公司在第三方手中和在其前索赔者手中的价值。然而，这表明第 11 章基于第三方低估的理由是可疑的，至少在当前这样一个资本市场发达的社会中是这样。[34] 为了进行这些估值，必须向破产法官提供有关公司在其破产前索赔者手中的运营信息。但是，如果可以向破产法官提供此类信息，以使他能够做出明智的估值决定，那么问题就再次明确地提出来了：为什么不能把这些信息提供给市场上的买家?

220　似乎没有简单的“因为（because）”答案。向全世界提供信息的成本可能更高，或者寻找买家并让他们达成交易的时间可能更长。[35] 但这绝不是确定的，即使撇开索赔者之间协商一致的谈判成本不谈，在没有特殊内幕信息的情况下向索赔者提供合适的信息（为了投票目的），然后，在破产法官（也必须向其提供该信息）面前就有争议的估值问题进行争讼，会比寻找合适的

33. 因此，如果 §1129（b）的绝对优先规则没有发挥作用，那么为什么原则上要避免全面的估值听证会，这一点尚不清楚。See J. Trost, et al., supra note 17, at 337; cf. H. Rep. No. 595, 95th Cong., 1st Sess. 414（1977）[“虽然第 1129（a）条没有考虑对债务人的业务进行估值，但根据第 1129（b）条，这种估值几乎总是需要的，以确定待分配对价的估值”]。

34. Roe 同意，supra note 29，at 564–66. 事实上，关于这个问题的一项研究得出结论，破产公司的证券（由于高风险）被高估了。See Altman, supra note 32. 这么说并不是说市场在 19 世纪运作得相当好。Clark 的历史解释可能是正确的，Clark, supra note 1, at 125–54. 改变的可能是“更好的”市场的存在。

35. 例如，投资银行家在并购或公开发行中的成本并不低廉，在破产程序中可能也很昂贵。然而，他们被用于合意的交易中；问题是相对于目前破产程序的成本，投资银行家的成本是多少。

第三方买家成本更低。

此外，破产法官的估值可能会产生成本，而这是市场估值所没有的。大量证据表明，破产法官的估值整体偏高。[36]尽管破产法官已经做出了“可行性”的裁判，但大多数重整的公司很快就失败了[37]。没有理由相信破产法官是特别好的估值者。此外，部分理由是，即使是善意的破产法官也可能对一家公司的成功机会过于乐观——由此对其价值也过于乐观。[38]认知处理错误可能导致 221
法官像大多数人一样，低估风险且高估成功的机会。[39]对这种认知偏差的纠正约束很少存在。当市场参与者做出错误的决定时会亏损，而破产法官则不会有类似的后果。也不太可能有类似于市场对犯系统性错误的买家所施加的纪

36. See, e.g., *In re* Nite Lite Inns, 17 Bankr. 367, 373（Bankr. S.D. Cal. 1982）； Blum, supra note 8, at 577–78 & n.18； see also Trost, “Corporate Bankruptcy Reorganizations: For the Benefit of Creditors or Stockholders ？”, 21 *UCLA L. Rev*. 540, 548–49（1973）； Brudney, supra note 10, at 679.

37. See LoPucki, “The Debtor In Full Control–Systems Failure under Chapter 11 of the Bankruptcy Code ？（pt. 1），” 57 *Am. Bankr. L. J*. 99, 100–01（1983）. 高失败率本身并不一定表明公司正在进行本不应该进行的重整。即使大多数公司失败了，重组许多公司也是正确的。然而，要做到这一点，必须满足两个条件：（1）必须区分成功概率高的公司和成功概率低的公司；（2）失败的成本必须很低（在这个意义上，如果努力重整但失败了，公司的清算价值并不比从未尝试重整少很多）。然而，很明显，基于这些理由重整是不合理的；相反，法官通常在没有此类限制的情况下做出“可行性”的裁决。

38. 此外，有一些理由认为所使用的方法是错误的。长期以来，人们认为重整企业的新证券不需要立即以破产法官认定的价值出售。See, e.g., *In re* Atlas Pipeline Corp., 39 F.Supp. 846 ,848（D. La. 1941）（describing the contrary view as “cold bollded”）; Blum, supra note 8, at 578. See also Citibank, N.A. v. Baer, 651 F.2d 1341, 1347–48（10th Cir. 1980）（认为在“破产的阵痛”之后，“一定数量股票的实际市场价值可能远远低于该股票所代表的公司持续经营价值的比例”）。这演变成了使用对证券在几年后价值的预测。See Coogan, “Confirmation of a Plan Under the Bankruptcy Code”, 32 *Case W. Res. L. Rev*. 301（1982）：“估值不一定是对实体当前收益或当前市场价值的陈述，而是如果它从重整的创伤中恢复过来，也许是两三年后，它的收益和价值会是多少。”这种假设可能是错误的，即市场无法准确评估经历过破产“创伤”的公司的价值，或者人们应该只关注公司“从重整的创伤中恢复过来”，公司能获得多少收益。See Altman, supra note 32; Langbein & Posner, “Market Funds and Trust Investment Law”,1976 *Am. Bar. Found. Research J*. 1; Gilson & Kraakman, “The Mechanisms of Market Efficiency”,70 *Va. L. Rev*. 549（1984）. 这种效果是可以预见的，因为“[抬高]价值是规避绝对优先规则的一种明显手段”, Gardner, “The S.E.C. and Valuation under Chapter X”, 71 *U. Pa. L. Rev*. 440, 456–57（1943）； see also Blum, “Full Priority and Full Compensation in Corporate Reorganization —A Reappraisal”, 25 *U. Chi. L. Rev*. 417, 444（1958）.

39. See Tversky & Kahneman, “Judgment under Uncertainty: Heuristics and Biases”, 185 Science 1124, 1129（1974）； see also R. Nisbett & L. Ross, *Human Inference* 17–192（1980）； Tversky & Kahneman, “Extensional Versus Intuitive Reasoning: The Conjunction Fallacy in Probability Judgment”, 40 *Psychological Rev*. 293（1983）.

律的有效约束。[40]

出于上述原因，基于市场估值过低的论点，不太可能在知情和不知情的索赔人之间进行谈判，然后由破产法官作出估值决定提供强有力的理由。如果是这样，低估价值的论点也不能作为第 11 章特别重整规则存在的正当性基础。

这些特别程序的其余理由并不取决于更准确的估值机制。相反，它呼应了 Douglas 法官在 *Case v. Los Angeles Lumber Co*. 案中[41]首次提出并被驳回的观点——公司在当前索赔者手中比在第三方手中实际上更有价值。例如，现有的股东可能被认为具有特殊的知识或专长，没有他们的参与，公司的价值就会降低。此外，这种知识和专长并不是破产前债权人有权拥有的资产（因为他们没有办法要求股东留在企业）。由于这一事实的结果，破产前股东也拥
222 有相对价值，因此，这一正当性表明，它应该以绝对优先规则无法实现的方式尊重破产前股东。尊重它的方法是允许各方就股东出资的这些资产对公司未来经营的价值进行协商。因此，为了使公司价值最大化，这一正当性表明，有必要保持股东的位置，这就要求债权人与这些股东就他们有权保留多少公司价值达成一致协议。

然而，这一正当性建立在可疑的假设之上。在许多公司中，所有权和控制权实质上是分离的。[42]通常在公司的工作人员及其经理和董事可能是企业无足轻重的股东。当问题是与现有人员留在董事会相关的未来价值时，有问题的个人是员工和经理人，而不是股东。接管企业的任何团体，无论是第三方

40. See Schoemaker, "The Expected Utility Model: Its Variants, Purposes, Evidence and Limitation," 20 *J. Econ. Literature* 529, 541（1982）; Schwartz & Wilde, "Intervening in Markets on the Basis of Imperfect Information: A Legal and Economic Analysis," 127 *U. Pa. L. Rev*. 630, 662–66（1979）.

41. See supra note 14.

42. 这一观点最早是在一本开创性的书中由伯利和米恩斯（A. Berle & G. Means）提出，The Modern Corporation and Private Property（1932）. 公司法的许多问题必须处理由于经理的利益与股东的利益不完全一致而产生的问题。See Kraakman, "Corporate Liability Strategies and the Costs of Legal Controls," 93 *Yale L. J*. 857（1984）; Easterbrook & Fischel, "Corporate Contral Transactions," 91 *Yale L. J*. 698（1982）; Fama & Jensen, "Separation of Ownership and Control," 26 *J. L. & Econ*. 301（1983）.

还是现有的索赔者，都必须与这些人打交道（如果他们没有雇佣合同），以便让他们继续在公司工作。这些谈判在破产中是必要的，正如在破产外一样，但它们并不能证明第 11 章的现行结构是合理的，在这种结构中，谈判涉及应将持续经营盈余的哪一部分转移给股东。在上市公司中，要证明给股东提供报酬是合理的将会很奇怪，因为经理人有公司需要的特定技能，从而使其更具价值。

终极问题是为公司收购有价值的破产后（postbankruptcy）资产而进行的一场谈判。这些谈判对于破产来说并无独特之处，而且它们似乎也无法证明第 11 章的特殊谈判规则的存在是正当的。从股东和经理很大程度上有所重叠的意义来说，在公司被紧密控制的情况下，这些规则似乎有一定的价值。在上述情况下，无论谁收购资产，如果希望将其维持在一起持续经营下去，可能都必须与当前的经理人 / 股东进行谈判。鉴于在任何情况下这些交易都必须发生，在第 11 章程序的背景下进行谈判似乎是合适的。

然而，这并不是第 11 章程序的独立正当性。在第 7 章程序中，这些资产 223
仍然可以出售给第三方，而第三方在决定为资产支付多少钱时，必须与现有的经理 / 股东达成（或考虑成本）协议，将公司的一定比例移交给他们。这些谈判可能是很困难，但它们不会受到第 11 章重整程序人为设定的限制。在后一种情况下，谈判桌两边的当事人都是固定的，而且存在着双边垄断（bilateral monopoly）的一面。然而，在第 7 章谈判的情况下，买方不受约束。退出谈判是自由的，其他潜在买家可以加入谈判（如果他们愿意，包括现有索赔者的联盟）。

出于这些原因，在第 11 章程序中进行谈判的前提似乎未经证实，也毫无希望。Roe 提出关于应该淘汰它们的建议可能是正确的。[43] 然而，一旦达到这

43. Roe, supra note 29. 他的建议仅限于上市公司。Id., at 563 n.126. 然而，正如我在文中所指出，没有特别的理由要求现有债权人（他们与贸易供应商和侵权债权人一样，不一定是内部人）仍然是所有者，仅仅因为破产前的股票被少数人持有，或者这些股东和管理者之间存在强烈的重叠。

一点，第 11 章似乎完全没有任何剩余的正当性了。Roe 设想了一种全普通股本结构和 10% 浮动的解决方案。但是，一旦谈判的正当性被驳回，人们决定依赖市场定价机制，就没有特别的理由认为这些对资本结构的人为限制是必要的或适当的。[44] 没有理由不把第 7 章作为一种工具，即通过适用第 7 章来将公司作为一个持续经营的企业出售，这一点和公司上市类似。公司的资产可以被转移到一个新的公司。这个新公司可以有一个资本结构。然后，可以公开发行该公司不同类别的股票。这种解决方案避免了第 11 章中普遍存在的关
224 于分配问题的阶层间冲突（因为反对以更高而不是更低的价格出售资产符合任何阶层的利益），[45] 并避免了人为性，即在第 11 章的当前范围内为解决该问题而强加资本结构。

可以肯定的是，这一解决方案需要改变其他法律规则。必须修改托管人的权力以及关于经管债务人持续经营业务的规则，以便使第 11 章中企业经营中发生的情况在第 7 章中同样容易发生。[46] 如果一家公司正在清算而不是重整，也有必要取消赋予投资者不同权利的现有法律，因为这些是阻碍资产部署问题的破产强制性规则。托管人应该能够将公司的所有有形资产以及无形资产（包括公司对他人的诉讼等）转让给第三方买家。[47] 有些税收规则提供了额外的示例。根据现行法律，当出售一家公司以获取现金时，税收损失（tax-loss）

---

44. Roe 依赖于莫迪利亚尼（Modigliani）和米勒（Miller）的“无关性命题”，即如果资本市场是完美的、信息是完美的，所有参与者都有相同的预期，破产成本为零，并且不存在税收，那么，一家公司无法通过改变其资本结构来增加其价值。See Modigliani & Miller, “The Costs of Capital, Corporation Finance and Theory of Investment,” 48 *Am. Econ. Rev*. 261（1958）. 即使我们可能不太清楚为什么无关性命题会失败，但事实上，它并没有描述世界的本来面目——一个具有分层资本结构的世界。因此，并不清楚的是对一个公司强加一个完全通用的资本结构（即使它随后进行了资本重组）是没有任何成本的。无论如何，既然债权人愿意，他们可以在第 7 章清算中采用这一规则，似乎没有充分的理由在第 11 章中把它强加给债权人。

45. 有时会出现这样的问题，即决定哪一个类别是剩余类别，将决定权强加给他们，以便就应作出何种努力出售资产，以及是否和何时应接受购买要约作出决定。See Baird, supra note 20. 一些成本（如雇佣投资银行家的决定）远非微不足道。但我们通常观察到破产之外的这种交易，这表明他们的净成本被认为比其他出售证券的方式要低。

46. 目前，只有在第 11 章中，债务人推定为继续占有，§§ 701–04；只有在第 11 章中，推定企业为持续经营，比较 § 721 和 § 1108；只有在第 11 章中，才允许在正常经营过程中销售，而无须事先获得法院同意。§ 363（c）（1）.

47. 正如我们在第 2 章中所看到的，这种出售应该是无负债的。See also Roe, “Bankruptcy and Mass Tort,” 84 *Colum. L. Rev*. 846（1984）.

结转会消失，但当公司被出售以获得证券时（即使这些证券可以很容易地转换成现金），税收损失结转会继续存在，当根据第11章对一家公司进行重整时，税收损失结转仍会继续存在。[48] 管理税收损失结转的规则应该独立于涉及哪种破产程序的问题。

然而，这一切都不应掩盖根本问题。如果因为现有的规则允许某些资产（如税收属性）只在重整的情况下存续，而建议保留第11章（无论是否有其特殊的谈判规则），那将是本末倒置。更可取的审查是确定第11章程序是否为索赔者提供了更好的机会以实现正确的分配结果。如果不是，无论是在第11章之内还是之外，就没有保留那些强制使用规则的合理理由了。

48. Internal Revenue Code §§ 381, 382.

10

225 破产法的全新开始政策

到目前为止，讨论的重点是破产的概念，其作为无力偿债债务人（insolvent debtor）的索赔者（claimants）收债的手段，无论债务人是公司、合伙企业还是个人。破产法中的另一项关键政策仅适用于个人债务人。通常该政策被视作一种免责的政策，与索赔者之间的权利本身无关，也与破产是为了解决公共池塘问题的概念无关。相反，它衡量的是这些索赔者权利相对于单个债务人的权利，并确定个人应能保留哪些资产使之不落入债权人手中。因此，免责代表了一种实质的破产政策，旨在破坏非破产权利。至少在某些时候，债权人在破产之外的权利是无关紧要的；在这种情况下，非破产情况及其相对价值被忽视了。

此外，免责远非一项微不足道的政策。事实上，破产为个人债务人提供的主要好处在于与免责有关的利益。除非他违反了破产法中规定的某些行为规范，否则，诉诸破产的个人可以通过放弃现有的非豁免资产或者放弃近期的未来收入的一部分，以从大部分现有债务中获得免责。[1] 免责不仅使债务人摆脱了过去的财务义务，而且还保护他免受可能因免责而产生的不利后果。[2] 出于以上原因，免责被视为给予债务人财务上的全新开始。

226 免责的可获得性引发了一系列问题，而将破产作为对公共池塘问题的回

---

1. 债务人的一半交易内容主要取决于他采用的是第 7 章还是第 13 章。这两种破产形式之间的区别将在第 11 章中简要探讨。

2. 这些保护措施在 §524 和 §525 中有描述。See also Fair Credit Reporting Act. U.S.C. §1681c(a)(1)(1982)(信用机构只能保存和传播破产记录十年)。

应这一概念是无法回答这些问题的。例如，为什么“诚实但不幸的债务人”[3]完全享有免责的权利？为什么一个对自己的最大利益有信心的人，在寻求获得信贷时，不能明确地放弃这一权利呢？在允许个人保留人力资本及其收益以及其他某些资产的同时，为什么免责通常要求他放弃这种财富的其他形式？如果我们假设财务上的全新开始是合适的，为什么个人在行使其免责权时只能免责部分而不是全部不利后果？最后，为什么一个欺诈了他的债权人的人不能被免责，而不是在其他方面应受道德谴责的人，比如谋杀犯或纵火犯？本章试图为分析这些问题和相关问题提供一个框架。下一章将把这一框架应用于免责政策和豁免财产的不同方面。

透视“全新开始”政策

历史上，由于免责政策已经体现在破产法中，我们有时忽视了免责法与以“债权人为导向”的破产收债功能有关法律之间的区别。正如前九章所强调的，破产法大部分内容并不涉及界定债务人的免责权，而是涉及为满足债权人的债权提供一个强制的集体性解决问题的地方。[4]仅适用于个人的免责，[5] 227
可以不经集体程序而被准予，[6]就像可以在不免责的情况下提供分割现有资产的集体程序一样。因此，“全新开始”政策本质上与以债权人为导向的分配

3. 这句话——已成为破产传说——来自 Local Loan Co. v. Hunt, 292 U.S. 234, 244（1934）（破产“为诚实但不幸的并且交出他在破产时拥有的财产进行分配的债务人，提供了一个全新的生活机会和未来努力的清晰领域，使其不受先前存在债务的压力和挫折的阻碍”）。

4. 事实上，从历史的角度来看，免责是破产法中相对较新的补充。英国第一部关于破产的法规于 1542 年通过，被称为“An Act Against Such Persons As Do Make Bankrupt”，规定了集体诉讼但没有规定免责。See 34 & 35 Henry 8. ch. 4. § 6（1542）.1705 年通过的一项法案，允许了商人被免责其债务，see 4 Anne, ch. 17. § 7（1705）, 但免责更多地被设想成作为一种鼓励商人—债务人（merchant-debtors）向债权人披露其资产的手段（从而促进收债），而不是作为一种给个人一个全新的开始的方式。（事实上，不合作的债务人可能会被判处死刑。）See Jones,“The Foundations of English Bankruptcy: Statutes and Commissions in the Early Modern Period,” 69 *Transaction Am. Phil. Soc' y* pt. 3（1979）. 破产法中全新开始政策的相对新颖性在 United States v. Kras, 409 U.S. 414, 446-47（1973）案中被记录。

5. See § 717 (a) (1) (“法院应准许债务人免责，除非（1）债务人不是个人……”）。公司在获得免责之前必须进行重整。这一要求背后的政策与全新开始政策的基本原理没有什么关系。

6. 例如，法律可以通过一种公示制度来授予免责，从而使某些资产（如未来的工资）摆脱现有债权人的索赔。公示制度将告知债权人债务人的选择。

规则无关，这些规则赋予了破产法一般形态和复杂性。

尽管如此，两者在破产法中的联系并不令人感到惊讶。如果允许个人只要同意放弃某些资产就可以主张免责，那么只有当他的负债超过这些资产的价值时，他才有可能利用这一权利。在这些情况下，基于先到先得原则的收债规则将无法发挥有效作用。债权人在面临公共池塘问题时，可能会希望协调他们的行动以确保不仅所有人都能分享到资产，而且收债努力不会降低资产的总价值。因为破产的集体过程实现了这种协调的分担，一旦作出免责决定，它就会发挥适当的作用。[7]然而，免责的理由与债权人关切的问题无关。尽管，将个人财务的全新开始放在一部主要涉及收债程序的法律中是有意义的，但是，“全新开始”政策背后的社会和经济担忧是截然不同的。

重要的是要认识到全新开始政策的现有轮廓并非一成不变。我们的破产法总是认为，从本质上讲，免责意味着个人的人力资本（表现为未来的收入）以及他未来的遗产和赠与摆脱了他过去承担的债务。然而，可以通过其他方
228 式来设想一个财务上的全新开始。[8]破产免责应主要保护个人的人力资本而不是他的其他资产，这一点并非显而易见。就像一家公司，其持续经营价值可以通过将其资产回报的资本化来确定，同样，个人的当前经济价值也可以通过从他对现有财富形式的预期使用进行推断而粗略计算，其中最有价值的往往是他的人力资本。因此，个人的现有资产和未来资产（或有形资产或金融资产与人力资本之间）之间的界限绝非清晰。

---

7. 这一结论可能表明，当破产程序是通过非自愿申请而强加于个人时，个人应该有权利拒绝免责。实施这种权利的一个问题是难以区分自愿拒绝和债权人胁迫的拒绝。即便如此，或许债务人通常应该有这样的选择（要有一个冷静期，以确保他们不会冲动行事）。

8. 许多案例都聚焦于某一结果是否提供了一个抢先的开始而不是一个全新的开始。See, e.g., Lines v. Frederick, 400 U.S. 18, 21（1970）（Harlan, J., 持异议）（认为法院的命令“不仅允许[债务人]全新开始，而且给了他一个抢先的开始”）; *In re* Cerny, 17 Bankr. 221, 224（Bankr. N.D. Ohio 1982）（“任何其他的结果似乎都超出了全新开始政策……并将有效地给债权人一个抢先的开始”）。但这个问题本身就是空洞的。人们必须常问全新的开始或抢先的开始是相对于什么而言的？一个让债权人获得债务人任何资产的制度会减损某种绝对意义上的全新的开始。人们首先需要一个关于全新的开始政策应该做什么的规范性理论，以便评估该政策应该包括什么和不应该包括什么。

传统上，人力资本和豁免财产[9]受不同法律制度的保护，这使得破产的全新开始政策的范围更加模糊。虽然人力资本和豁免财产共享一个重要属性——债权人不能强迫债务人工作，也不能在未经同意的情况下获得他的豁免财产，破产法对这两种资产的处理方式是不同的。正如它在收益中所体现的那样，破产法本身将人力资本置于债权人无法触及的范围之外。[10]然而，它通常将保护其他种类的资产作为豁免财产的保护留给非破产法，[11]这意味着破产的全新开始政策在很大程度上仅限于保护人力资本。那么，我们应该继续分析，证明破产免责政策的合理性，并说明很大程度上该政策主要局限于人力资本事实结果。

全新开始政策的规范性基础

免责的不可放弃权利的两部分正当性：风险分配和社会安全网

在考虑为什么社会会认为允许个人以放弃其全部财富的一部分为交换条件以免责其几乎所有债务是可取时，最近关于免责法的学术研究集中于债 229
务人或债权人是更优的风险承担者，以及免责是否应推定可行。例如，在第一次认真考虑应在多大程度上免责的努力中，西奥多·艾森伯格（Theodore Eisenberg），尽管没有用这些术语来表述，但他提出了一种解释支持不可免责的一般假设。[12]他认为，风险承担是免责权背后的主要问题："免责制度提供了一种在债务人和债权人之间分配财务困境风险的技术"。[13]反过来，该建议借鉴了最近关于合同不可能性情况下风险分配的理论工作。这项工作表明，当合同没有规定时，风险应该由最有能力承担的一方承担。一方承担风险的能力，反过来又取决于其避免有害事件的能力，也取决于其针对这些事

9. 在豁免财产这一术语中，我将通常不被称为豁免财产但债权人无法征收的财产包括在内，如基奥（Keogh）账户。参见下文第 11 章。

10. See Local Loan Co. v. Hunt, 292 U.S. 234（1934）.

11. § 522（b）（2）.

12. See Eisenberg, "Bankruptcy Law in Perspective," 28 *UCLA L. Rev*. 953, 976–91（1981）; see also Weistart, "The Costs of Bankruptcy," *Law & Contemp. Probs*., Autumn 1977, at 107（通过类比合同的不可能性来讨论免责是否可取）。

13. Eisenberg, supra note 12, at 981.

件进行有效防范的能力。[14]尽管他的结论是，不能先验地确定最佳保险人，但Eisenberg建议，应该推定债务人是最佳风险承担者，因为债务人“对（自己的）财务活动比任何特定的贷款人都拥有更大的控制权”，由此能够更好地判断自己何时承担了过多的信贷。[15]

然而，债务人很可能是更优风险承担者，这一结论绝非没有疑问。免责可被视为个人有限责任的一种形式——这是一种法律结构，与公司的有限责任一样，源自同样的愿望并服务于同样的目的。理查德·波斯纳（Richard Posner）提出了两点理由，说明为什么限制公司的责任是明智的。[16]其一，在评估向企业提供信贷的风险方面，企业的债权人比企业的股东更有优势，因此是更优风险承担者。其二，有限责任可能是有利的——至少在所有权广泛
230 分散的公众持股公司中是这样——因为股东可能比债权人更不愿意承担风险，所以，愿意付钱让债权人承担更大份额的风险。

这两个原因也可以支持个人有限责任。至于第一种情况，个人债权人通过与许多债务人打交道积累了经验，可能比个人更善于监督其借款。这一论点与Eisenberg的分析相矛盾。此外，Posner关于有限责任的第二个理由对于个人来说可能特别有力。个人可以将其资本投资于证券和各种其他创收资产，就这一点来说，他们可以通过分散持有资产来进一步实现他们规避风险的愿望。然而，个人资本可能主要由人力资本组成——特别是对于年轻人来说——这种特殊形式的财产不能通过投资于具有不同风险特征的资产而轻易多样化。[17]因此，就像商业协会认为公司形式及其附带的有限责任值得增加信贷成

14. See Posner & Rosenfield, “Impossibility and Related Doctrines in Contract Law and in Economic Analysis,” 6 *J. Legal Stud*. 83, 89, 92（1977）； see also Weistart, supra note 12, at 111–12（暗示了合同法不可能性原则与免责政策之间的相似性）。

15. Eisenberg, supra note 12, at 982.

16. See Posner, “The Rights of Creditors of Affiliated Corporations,” 43 *U. Chi. L. Rev*. 499, 507–09（1976）. See generally Halpern, Trebilcock, & Turnbull, “An Economic Analysis of Limited Liability in Corporation Law,” 30 *U. Toronto L.J*. 117(1980)（讨论了公司有限责任的理由）； R. Clark, *Corporate Law* ch. 1（1986）（一样的）。

17. See, e.g., A. Alchian & W. Allen, *Exchange and Production: Competition, Coordination, and Control* 162–64 （2d ed. 1977）（讨论人力资本的属性）。

本一样，个人也可以通过免责给他们带来的有限责任中获得净收益。

即使我们能够确定在任何特定情况下，债务人或债权人是否更有可能成为更优风险承担者，这种风险分配分析不过是一种假设。这样的分析不能解释为什么要将冻结推定为不可撤销的免责权。事实上，通常企业基于债权人比股东更能承担风险的假设而签约。公司形式仅仅是其他经营形式（如独资企业和合伙企业）的一种替代形式，在这些经营形式中，股权所有者的责任不受法律限制。此外，即使使用公司形式，担保和类似安排也允许通过合同规避有限责任。风险分配分析本身并没有阐明为什么这种选择性特征不适用于个人有限责任的原因。[18]

如果合同法没有提供相关的类比，另一个法律领域可能会提供。因为各种社会保险计划的存在（如失业保险、医疗保险、社会保险），免责权的不可放弃性可能是合理的，尽管只是局部放弃。我的意思并不是说仅仅因为它类似于其他已得到普遍接受的家长式社会项目，所以认为免责是合理的。相反，我的意思只是，在一般社会项目的背景下，破产的全新开始政策可能是合理的，231
部分因为它减少了这些社会项目造成的“道德风险”。[19]社会福利项目的存在导致个人低估了当前从事风险活动的成本，这是因为他们可以依靠社会来承担明天可能出现的部分成本。一个在爬山时摔断腿的人，可能有权获得失业救济金、食品券、医疗保健等。得知这种帮助是可获得的，这会促使个人在决定是否攀登时对未来可能受伤的成本进行打折（虽然不是零）。[20]因此，这些项目可以被看作是一种社会保险，并以一般税收的形式支付。由于任何个人支付的保险“费率”并不与他从事风险活动的概率相适应，这种保险产生

18. 如果没有免责的规定，个人很可能通过合同寻求这种有限责任。See Rea, “Arm–Breaking, Consumer Credit, and Personal Bankruptcy,” 22 *Econ. Inquiry* 188, 191（1984）.

19. 关于道德风险的讨论，see A. Polinsky, *An Introduction to Law and Economics* 54–55（1983）.

20. See J. Elster, *Ulysses and the Sirens: Studies in Rationality and Irrationality* 85–86（1979）（注意到“在个人从事风险活动的程度和他们对社会福利基金的贡献之间存在某种关联是至关重要的；否则，他们拒绝约束自己就不是一种自发的表现，而是试图以搭便车的方式运作”）；T. Schelling, *Choice and Consequence* 7（1984）（“这是无法逃避的。几乎任何针对人们可以控制的条件的补偿项目，即使是远程和概率控制，都会减少置身于该条件之外的动机，并降低摆脱这种情况的紧迫性”）。

了一般意义的道德风险：在这种情况下，一种个人系统地并且理性地低估了从事风险活动的实际成本，这是因为其中一些成本是由其他人承担的。

如果没有免责权，一位资产被债权人掠夺的个人可能会转而依赖社会福利计划。这些项目的存在可能会使他低估举债决策的真实成本。相比之下，免责将许多不明智信贷决策的风险强加给债权人，而不是社会保险计划。因此，破产中有限的、不可放弃的免责权之可用性，鼓励了债权人监督授信，从而最大限度地减少安全网计划所产生的道德风险。由于债权人可以监督债务人并且自由地准予或扣留信贷，因此，免责制度包含了一个内置的检查机制。[21]

232 债权人作为监督者的职能以及免责为这种监督提供激励作用，对社会保险具有重要的政策影响。例如，考虑到约翰·魏斯特（John Weistart）的建议，即联邦政府通过保证任何人，无论债务如何，都不得低于一定的生活水准让债务得不到免责——政府将为债务人提供食物、衣服和住所，并尽可能帮助债权人将损失最小化。[22]这个提议至少有两个明显的优点：债务人和依赖他们提供支持的人将得到生活必需品的保证，而债权人将心怀最终获得全额偿付的希望。正如 Weistart 所指出的，拟议的制度还有一个特点可以说是对现行制度的改进：它将保护范围扩大，以保护那些需要免责以防止他们的生活水平下降到一定水平以下的人。然而，政府“利用其收入发放补助金以减少债权人承受的损失”，这类解决方案的难点在于[23]加剧了道德风险。一个人仅仅通过纳税就可以“购买”保险。这样他就有承担巨额债务或从事风险活动的动机，因为他知道自己永远不会低于政府所保证的最低生活标准。

在一个提供其他类型安全网的社会中，鼓励债权人监督的重要性可能有助于解释为什么免责权是不可放弃的，但这种解释有其局限性。如果破产免

---

21. See Rea, supra note 18, at 192（贷款给消费者的债权人是“监测消费者的资产状况”和还款记录的专家，他们有能力扣留其未来的信贷）。规则的设计是为了利用许多领域的监控能力，see Kraakman, “Corporate Liability Strategies and the Costs of Legal Controls,” 93 *Yale L.J.* 857, 888–96（1984）（讨论将公司不良行为的风险置于公司“看门人”身上的规则的优势）。

22. See Weistart, supra note 12, at 119–21.

23. Id.

责不可放弃的原因是通过减少对安全网计划的依赖来减轻公共财政负担，那么还有其他方法可以实现这一目标，这些方法对个人自主权的限制比现有的免责规则要小。如果免责法只关注推进这一狭隘的目标，它可以只是允许债务人在破产后免于被扣押的一笔款项，这笔款项相当于他本来有权获得的安全网福利的每周平均价值。[24] 然而，破产的全新开始政策为债务人提供了更广泛的保护。问题仍然是能否为这种保护提供更令人满意的解释。

意志和认知的正当性

也许破产免责提出的最普遍的问题是：免责权的不可放弃性（尽管这一点抑制了借款人的个人自主权）是否事实上忠实保护了他和非缔约方的利益。 233
在我看来，答案是有条件的是（yes）。我将在这一节中论证，破产免责政策的一个关键与固有的偏见有关——没有被市场限制所纠正——大多数人作出导致他们过度消费和储蓄不足的决定的方式。反过来，这种观点基于现有证据，这些证据表明，许多人在决定是今天消费还是为明天储蓄时，都没有系统地追求自己的长期利益。对我所识别的问题进行精确的分析，这一点很重要。不能简单地说问题是人们因为自己或自己的环境随着时间的推移发生了变化，而对自己的某些行为感到后悔。相反，为了证明不可放弃的合理性，必须证明个人系统地误判（或忽视）自己的利益，而且这种偏见始终将他们引向一个方向——消费过多而储蓄过少。[25]

有些理论表明，关于我们如何在一生中分配财富的决定偏向于当前的消费。最近的哲学研究集中在这样一个事实上，即随着时间的推移，人们的性格会发生实质性的变化——个人实际上会变成不同的人。该论点认为，随着时间的推移，一个人评价其机会、欲望和风险的方式的变化会导致他感到后

24. 这种规则的本质存在于破产之外。See Consumer Credit Protection Act § 303, 15 U.S.C. § 1673 (a) (1982) (限制工资扣减) 。

25. 在下一部分中，我们将讨论社会干预对个人消费信贷的决策可能是合理的，因为这些决策可能对第三方产生负面影响。

悔。[26] 为了保护个人不受这种后悔和这些后悔决定的不幸后果的影响，社会有理由对个人的契约自由施加“家长式”的限制，其中包括免责的不可放弃性。[27]

234 然而，出于三个原因，这个理论本身似乎不足以作为一个解释工具。第一，许多导致后悔的短期判断转变并不是人格根本转变的结果。[28] 第二，后悔理论不能令人满意地解释为什么个人在作出关于未来的决定时，不能充分考虑到他们的想法和价值观会发生变化的可能性。这不应该违背人们的预期，例如，20 岁的激进学生可能到了 40 岁时会成为商业领袖或者重生的基督徒。这样的大转变，虽然绝不是惯例，但确实经常发生并且可以预见。个人有幸观察父母、祖父母和其他人如何随着时间而变化。第三，性格转变的概念本身并没有提供基础，以确定个人的连续人格中哪一个应该被认为是他的“真实”性格，即表达其真正偏好的性格。

冲动控制：一种意志上的正当性。那么，后悔理论本身并不能解释为什么社会应该以牺牲现在的自我为代价来尊重未来自我的偏好。冲动的概念至

26. See Parfit, “Later Selves and Moral Principles,” in *Philosophy and Personal Relations* 137, 144–46（A. Montefiore ed. 1973）（讨论改变性格对早期承诺有效性的影响）; Note, “The Limits of State Intervention: Personal Identity and Ultra-Risky Actions,” 85 *Yale L.J.* 826, 834（1976）（认为身份的改变实际上创造了“其他人”，他们必须受到国家的保护，免于受到当前自我行为的影响）; Sen, “Rational Fools: A Critique of the Behavioral Foundations of Economic Theory,” 6 *Phil. & Pub. Aff.* 317, 322 n.9（1977）; Dworkin, “Paternalism,” in *Morality and the Law* 107（R. Wasserstrom ed. 1971）.

27. See Kronman, “Paternalism and the Law of Contracts,” 92 *Yale L.J.* 763（1983）. Kronman 区分了失望和后悔，他用后悔（regret）来描述一种情况，即“一个人的目标发生了重大变化，[因此]他以前的决定现在可能显得不合理，” id., at 780. 失望（disappointment）描述的只是对某一特定决策结果的预期落空。他认为，“后悔的想法……确实有助于解释……债务人的免责权利的不可剥夺性。” Id., at 785. Kronman 补充道：“给债务人一个全新的开始的原因之一是为了抵消他可能感到的自我憎恨（self-hatred），因为他在过去的一系列决定中抵押了他的整个未来，现在他后悔了。无论其宏观经济功能如何，破产免责也有一个道德目的——让债务人恢复一定程度的信心，相信他有能力按照自己的意愿安排自己的未来，摆脱过去的魔爪。如果没有这种信心，债务人甚至可能失去最起码的自尊，而自尊是他对自己和自己的生活感兴趣的一个条件。” Id., at 785–86.

28. 后悔可能来自于个人好恶的短期波动，而不是从一种性格到另一种性格的深刻而持久的转变。正如托马斯·谢林（Thomas Schelling）所观察到的：“交替偏好之间的理性战略互动现象，是大多数人决策和福利的重要组成部分，不能被排除在我们对消费者的考虑之外。如果我们坚持认为消费者的价值观和偏好在一段时间内，甚至是很短的一段时间内都是一致的，那么我们就忽略了太多重要的目的性行为。” Shelling, “Self-Command in Practice, in Policy, and in a Theory of Rational Choice,” 74 *Am. Econ. Rev.* 1, 5（1984）; see also J. Elster, supra note 20, at 41–42, 109–11（讨论多重并发“自我”的概念）。T. Schelling, supra note 20, at 93–94（认为决定如何在几种性格中选择一种成为一个类似于社会选择问题的问题）。此外，对规划的一些限制不能归因于保护决策者未来的自我。例如，反对永续财产的规则阻止立遗嘱人在他死后对资产施加长期控制——据推测，他死后将不再经历性格的转变。

少提供了部分答案。当面临选择时，个人倾向于选择当前的满足而不是延迟的满足，即使知道后者带来更大的好处。尽管，这种行为本身可以用一种理性倾向来解释，即对延迟利益的价值进行折现，但这种解释并不能说明进一步的观察：尽管如此，同样的个体有时会倾向于一种避免选择并要求他们延 235
迟满足的规则。[29] 著名的文学例子是尤利西斯（Ulysses）被绑在他船上的桅杆上，这样他就可以看到塞壬（Sirens）而不失去自我控制。一个更现代的例子是赌场的做法，即允许一个人在开始时对他的赌博程度设定一个限制，尽管他后来提出抗议，但该限制仍由赌场强制执行。更常见的是，吸烟者将香烟交给朋友，并嘱咐他们在一定时期内不要吸烟。在以上情况下，人们都在有意识地限制自己在未来冲动行事的能力。

个人对自己的冲动施加外部约束的倾向，为决定个人偏好于哪种个性奠定基础。一种性格是理性的规划者，它仔细评估了当前和未来消费的相对优势。相反，冲动型性格像瘾君子一样对待生活，无法考虑或规划未来。冲动型性格不会真正选择，因为它没有理性地思考一个给定的决定会如何影响个人的长期利益。相反，理性的自我会抑制冲动的诱惑，解决而不是按照个人的全部需求和欲望行事。[30]

那么，对冲动行为的控制，可能为证明免责政策是正当的提供了关键的见解。通常，如果不受约束的个人会选择今天消费而不是为明天储蓄，如果这种倾向部分源于冲动，那么，他们可能会在有机会的情况下，选择一种方式来提前取消或至少限制这种选择。如果个人无法控制自己的冲动，他们可能希望得到社会强加的一项规则的帮助，这个规则将简单地强制执行他们完

29. See, e.g., J. Elster, supra note 20, at 36–111；Schelling, supra note 28, at 1（将冲动控制描述为“预期自我控制”）。关于冲动控制的实验研究的很好的总结，可以在 Rachlin & Green, “Commitment, Choice, and Self-Control,” 17 *J. Experimental Analysis Behavior* 15（1972）一文中找到：“当提供给鸽子小的即时奖励和大的延迟奖励之间的选择时，鸽子总是选择小的即时奖励。然而，如果现在向鸽子提供选择以限制它们未来的选择，如此一来，它们只能选择大的延迟奖励，它们就会这么做。换句话说，它们现在会选择从他们未来的机会集合中消除小的即时奖励。”

30. See T. Schelling, supra note 20, at 94. 在 Thaler & Shefrin 撰写的“An Economic Theory of Self-Control,” 89 *J. Pol Econ*. 392（1981）一文中，这种行为已经用代理成本理论进行了分析（它被视为内部利益的冲突）。

全理性的自我假设决定。

236 问题仍然是这种规则应该采取什么形式。在某些情况下，解决方案可以采取冷静期（cooling-off period）的形式——在此期间，允许个人撤销其冲动行为的后果。然而，尽管特定种类的信贷交易可能会因受到冷静期规则约束而有利可图，[31]但对所有的信贷交易适用这样的规则，同时不对债权人经济运作所必需的预期的确定性造成实质性损害，这几乎是不可能的。[32]因此，最好首先通过限制个人冲动行事的能力来处理冲动性信贷的获取。

更具体地说，一项不鼓励授信的法律规则，可能是帮助个人控制冲动性信贷决策的最佳手段。不可撤销的免责权通过鼓励债权人监督借款来控制冲动的信贷决策。在控制个人购买或借贷的冲动方面，其他侵入性较小的规则几乎不会那么奏效。例如，考虑一项规则，该规则允许个人自己决定是否受法律强制执行的免责权的约束。要让这样的规则发挥效用，个人的决定必须是不可撤销的——要么必须通过某种形式的具体履行来强制执行，要么个人必须因违背自己最初的选择而面临一些重大惩罚。否则，一个被冲动控制的人可能会撤销他接受或放弃免责权的决定，正如每当一个吸烟者有点燃香烟的冲动时，都可能会撤销他不吸烟的新年决心。此外，即使作出的决定是不可撤销的，在设定何时必须作出决定方面仍然存在问题。我们都是相对稳定的信贷消费者。因此，选择可能会被推迟到非冲动的个体选择的时间之后。反过来说，选举本身可能是冲动的。

因此，虽然法律可能通过让个人选择是否放弃免责权来应对冲动信贷行为的问题，但这个问题最好通过统一禁止放弃的法律规则来处理。在第1章中，考察破产的强制性集体收债规则时所触及假设的 Rawlsian 原始立场，证明了这种规则是合理的：如果在事实发生之前社会成员就聚集在一起，并预见到
237 人类倾向于冲动行事，他们就会设计一个规则，拒绝他们在未来做出冲动行

---

31. See 16 C.F.R. § 429.1（1984）（FTC 的规定给予上门销售商品的购买者三天的冷静期，在此期间销售无效）。

32. See Kronman, supra note 27, at 796.

为的机会。[33]

不完全启发式：认知的正当性。尽管冲动行为是意志性的，但决策制定中有一个与之密切相关的认知特征，这使得对法律规则的需求可能更加明显。个人似乎是通过总是低估了未来的风险处理信息的方式来做出选择。这个问题（我将称之为不完全启发式问题）提供了一个强有力的论据，即大多数个人，无论他们是否有冲动行为的倾向或是否经历了人格转变，都会赞成制定一项法律规则，使得免责不可放弃。与冲动一样，不完全启发式思维可能会导致个人偏好于目前的消费，而这种消费方式没有适当考虑到他的长期愿望和目标。同样地，不完全启发法也会基于 Rawlsian 理论的基础，证明采用普遍的不可撤销的免责权的决定是合理的：如果处于"原始位置"的个人认识到，在作出信贷决策时，他们将面临信息约束，他们可能会选择一种可以避免其借款后果的制度。

在这里，术语"启发式（heuristics）"是指个人在处理和评估信息时使用的工具。这些工具通过将信息分解成熟悉的分组，来帮助我们消化大量的信息。罗伯特·尼斯贝特（Robert Nisbett）和李·罗斯（Lee Ross）认为，"使用这种简单的工具，可能是任何有机体的认知器官的不可避免的一个特征，这些有机体必须作出和人类一样多的判断、推断和决定。"[34]尽管依赖这些启发式的经验法则能让我们迅速作出决定，但有证据表明，这也会让我们犯系统性的认知错误，比如"锚定（anchoring）""存在（presence）"和"代表性（representativeness）"。当决策者处理新信息的方式使他过于接近在没有

33. See J. Rawls, A *Theory of Justice* 136–42（1971）（讨论"无知之幕"的概念）。

34. R. Nisbett & L. Ross, *Human Inference* 18（1980）.

238 该信息的情况下得出的结论时，就会出现锚定。[35] 例如，死刑的支持者和反对者，会倾向于以强化他们原有观点的方式来阅读关于死刑效力的新研究。[36] 当决策者过分强调他最容易看到的因素时，就会出现存在。[37] 例如，许多安全立法的制定可以归因于存在。这样的立法往往是在发生了重大事故后通过的，尽管未来发生类似事故的概率并没有改变。当一个人在决策中过于重视正常（或典型）特征时，就会出现代表性。[38] 例如，如果人们被给予一个刻板印象的人物描述，并被要求评估该人是刻板的类别或其他群体成员的可能性，那么，他们的回答通常会低估刻板印象的类别在整个人群中出现的频率。[39]

许多证据表明，与不完全启发式有关的错误，特别是锚定，导致决策者

35. See Slovic, Fischhoff, & Lichtenstein, "Cognitive Processes and Societal Risk Taking," in *Cognition and Social Behavior* 165, 172（J. Carroll & J. Payne eds. 1976）. 以下是一个关于锚定和由此产生的保守主义的很好例子："让我们以你为实验对象，做一个实验。这个书包里有 1,000 个扑克筹码。我从两个这样的袋子开始，一个装着 700 个红色和 300 个蓝色的筹码，另一个装着 300 个红色和 700 个蓝色的筹码。我抛出一枚公平的硬币来决定使用哪一个。因此，如果你和我的观点一样，你认为红色袋子占主导地位的概率是 0.5。现在，你随机抽样，在每个筹码之后进行替换。在 12 个样本中，你得到 8 个红色和 4 个蓝色。现在根据你所知道的一切，这时红色袋子占主导地位的概率是多少？"

"如果你像一个典型的研究对象，你的估计落在 0.7 到 0.8 的范围内……不过，如果我们进行适当的计算，答案将是 0.97。一个以前没有接触过保守主义研究的人确实很少能得出如此高的估计值，即使他对贝叶斯定理（Bayes' s theorem）比较熟悉。" Edwards, "Conservatism in Human Information Processing," *in Formal Representation of Human Judgment* 19, 20–21（B . Kleinmuntz ed. 1968）. 锚定会影响人们在面对新证据时改变信念的速度——这是 Francis Bacon 在 1620 年用略有不同的术语作出的评论。See F. Bacon, "The New Organon," in *The New Organon and Related Writings* 50（F. Anderson ed. 1960）.

36. Lord, Lepper, Ross, "Biased Assimilation and Attitude Polarization: The Effects of Prior Theories on Subsequently Considered Evidence," 37 *J. Personality & Social Psychology* 2098（1979）.

37. See R. Nisbett & L. Ross, supra note 34, at 43, 62, 122–27； T. Schelling, supra note20, at 336； see also Slovic, Fischhoff, & Lichtensten, supra note 35, at 170–172（表明人们高估了戏剧性的或公开的危险，低估了未公开的危险）。同样，在考虑是否通过一项"就业税"或类似的法案时，立法者很可能将注意力集中在确定的受益阶层上，而忽视（或低估）这种税收可能造成的就业损失，因为在法案通过时，受害者很难确定。或者，破产法官可能会决定让这家公司继续营业，因为一家公司挽救了就业机会，而不考虑债务人的资产转移到其他部门对就业的影响。

38. See R. Nisbett & L. Ross, supra note 34, at 24–28, 115–22, 141–50； Kahneman & Tversky, "Subjective Probability: A Judgement of Representativeness," in *Judgement under Uncertainty: Heuristics and Biases* 32, 33（D. Kahneman, P. Slovic, & A. Tversky eds. 1982）； Nisbett, Krantz, Jepson, & Kunda, "The Use of Statistical Heuristic in Everyday Inductive Reasoning," 90 *Psychological Rev*. 339（1983）.

39. R. Nisbett & L. Ross, supra note 34, at 25–26.

系统地高估了成功几率，并低估相应的风险。[40] 我已经指出，在公司重整的背景下，这种倾向导致破产法官对公司的评价相对较差。但是，这似乎也适用于免责政策。这种倾向表明，在面对不确定性时，人们采取的计划方法并不能准确反映他们自己对消费与储蓄的主观偏好。特别是，这些启发式方法显然倾向于将个人引向一个方向：低估他们目前的消费对其未来福祉造成的风险。一个债务人可能会想："只要我保住工作，可能会像过去一样加薪，我没有发生意外，经济保持稳定等，我就能够偿还贷款。"低估这些事件中的每一个风险，往往会使其复杂化。 239

诚然，这种偏见的存在，即使是真的，也不是决定性的。例如，我们可以尝试调整我们的决策方式，以弥补不完全启发法所产生的明显偏见。例如，风险规避现象可能在某种程度上代表了对这种偏见（bias）的抵消反应。[41] 然 240

40. 考虑一下 Amos Tversky 和 Daniel Kahneman 的分析："对赌博中的选择和对概率判断的研究表明，人们倾向于高估合取事件（conjunctive events）的概率，而低估析取事件（disjunctive events）的概率。这些偏见很容易被解释为锚定的影响……请注意，合取事件的总体概率低于每个基本事件的概率，而析取事件的总体概率则高于每个基本事件的概率。作为锚定的结果，总体概率在合取问题中会被高估，在析取问题中会被低估"。

"在规划的范围内，对复合事件评估中的偏差尤其重要。成功完成一项事业，例如开发一项新产品，通常具有合取的特点：要想事业成功，一系列事件中的每一个都必须发生。即使这些事件中的每一个都很有可能发生，但如果事件的数量很多，总体的成功概率也会相当低。高估合取事件概率的普遍趋势导致了对一个计划成功或一个项目按时完成的可能性的评估出现不必要的乐观。相反，在评估风险时，通常会遇到析取式结构"。Tversky & Kahneman, "Judgment under Uncertainty: Heuristics and Biases," 185 *Science* 1124, 1129（1974）. 总结和讨论了支持过度乐观风险评估假设的大量实证工作，R. Nisbett & L. Ross, supra note 34, at 17–192. 尽管这些工作都没有直接解决信贷决策中的不支付风险，但这些假设表明，个人会低估还款的固有风险。尽管如此，通过考查启发式偏差对信贷决策的影响，对这一理论进行实证检验将是有益的。艾伦·施瓦茨（Alan Schwartz）和路易斯·王尔德（Louis Wilde）认为，现有的数据并未提供可靠的基础来确定消费者是否低估其违反义务的可能性。See Schwartz & Wilde, "Imperfect Information in Markets or Contract Terms: The Examples of Warranties and Security Interests," 69 *Va. L. Rev*. 1387, 1442–46（1983）.

41. 建立在一个相关想法的基础上。罗伯特·斯科特（Robert Scott）质疑了不完全启发式方法的文献与法律决策的相关性。Scott, "Error and Rationality in Individual Decision–Making: An Essay on the Relationship between Cognitive Illusions and the Management of choices"（draft）. 他在一定程度上依赖于冲动控制策略，他"阐明了对自由选择的自我限制必然会影响判断或决策的过程。例如，假设一个人面临着在 A、B 和 C 之间作出选择，自愿将她的选择限制在 A 和 B 之间。当对照理性效用最大化者的理论理想来衡量时，这种行为可能被描述为'错误的'判断，但它也可能被描述为对完全理性的自我控制策略的'正确'反应。" Id., at 3. 这一分析思路为人类决策的法律反应提供了至关重要的见解。然而，我并不认为 Scott 的重要限制对于不完全启发式的长期时间消费选择问题有很大的影响。导致个人在选择消费还是储蓄时低估风险的认知错误，似乎很难被证明是一种"自我控制的理性策略"。可以肯定，其他行为策略是否对个人决策施加了某种形式的自我控制，需要进一步研究。例如，我们可以签署养老金计划作为一种自我控制的形式，也不愿意随后取消这些计划。但这种形式的分析存在一个潜在的问题。如果我们真的不了解自己的认知缺陷，那么就没有理由相信我们会运用足够的自我控制来纠正这些缺陷。在设立养老金时，如果我低估了风险，假设我可能会设立的计划相比于我完全意识到自己使用了不完全启发法的情况而言会显得太小了。

而，这种偏见的存在似乎是一个显著的事实。调整我们的思维以克服偏见是困难的，这不仅是因为启发式工具太便利而不能轻易放弃，而且还因为偏见的本质可能很难被识别。[42]也许可以通过在个人作出决定之前向其提供更多信息，或者在获得更多信息时允许他撤销决定，从而最大限度地减少不完全启发式做法的不利后果。但是，由于投资决策的频率和社会对自治的强烈偏好，可能这种性质的一般解决方案成本太高。此外，有可能证实克服启发式偏见所需的信息量很难获得或保留。

241 如果这些解决方案是没有前景的，并且如果个人不大可能自己开发出纠错装置，那么根本问题仍然存在：我们如何让个人摆脱不完全启发式的不利影响，并确保他的决策充分反映他当前和未来的愿望和需求？问题不在于“纯粹的”非理性，而在于信息的不完全问题——个人不知道信息的不完全性。以这种方式对问题进行框定，使我们能够看到一个以个人自主为前提的制度如何能够适应某些社会强加的活动限制，而这些限制通常被认为是家长式的。[43]鉴于有证据表明，不完全启发式的现象使个人对未来过于乐观，纠正这个问题的必要性为不可放弃的免责权提供了第二个规范的正当性，这一正当性补充了控制冲动的必要性。

社会强制规则的正当性。前面的讨论表明，最初看似是家长式的免责理由，实际上可能与社会对个人自主权的偏好相一致。如果处于“原始位置”的人

---

42. See Kahneman & Tversky, supra note 38, at 32（“人们在判断不确定事件的可能性时并不遵循概率论的原则……主观概率与客观概率的偏差似乎是可靠的、系统的，而且难以消除”）；Schoemaker, “The Expected Utility Model: Its Variants, Purposes, Evidence and Limitations,” 20 *J. Econ. Literature* 529, 545（1982）［表明“人们是有意识地理性的，但缺乏遵守预期效用理论的心智能力”，而且“这种有限的信息处理能力迫使人们简化问题（简单的问题也不例外），并迫使他们更多地关注某些问题方面而非其他问题”］。李·罗斯（Lee Ross）和克雷格·安德森（Craig Anderson）认为，这些偏差“可以被公平地视为推理策略和战术的‘特定领域’失败，这些策略和战术在有机体的整体经验中至少是具有成本效益的（并且可能通常也是相当准确的），” Ross & Anderson, “Shortcomings in the Attribution Process: On the Origin and Maintenance of Erroneous Social Assessments,” in *Judgment under Uncertainty,* supra note 38, 129, at 135.

43. 一个人想要强加给自己的限制，只有在特殊的意义上才是家长式的。See J. Elster, supra note 20, at 85（“在某种程度上，禁止香烟广告来自于实际或潜在的消费者本身，他们希望保护自己免受宣传的影响，人们不应该谈论家长主义”）；Calabresi & Melamed, “Property Rules, Liability Rules, and Inalienability,” 85 *Harv. L. Rev.*1089, 1113–14（1972）（区分“自我家长主义”和“真正的家长主义”，并指出前者“并非真正意义上的家长主义”）。

们意识到不完全启发式和冲动行为的问题，以及在作出售贷决策时难以适应这些问题，他们大概会选择一项旨在提前避免这些问题的法律规则。这种自我保护的过程类似于个人采取措施消除他们对以后冲动的采取行动的能力时所遵循的过程。

即使有些人不需要免责权的保护，免责的不可放弃权利也是可取的，只要（1）由于冲动的行为或不知不觉地依赖不完全的启发式方法，相当多的人可能会经历意想不到的后悔，而且（2）要区分哪些人会经历这种后悔和哪些人不会，要么不可能，要么代价极高。为了证明一项不可放弃的一般规则是合理的，不需要证明所有的人都需要它的保护；只需要表明，与试图区分因冲动行为或使用不完全的启发式方法而可能会感到后悔的人和那些不会感到后悔的人相比，该规则承诺的侵入性更少或成本更低，就足够了。

制定更有识别力的规则似乎是没有希望的。如果冲动是唯一的问题，那么通过规定一个冷静期的规则或向每个人提供是否接受免责权的不可撤销的选择的规则，就可以实现必要的分类。但是，由于不完全启发式问题，情况变得更加复杂，要设计一个精确的分类装置就更加困难了。一个人在不完全启发式的基础上作出决定的时间与人们后悔该决定的时间之间的时间间隔，可能比作出冲动决策之后后悔的相应时间间隔，要长得多。在前一种情况下，时间的流逝不仅使恢复现状变得更加困难，而且使人们变得更难确定这种后悔是不完全的启发式方法的结果，还是仅仅是对自己输掉了一场精心策划的赌博的回应。 242

人们普遍认为，个人应该能够设定自己的优先级，这表明分类装置存在一个更大的问题。除非我们知道一个人如何看待他现在和未来的愿望和需求，否则我们无法确定一个人是否为了他自己的利益作出了理性的信贷决定。当社会试图将那些冲动行事或依赖不完全启发式方法的个人与那些不依赖启发式方法的个人区分开来时，就会冒险用外部社会判断代替个人主观需求。[44] 例如，考虑《破产法典》规范再认协议（reaffirmation agreements）所依据的广泛的预防性规则。[45] 适用这些规则的案例中，几乎没有证据表明法官在决定允许哪些再认时，除了强加他们对个人最佳利益的看法外，还做了其他事情。[46] 同
243 样，逐案挑选出需要免责权保护的个人的尝试，可能不会导致识别出选择没有准确反映其个人愿望的个人，而是识别选择在某种程度上令法官感到奇怪或异常的个人。

理性行为和外部性的概念

上述社会干预个人信用决策的正当性是基于以下主张，即大多数人在作出这些决策时会因他们的意志和认知过程的缺陷而遭受扭曲，他们会事先同意保护自己免受这些缺陷的影响，并且，创建不可放弃的免责权是实现这种保护的一个相当有效的方法。然而，制定统一的、不可放弃的免责权规则的另一个正当性来自放弃免责权可能会产生外部性。债务人放弃该权利的成本可能没有反映出这种决策给第三方带来的成本。为了避免外部性，如果被允许，个人可能会系统性地忽略这些外部性，实施不可免责的免责规则可能是合适的。这种规则有助于减少强加给不同人的成本——从家人和朋友到商业伙伴，以及到整个社会。

依赖他人支持的家庭成员，甚至可能是亲密的朋友，可能需要免责债务

44. See Kronman, supra note 27, at 796（“即使在最平凡的商业交易中，扭曲的热情也可能发挥作用，但如果不对当事人的感情和动机进行干涉性的、可能是徒劳的调查，就无法将这些案件与那些当事人的判断不受影响的案件区分开来”）。

45. See § 524（c）-（d）. 再认协议是债务人在破产时或破产后“重新确认”一项义务的协议，尽管已经免责。合同法长期以来一直允许这种免责，尽管明显缺乏考虑。See Restatement（Second）of Contracts § 83（1981）. 然而，《破产法典》只允许在免责之前达成的再认协议，并规定这些协议有一个持续 60 天或直到免责时的冷静期。如果债务人是个人，法院必须告知他其行为的后果。此外，在消费者债务的情况下，除非债务人在谈判期间有律师代表，否则法院必须批准再认协议的实质内容。

46. See, e.g., *In re* Bryant, 43 Bankr. 189（Bankr. E.D. Mich. 1984）（不同意再认豪华汽车的债务，理由是再认不符合债务人的最佳利益）；*In re* Avis, 3 Bankr, 205（Bankr, S.D. Ohio 1980）（不批准旨在免除债务人的朋友作为贷款共同签署人责任的再认协议，理由是批准“会削弱破产者的‘全新开始’”）。

以保障他们自己的经济或心理健康，然而，假定一个人在作出信贷决策时不会充分考虑到其受抚养人的利益，社会必须通过不可放弃的免责权来保护这些受抚养人的主张。这种假设似乎不太可能：除了他自己，这些人似乎是这个人在做决定时最可能考虑的人。从这层意义上说，这些第三方的利益可能只是他计算的一部分，根本不是外部的。[47] 此外，这些人也许是最有能力与个人谈判以保护他们的利益，并监督他以确保他在作出信贷决策时不会忽视他们的利益。[48] 尽管如此，信息壁垒的存在表明，一些外部性将不可避免地强加 244
给受抚养人。例如，受抚养人可能有与个人不同的风险或时间偏好，而告知他这些差异可能太困难或太昂贵。这些方法——人们向他人传达偏好的方法，可能模糊了被传输的任何信息的准确性。[49]

此外，一个人如果因为未免责的债务而负担过重，可能会产生更普遍的外部性。John Weistart 建议，“过度的债务，以及随之而来的对家庭、情绪稳定以及工作保障的压力……（可能）会抑制生产力，以至于终止昂贵的收债行动，免除债务，并给那些更穷但更聪明的债务人第二次机会，将会带来净社会收益。”[50] 但是，只有在持续的收债工作产生负面的社会外部性的情况下，终止收债行动才会带来净社会收益。如果收债工作的社会成本——以债务人较低的生产力形式——被债务人以较低工资的形式内部化，就不会产生这种外部性。[51]

要求用未来的收入来偿还债务，可能会导致背负债务的个人把更多的精

47. See R. Axelrod, *The Evolution of Cooperation* 134–136（1984）（证明了教导人们相互关心是如何改善囚徒困境的，因为每个人的偏好都开始融入其他人的偏好）；Kronman, “Contract Law and the State of Nature,” 1 *J. Law, Econ., & Organization* 5（1985）［认为当事人之间的“结合”概念（如丈夫和妻子）可以作为一种将待履行合同的问题最小化的方法］。

48. 这些谈判可能无法消除问题。例如，孩子们可能无法与冲动的父母进行有效的谈判。虽然配偶有时可以为了维护子女而说情，但使用中间人会使信息交流中出现问题的风险成倍增加。

49. 当人们被问及他们更喜欢什么时，他们有时会夸大其词——这是从街头市场的讨价还价中汲取的教训。例如，债务人的朋友可能比债务人更厌恶（或更喜欢）风险。如果这位朋友认为债务人可能会作出与他不同的决定，那么这位朋友可能会夸大自己的风险厌恶（或偏好），以使债务人的最终决定更符合自己的意愿。

50. Weistart, supra note 12, at 111.

51. 内部化的成本不是外部性。See L. Dukeminier & J. Krier, *Property* 56（1981）.

力和资源用于休闲，这是他的债权人无法触及的消费项目。[52]通过减少工作和
245 享受更多的休闲，个人无疑减少了他对社会的生产贡献。只要这些贡献的生产价值是由他的工资率准确衡量，就不会产生外部性。但是，即使我们假设工资会准确地反映出债务人不断下降的生产率，如果个人在替代休闲之前的工资系统地低估了这种生产努力的边际价值，收债行为仍然会产生负外部性。[53]

因此，可能有几点理由相信负外部性的存在。首先，在极端情况下，一个人可能从工作转向休闲，而不需要付出任何个人成本。假设债务人欠债权人 100 万美元，如果他继续从事目前的职业，预期年收入为 5 万美元。如果债务的利率超过 5%，债务人将永远无法偿还债务，即使他的所有收入都用于偿债。面对这样一个世界，他要么仅为了让债权人扣押他的工资而工作，要么享受休闲，债务人的选择似乎很明确：因为是债权人而不是债务人，承担了以休闲代替工作的成本，债务人会做出这种替代。在这种情况下，生产力损失的社会成本超过了债务人转向休闲造成的个人损失。这种替代产生了一种外部性，除非债务人首先通过为信贷支付更多的费用来内部化这种超额社会成本的风险——这是一个有争议的问题。[54]

---

52. 在资不抵债之前，偿还债务的义务可能会导致个人更加努力地工作，因为这种工作水平的提高将支持更高的未来净消费水平。然而，如果一个人面临着没有能力偿付其现有债务的现实前景，这种现象很可能会逆转。这是收入效应相对于替代效应（即从工作到休闲的转变）的强度问题的一部分。在工资领域，大多数经济学家认为替代效应占主导地位。See J. Hirshleifer, *Price Theory and Its Applications* 447–53（2d ed. 1980）. 一旦一个人做出了替代，他的工资可能需要一段时间才能向下调整（工资“粘性”的一种形式）。在此期间，社会将遭受个人外部的净损失。

53. 根据经济学理论，工资率设定在边际——劳动力供给和需求曲线相交的地方。See A. Alchian & W. Allen. supra note 17, at 386； J. Hirshleifer, supra note 52, at 462. 在整个行业中，雇主通过为不处于边际的人支付工资而享有消费者剩余（正如不处于边际的雇员享受经济租金——生产者剩余）。Id., at 189–225, 446–483. 因此，收债工作可能会给社会带来比个人工资率所反映的更大的成本。尽管如此，由于个人也必须放弃他的生产者剩余，所以无法评估总外部性是正还是负。Id., at 212, 478. 出于诸多原因，如买方垄断、垄断、劳动力市场的变化和“工作粘性”，一个工人对社会的边际生产力有时不会反映在他的工资率上。但该事实并不意味着存在一个系统的外部性，无论是正的还是负的。Cf. Frank, “Are Workers Paid Their Marginal Products？” 74 *Am. Econ. Rev*. 549（1984）.

54. 比较 Meckling, “Financial Markets, Default, and Bankruptcy: The Role of the State,” *Law & Contemp. Probs*., Autumn 1977, at 13, 19–21（认为信贷的供应是完全有弹性的，因此，免责的成本由债务人作为一个整体来承担，尽管其可能部分地从高风险的债务人转移到低风险的债务人），与 Weston, “Some Economic Fundamentals for an Analysis of Bankruptcy,” *Law & Contemp. Probs*., Autumn 1977, at 47, 48–51（质疑信贷供应的弹性以及相应的债务人整体在多大程度上承担的免责成本）。

这个例子显然是一个极端的案例，忽略了诸如债权人和债务人同意只扣押债务人一部分工资的能力（ability）等因素。[55] 尽管如此，它说明了在不太极端的情况下可能存在的外部性因素。债权人可能至少承担债务人决定用闲暇代替工资的部分成本。此外，由于禁止奴隶制和类似的原因，债权人在提供信贷时，没有有效的方法与债务人进行谈判以防止这种替代。[56] 可以肯定的是，债权人会以更高的利息费用的形式至少将一部分额外成本转嫁给债务人；只要债权人这样做，债务人就会将成本内部化，将不会出现外部性。然而，内部化可能并不完全，[57] 在这种情况下，一定程度的外部性将持续存在。 246

还有其他理由可以相信，外部性可能存在于个人信贷决策中。例如，考虑到侵权行为每每发生时，就会出现未经双方同意的授信。没有契约机制，例如侵权受害者（债权人）可能通过提高信贷的初始价格来迫使侵权人（债务人）将其从事侵权活动的决定产生的全部社会成本内部化。赔偿受害者义务的存在，可能导致侵权行为人以休闲代替工作，而不考虑转换的成本。[58]

此外，在许多职业中，个人工资系统地低估了其劳动的边际社会价值。许多工作都有社会效用，而工资率没有充分反映这一点；在这种以休闲代替工作的工作给工人带来的成本低于其给社会带来的成本。考虑一个法学教授的例子。假设所有的法律教授都同样适合于教学或实践，而且现行的工资率被设定在一个能够吸引必要数量的法律教授的水平。在这些假设下，法律教授为了继续做法律教授而放弃了大幅提高工资的其他机会。他们可能更喜欢学术界，因为工作与休闲的比例较低——正如经济学家使用的“休闲（leisure）” 247

55. 通过谈判达成这样的结果符合债务人和债权人的利益。债权人将至少得到部分还款，而债务人将继续收取工资。此外，根据 15 U.S.C. §§ 1671–1677（1982）规定对扣押施以法定限制。

56. 对任何债权人来说，一个明显的额外问题是难以监测债务人以防止其偷懒和其他微妙形式的替代。See generally Jensen & Meckling, “Theory of the Firm: Managerial Behavior, Agency Costs and Ownership Structure,” 3 J.*Fin. Econ*, 305, 312–15（1976）.

57. See supra note 54.

58. 在 Jackson, “The Fresh-Start Policy in Bankruptcy Law,” 98 *Harv. L. Rev*. 1393, 1422 n.95（1985）一文中给出了一个例子。

一词[59]——或者他们可能只是觉得学术工作环境更有吸引力。即使他们花在工作上的时间一样多,法律教授在工作习惯上享有比一般执业律师更多的自由。[60]在这两种情况下,法律教授都必须认为这些非金钱(nonpecuniary)利益值得工资差异,因为这是学术性的。假设法学教授的年薪为75,000美元,执业律师的年薪为15万美元,那么在边际上法律教授将从他的工作中获得75,000美元的非金钱利益。由于假设法律教授对律师具有完全的可替代性,尽管有工资差异,但这两种工作的社会效益是相等的。但是,由于债权人可以获得工资,而其他的工作福利却不能获得,一个法律教授面对终身的工资扣押,可能会转而从事一份工资水平较低但休闲和非金钱利益相似的工作。尽管权利的较低绝对水平(工资加上休闲和非金钱福利)反映了社会生产力较低的工作,但对于法学教授而言,这种转变的成本要低于对社会的成本。[61]

某些行为可能带来负面外部性,这一事实并不能自动证明社会对此类行为的禁止是正当的。社会不会因为可能产生外部性而要求我们当律师,我们可以选择当法律教授或校工。在这种情况下,允许我们自己选择的好处可能仅仅超过了我们不尽可能提高生产力的决定的成本。但是,当对休闲的偏好源于信贷的过度消费时,尽管对个人选择自己道路的自由施加了限制,但不可放弃的免责权可能是正当的。

归根结底,这条分析路线表明,免责权和信贷制度本身有其独特的特点,
248 值得特别对待。为了赋予这种特别对待的具体意义,有必要平衡允许借贷的社会成本(即由于冲动、不完全启发式方法以及未能考虑到外部性而导致的过度放纵的风险)与经济体系中我们对信贷的需求。

59. 经济学家将休闲定义为从事有偿工作以外的活动的时间。See A. Alchian & W. Allen, supra note 17, at 448; J. Hirshleifer, supra note 52, at 448 n.1.

60. 我的意思并不是说从这个观察中可以看出,教书必然是更令人向往的职业。许多人喜欢与客户打交道,参与诉讼这样的"运动",或者体验"做成一笔交易"的兴奋,以及发现实践业务远比法学教授的工作更受欢迎。我的观点是,这些工作之间的差异既不能完全通过工资,也不能用休闲(按照传统的定义)来完全衡量,而且休闲时间可能比工资更接近于非金钱利益的替代品。

61. 再举一个例子,see Jackson, supra note 58, at 1423 n.98.

债权人—强制执行限制的优势和免责的成本

社会在许多领域允许个人享有自由，根据上面所探讨的基本原理，限制这些似乎是合理的。尽管冲动行为、不完全的启发式方法和对外部性的忽视，可能会导致我们系统地低估这些活动（如爬山、吸烟或滑雪），我们仍然可以自由地从事有风险的活动。与风险活动有关的关键问题不是是否应该完全禁止个人从事这些活动，[62] 而是哪些活动应该被允许，哪些不应该。[63] 在每一种情况下，社会都会决定或者应该决定某一特定活动的预期成本超过个人和社会的预期收益的时间点。

然而，不能通过在某些情况下采用的粗略的一般规则对借贷进行管制。例如，谋杀和卖淫受到全面禁止，并通过法律机制强制执行。但我们可以假设，社会并不愿意完全禁止授信。尽管酒类和香烟实际上没有被禁止，但却被征税：一个可能的原因（尽管绝不是唯一的原因），是政府试图通过提高成本来阻止人们参与这项活动。[64] 但是，可能对酒类相当有效的方法，但对信贷却不一定奏效。抛开免责不谈，除非法律对借贷施加任意的限制，否则，社会
无法轻易地规范个人获得信贷的程度。[65] 除了对个人的具体情况不敏感外，[66] 249
这种武断的规则还会带来明显的管理成本，这使其作为管制信贷问题的解决办法毫无吸引力。这种规则的另一个缺点是无法有效地处理非合意的授信。

免责政策提供了另一种选择：它把是否发放信贷的决定权留给了债权人，

---

62. 最明显的禁止活动是那些侵犯他人财产权的活动，see Calabresi & Melamed, supra note 43, at 1124–27，或由国家法令禁止，最明显的是以刑事规则的形式。当然，社会在多大程度上成功地阻止了这种活动，可能会随着相关的惩罚以及监测的变化而变化。

63. 我们从事的所有活动，从坐在前廊上到跳伞，都涉及或多或少的风险。风险并非都是负面的。许多有争议的冒险活动也可能增加预期寿命、健康、财富等。但这并不能改变问题的关键：它仍然是风险。

64. 对酒类和香烟征税背后的基本原理显然很复杂：在对香烟征税的同时，对烟草种植的补贴也存在。

65. 禁止个人借款超过 10,000 美元和禁止向个人发放超过其五年平均年收入的信贷的规则是这种限制的两个例子。各个信贷机构可以自由采用这些规则，但在一个竞争激烈的市场中，所有机构不太可能采用相同的规则。

66. 试图通过对信贷征收等手段提高个人成本以使他们成为自己的监督者，这似乎也没有什么前景，因为与前一份说明中考虑的规则相比，它们相对于个人情况并没有更多的歧视。此外，这种手段可能无法区分对个人的信贷和对企业的信贷。

而债权人可能在信贷政策方面比立法者受过更好的培训，而且他们通过观察个别债务人或采用特定的合同约定，能够更好地监测个人的信贷消费。[67] 诚然，即使没有免责权，债权人也会进行某种程度的监督；他们仍然有动机防止个人陷入如此沉重的债务，以至于失去偿还能力。然而，免责会增加债权人监督的动机：通过规定免责权，社会动员债权人努力监督个人的债权人决定，即使个人没有完全抵押其未来。免责权的存在促使债权人限制对个人的信贷额，从而帮助确保他不会严重低估其未来需求。该权利的不可放弃性迫使个人（也即他的债权人）保留债务人未来的财富未分配的部分。此外，不可放弃的免责规则做了其他规范信贷的法律无法有效完成的事情：它允许个人向债权人提出他们的特殊需求和愿望，从而允许债权人根据个人情况调整他们的反应。

为了行使财务全新开始的权利，个人必须付出代价。这个代价有两个主要组成部分。第一，个人可能无法免责，除非他向债权人交出他的一部分财富——所有那些符合特定类别的资产。当特定的非现金资产对个人的价值大
250 于其对债权人的价值时，债务人就要承担额外的成本，因为他为获得免责所支付的成本要高于债权人获得的。我将把这种成本称为资产损失成本（asset-loss cost）。第二，通过利用破产来免责，个人提醒其他人注意他可能会再次诉诸破产。那么，通过行使其免责权利，个人发出了一个信号，可能会减少他在未来获得信贷的机会。[68] 由于这两种成本会阻止人们寻求免责，因此，考虑免责是否应该让债务人付出任何代价是有意义的。

事实上，很容易查明阻碍行使免责权的原因。诚然，个人应在多大程度上为免责权付费是一个开放式问题，答案取决于一些不确定的因素，如获得

67. 这是雷尼尔·克拉克曼（Renier Kraakman）在另一种语境下所说的“看门人”回应的一种形式。See Kraakman, supra note 21, at 888–98.

68. 通过使用免责，个人不仅表明他在道德上愿意使用免责，而且还可能表明他是冲动的或者受到使用不完全启发式的影响。然而，这些声誉后果的持续时间受到《公平信用报告法》（Fair Credit Reporting Act）的限制，15 U.S.C. § 1681c (a)(1)(1982)，该法允许信用机构保存和传播破产记录的最长时间为 10 年。

信贷的重要性以及意志和认知因素造成的实际扭曲程度。然而，行使免责权应当付出一些代价，这不是，或者至少不应当是一个开放式问题。由于信贷的性质，自由免责债务对于一个以信贷为基础的经济来说是灾难性的。

减少与行使免责权相关的成本只会增加因该权利的可获得性产生的成本。对债务人个人来说，免责的可获得性既代表一种成本，也是一种利益。利益越容易获得，信贷的成本就越高。如果行使免责权是没有成本的，换言之，个人可以在不放弃任何资产和不承担任何未来后果的情况下免责其债务，那么诉诸免责权的行使将只受个人道德敏感性的限制。换句话说，这将是一个不可避免的、实质性的道德风险问题。[69] 然而，在这种情况下，债权人无疑会通过大幅削减信贷供应来保护自己。因此，除非社会相信冲动行为、不完全启发式和外部性等问题是如此普遍，使得最好的解决办法是完全废除信用制度，否则，行使免责权必须付出一些代价。

为了说明这一点，考虑下学生贷款的例子。一般来说，大学生和研究生的流动资产很少，但未来收入流很大。对他们来说，使用破产相对没有痛苦，251
因为他们几乎没有什么资产可以损失，[70] 而获得免责提供了实质性好处，因为它使他们的未来收入流从偿还学生贷款的实质义务中解放出来。因此，在国会通过使学生贷款不可免责来抑制这种做法之前，许多学生热衷于免责学生贷款也就不足为奇了。[71]

如果私人市场提供资金，学生贷款将变得比其他种类的贷款更为昂贵。可以肯定的是，债权人可能会采取其他的改善措施，如父母担保，这样既可以获得更雄厚的资金也可能加强监管。但他的解决方案是假设个人拥有具备偿付能力的担保人，而教育贷款背后的理念是（至少有一部分）让那些还没

---

69. 这一点由 Kaplow 在不同的背景下提出，“An Economic Analysis of Legal Transitions,” 99 *Harv. L. Re.* 509（1986）.

70. 可能会有成本，因为使用破产可能会使他们在未来更难获得信贷。然而，即使在这一点上，新免责的 6 年禁令，§ 727（a）(8)-(9)，以及这些人不太可能再次使用破产的事实，可能甚至会降低这种威慑力。

71. See Report of the Commission on the Bankruptcy Laws of the United States, H. doc. No. 137, 93rd Cong.,1st Sess. pt.2 140（1973）(注意到“主要动机是逃避支付教育贷款的债务的前学生消费者破产事件越来越多”，并预测这一趋势会上升）。

有获得现有形式的财富以资助教育的人获得教育。如果学生有机会选择放弃与此类贷款有关的免责权，以换取明显较低的成本，毫无疑问，许多人都会做出这种选择。（事实上，任何其他选择都可能会使信贷变得过于昂贵。）[72]通过这样做，个人实际上已经抵押了他的一部分未来。然而，无论是冲动、不完全启发式，还是外部性的概念，都没有表明社会应该试图通过法律规则来限制获取人力资本的决定，因为这样的决定实际上只是证明了一种倾向于未来而非现在的愿望。[73]

252 将学生贷款排除在破产免责之外提供了一个例子，例证如何通过选择性偏离对免责权的一般保证，来解决信贷可获得性的特殊问题。根据目前起草的法律，这种排除将会使联邦政府受益，因为这会降低其实际补贴。然而，如果联邦政府决定缩减其学生贷款项目，国会可以考虑免责私人资助的学生贷款，以作为鼓励私人来源作为向学生提供更多教育信贷的一种手段。事实上，没有明显的理由来说明为什么还没有进行这样的授信。

72. See, e.g., Stiglitz & Weiss, “Credit Rationing in Markets with Imperfect Information,” 71 *Am. Econ. Rev*. 393, 393–95（1981）（讨论了“逆向选择”的现象）。

73. 另一个解决学生贷款普遍违约问题的方案是，要求援引免责条款的个人使用第 13 章，并将其未来工资的很大一部分用于满足这些索赔。1984 年的修正案在某种程度上朝着这个方向发展——尽管绝不局限于学生贷款案件——它允许驳回第 7 章中涉及债务主要是消费者债务的债务人的案件，理由是它的使用将是对破产程序的严重滥用，并要求在这种情况下根据个人的支付能力来衡量第 13 章中的支付额。See §§ 707（b）,1325（b）.

11
免责范围与豁免财产 253

破产（Bankruptcy）的财务全新开始政策，因为它代表了破产法的一个独立实质性目标，破产法的设计旨在凌驾于非破产权利之上，因此产生了一种冲突，这种冲突在分析破产作为一个用于解决共同池塘问题的集体工具时并不会出现。此处破产法的基本作用是将非破产权利的相对价值转化为破产的集体平台，并尽可能减少混乱。破产法几乎没有实质性地拒绝承认非破产权利的价值（如附有优先权或破产约定条款），这是为了确保从个人到集体收债制度的过渡不会成为战略性获利的时机。

免责法（Discharge law）完全是另一回事。如果破产法打算将债务人的人力资本从破产前的索赔中释放出来，那么不仅要推翻破产前索赔者在未来追求其表现出的价值，也要推翻破产前的扣押和类似行为。[1] 维护债权人之间的相对价值不再是重点，而是当重点转移时，对担保债权人或类似的人相对于无担保求偿人的权利的尊重也可能转移。

然而，这种区别并不意味着前九章的分析不再起任何作用。事实上，我认为情况恰恰相反。要理解免责法，必须准确地识别非破产属性，并将其与破产的全新开始政策联系起来。当这样做时，我们将看到破产的“全新开始”政策（至少目前体现在《破产法典》中）在持续识别这些属性的价值方面， 254
可能比通常认为的要少。

1. See Local Loan Co. v. Hunt, 292 U.S. 234（1934）.

破产法全新开始政策的范围

首先，我们需要准确地关注破产法的全新开始政策意味着什么。破产法从来都不是保护债务人财富的唯一来源。因此，认为财务全新开始主题完全体现在破产法免责政策中是不正确的。虽然破产的免责政策会扣留某些资产不让申请前债权人获得，但个人的其他一些资产从一开始就不会成为债权人主张权利的对象。认识到这一事实是审查破产法形式和结构的重要的第一步，因为它关系到个人的财务全新开始。这相应地使得我们的审查更加困难，因为破产法划定的界限的积极影响应该与界线应划在何处的规范性问题分开。

20 世纪以来，破产法一直保持着一条相对稳定的界限：按照联邦破产法的定义，免责基本上集中于将个人未来的收入从破产前债权人的债权中解放出来。破产法通常没有将类似的保护扩展到个人的大部分其他资产。[2] 但是，说它们没有受到破产法的保护，并不是说它们根本没有受到保护。历史上，非破产法将某些现有财产置于债权人无法触及的范围之外。传统上，是否豁免某些资产的决定是由各州作出的，而各州的决定已被纳入破产法，其效果只是将这些豁免的范围国有化。[3]

这种区别在审查破产法时很重要，但它本身也提出了令人担忧的规范性问题。目前，非破产法（全面适用）规定了债权人在寻求非自愿债权人救济时不能期待的某些资产，但债权人通常至少可以获得一部分人力资本，除非
255 破产程序启动。从前几章的角度来看，“仅破产”规则可能会令人担忧。此外，目前《破产法典》中所体现的和解绝非不可避免的。因为现有资产和未来资产之间的区别并不总是明确的，[4] 所以侧重于保护人力资本而不是现有有形资产的免责制度，只是一种可能的解决方案。为什么破产法选择保护人力资本，

---

2. See §541(a)(6). 对于§541(c)(2)中的某些信托以及§541(a)(5)对未来继承和赠与的否定推论有一个例外。

3. See Hanaover Nat'l Bank v. Moyses, 186 U.S. 181, 188–90 (1902); *In re* Sullivan, 680 F.2d 1131, 1133–36 (7th Cir.), *cert. denied*, 459 U.S. 992 (1982).

4. 至少在预测意义上，一个人的很多未来资产（如果不是大部分的话）今天就已经存在。

却在很大程度上将豁免选择委托给州（和非破产联邦）法律，这也没有明显的理由。

例如，将这个问题与前九章中持续讨论的政策联系起来：与其将免责政策作为破产法的一部分，为什么不将非破产法选择向债务人提供的任何保护纳入其中？我认为，其原因与破产法在这种情况下所发挥的独特作用以及免责与信贷可获得性之间的脆弱关联有关。在前九章中，考虑如何在索赔者之间分配资产时，我们是在处理债权人通过个人的收债努力而给自身造成的问题。在这方面，通过坚持基本的非破产属性的价值，可以最精确地解决由此产生的公共池塘问题。然而，免责政策却有着细微的差异。以人力资本为例。如果州法规定，债权人永远无法获得人力资本，这将大大减少信贷的可获得性，特别是对于那些想要理顺其一生消费模式的年轻人（几乎没有其他资产）。因此，如果要保护人力资本，就需要在某种触发条件下保护它——以某种代价。

那么，这个问题实际上就不是破产法与非破产法之间的区别了——至少正如我们已经在前九章中定义了这一区别。它是州与联邦的问题。如果有理由对人力资本的保护进行联邦化，那么就有理由将这种保护纳入破产法。债务人触发免责对人力资本的保护的时机，也可能是债权人集体化收债制度的时机。

因此，真正的问题是：为什么适用于人力资本的特殊触发规则是一项联邦规则？这个问题与其说是一个破产法问题，不如说是一个普通联邦与州监管问题。也许，联邦化“全新开始法”里的答案是源于这涉及人力资本与一种信念，冲动行为、不完全启发式和外部性产生了一个与人力资本有关的标 256
准问题，而这个问题符合统一的全国性规则。此外，尽管没有明确的概念界限将一种财富形式与另一种财富形式区分开来，但联邦破产法传统上对人力资本提供独特的保护也不足为奇。在各种形式的财富中，人力资本不仅是最不多样化的，而且对个人和依赖他的人的未来福祉有着最直接的影响。然而，即使人力资本可能特别值得通过破产法予以保护，但这并不意味着在所有情况下这种特殊保护都是同样受法律保护的。如果一个人以人力资本的形式拥有大量财富，但现有的其他资产很少，他可能会被合理地要求其人力资本的收益至少受制于某些债务——特别是学生贷款等债务，这些债务是个人为了获得人力资本而产生的。[5] 相比之下，年轻人可能会最具说服力地声称自己的人力资本受到严格保护，因为他们正处于更有可能做出日后后悔决定的年龄。不管做出后悔决定的原因是什么——是冲动，不完全启发，还是其他什么——某位55岁的人比某位20岁的人更不可能经历这种后悔。因此，至少在理论上，免责政策应该比年长的债务人更慷慨地对待年轻债务人。

这种观察如何转化为政策？它似乎呼吁制定一项计划，以保护一个人随着年龄增长而减少的部分财富。对保护人力资本的关注可以说反映了这种政策。随着年龄的增长，一个人的财富中由人力资本组成的部分可能会减少，而他的其他资产的价值可能会增加。因此，将免责限制在释放人力资本的范围内，实际上可能会实现保护青年人免于追悔莫及的目标。

对外部性的担忧可能提供了另一个原因，即保护人力资本是破产免责政策的核心。考虑与持久财富形式相关的人力资本。与耐用品一样，人力资本会随着时间推移而消耗。然而，这些资产在其他方面有所不同。一种耐用品可以被扣押，对其消费也会突然停止：如果一个人的汽车被剥夺了，那么未
257 来的消费价值就会下降到零，他将不得不花一定的金钱重新获得汽车或获得替代品。相比之下，在一个禁止奴隶制的世界里，人力资本只能通过扣押其收益而扣押——也就是说，在获得工资时扣押工资。然而，一个人对他现有的人力资本所带来的未来收益有相当大的控制权。如果免责不能保护人力资本，许多人会通过用债权人无法触及的闲暇时间代替工资来抵制扣押的企图。正如前一章所述，债务人可能不会将这种替代的全部成本内部化。在很大程度上，通过将人力资本排除在破产财产之外，社会避免了这种不良的外部性。

5. 我们在上一章中分析了这一点，认为这是免责过于自由的结果。也有可能将学生贷款视为类似于人力资本的购买货币权益。See Girardier v. Webster College, 563 F.2d 1267, 1277–78（8th Cir. 1977）（Bright, J., 意见一致）.

更微妙但同样重要的是衡量人力资本现值的问题。这些问题可能无法通过任何精确度来解决。[6]尽管在某种意义上人力资本是一种现有资产，但个人可以通过用劳动力（包括继续教育）取代休闲来增加人力资本，休闲是个人可以享受但其债权人无法获得的东西。将个人的终身收入流视为一种现有的财富形式并不能解释这种可替代性。因此，谈及在破产时人力资本是存在的，并不意味着债权人有权要求将债务人所有可衡量的未来收入作为一种现有资产，因为其中一些收入将取决于债务人未来获得人力资本付出的努力——债权人无法控制，并且社会不需要这些努力。

保护人力资本的许多理由（比如避免后悔和防止外部性）可能也适用于 258
其他类型的资产。因此，这类资产可能有理由受到全新开始政策的保护。但在这里，与人力资本的情况相反，通常破产法不是保护的来源。现行非破产法中，这种保护的两个例子是工资替代品和某些耐用品免于被债权人扣押，从而最终免于成为破产财产。[7]保护工资替代品（如养老基金和退休收入）的理由可能是，它们和人力资本本身一样，是最不容易分散的资产之一。[8]保护耐用品的理由可能是它们构成了一种储蓄形式，因为随着时间的推移它们的价值会消耗。由于冲动行为、不完全启发式和外部性所引起的主要问题是今天过度消费而为明天储蓄不足的趋势，免责法的决定是为了保护未来消费储

6. 下面的例子可以说明这一点。假设一个人在破产前是一名销售员。进一步假设他的债权人对他在破产前“现有的”所有人力资本拥有债权，但对他的“未来的”人力资本没有债权。破产后，这个人去了医学院，成为一名医生。作为一名医生，他的工资中有多少是他破产时存在的人力资本的结果？这个问题不容易回答，因为除了上医学院的成本，没有简单的方法来衡量他的人力资本中有多大一部分是在破产后获得的。然而，这种成本作为价值的决定因素是不可靠的，部分原因是成本本身（包括学费、工资损失、休闲损失以及“痛苦和折磨”）难以计算，部分原因是归因于教育导致的消费者剩余程度很难衡量。这些问题出现在其他情况中。例如，在夫妻共有财产（或许还有其他）的状态下，法院必须解决配偶在多大程度上可以对其作为医生的伴侣的收入流主张权利，因为他是在她上医学院时与她结婚的。See *In re* Marriage of Sullivan, 37 Cal.3d 762, 691 P.2d 1020, 209 Cal.Rptr, 354（1984）；Mahoney v. Mahoney, 91 N.J. 488, 453 a.2d 527（1982）；Krauskopf, “Recompense for Financing Spouse’s Education: Legal Protection for the Marital Investor in Human Capital,” 28 *U. Kan. L. Rev*. 379（1980）. 此外，即使个人没有改变工作领域，问题仍然是存在的：随着时间的推移，一个人在一种职业生涯中的成长，不能明智地完全被视为一种他在职业生涯初期就存在的资产。

7. 根据 §541，豁免财产成为破产财产，但随后可以从债权人可能主张权利的资产中移除，§522.

8. See §522（d）（10）–（11）.

蓄，合理地紧密遵循全新开始政策本身的核心理念。个人可能会低估他们在借款时对现有耐用品未来消费的危害程度。当资产对个人的价值远远大于对任何第三方的价值时，这种倾向可能成本特别高，因为对违约债务人而言，他可能不得不用比偿还贷款更有价值的资产来偿还债务。[9]

由于在不大幅削减信贷可获得性的情况下，全新开始政策无法保护所有现有资产，所以法律需要某种机制来选择哪些资产可以得到保护。其中一项解决方案是，允许个人保护他们认为对其未来福祉至关重要的所有耐用资产，或者如果将这些资产交给债权人，将导致巨大的资产损失成本。然而，在实践中，有必要对受保护的资产清单施加一些限制，以防止寻求免责的债务人宣称他的所有财产都是必不可少的。为了解决这个问题，社会可以制定一份相对简短的资产清单，这些资产被认为对典型的个人福祉至关重要。可以说
259 财产豁免制度达到了这个目的。另一种选择可以更好地反映个人对未来各种资产需求的主观信念：社会可以允许债务人豁免特定数额（比如价值 25,000 美元）的现有资产（除了人力资本以外，或许还有工资替代品），并让个人决定豁免哪些现有资产。[10]

思考不受债权人影响的资产种类

在破产程序中，应该如何处理哪些资产不应被债权人拿走的问题？在所有情况下，确定索赔者可获得哪些资产，取决于对非破产规则对资产范围和程度的影响的敏感分析。对于公司和其他公司来说，这种调查涉及的问题是确定特定索赔者所拥有的权利的相对价值问题，这反过来又决定了债务人可供普通无担保债权人使用的资产范围。这些问题，无论多么麻烦，都可以在

9. 如果一项资产（比如一张在某个人家庭中存放了一百年的古董沙发）对债权人来说值 1,000 美元（其市场价值），但对此人来说价值 2,000 美元（因为其情感价值），那么当该资产被拿走时，个人的损失将超过债权人的收益。

10. Vern Countryman 曾为这样的制度辩护。See Countryman, "For a New Exemption Policy in Bankruptcy," 14 *Rutgers L. Rev*. 678, 746–47 (1960). 通过在《破产法典》§ 522 (d) (1), (5) 中增加 4,150 美元的"通配符"豁免（"wild-card" exemption），国会在为债务人提供更大的自由选择哪些资产不受债权人影响方面迈出了试探性的第一步。一些州也有类似的法规。See, e.g., Ill. Rev. Stat, ch, 110, § 12–1001 (b) (1983).

不考虑个人在破产中成为债务人时的另一个复杂的情况下得到解决，在这种情况下，法律的全新开始政策——无论是破产法还是非破产法——规定某些资产只能用于债务人（或许还有他未来的债权人），而不能用于他破产前的索赔者。对于个人以外的债务人，问题就不会出现。可以肯定的是，可以设想某些资产在破产后无法存续的情况（例如，当托管人接管债务人的管理后，必须由债务人的“琼斯（Jones）作为总裁”来开具信用证）。然而，认为作为债务人的公司可能拥有其索赔者无法获得的一项资产——该公司可以在破产程序后继续保留该资产，但该公司的债权人无法获得该资产或从中获取价值，这几乎毫无意义。

相比之下，全新开始政策将这些困难引入至所有个人破产案件中。因此，对于个人债务人来说，有必要确定某些资产是否被豁免，使得债权人无法获得，[11] 并对财产的现有资产和未来资产加以区分。[12] 然而，这些调查可以通过 260
关注受全新开始政策所保护的资产的属性而得到很大帮助。事实上，令人欣慰的是，我们可以回到前九章中的主题，并在这种背景下考虑破产规则从非破产权利中衍生出来的性质。

从历史上看，豁免法（exemption law）可能反映了全新开始的政策，但它并没有反映破产法的全新开始政策，因为直到最近，豁免法才与联邦破产法有所不同。[13] 因此，当我们把重点放在破产法的全新开始政策上时，正如在免责概念中所体现的那样，他关注的是债务人获得未来收入（以及相关的未来资产）并将其用于未来债权人的能力。[14] 这种划分是不可能准确实现的，因为债务人在进入破产后时期时，从来没有完全摆脱其先前存在的资产。例如，正如我们已经看到，为了某些目的，将人力资本定性为现有资产是可能的。

---

11. § 522.

12. See § 541（a）(6).

13. § 522（d）中有一套破产豁免制度。然而，绝大多数州已经使用了 § 522（b）赋予它们的权力，禁止其居民使用 § 522（d）规定的豁免。

14. See §§ 727； 524； see also Local Loan Co. v. Hunt, 292 U.S. 234（1934）.

尽管如此，我们还是可以画出一条富有成效的界线，这条界线似乎抓住了破产法试图在其免责政策中实现的、作为积极事项的本质。考虑一下，破产是有关个人财务“死亡”的一种形式。如果一个债务人知道他明天就会死亡试图归集他的资产，我们可以找到三个大致的类别。第一类资产包括债务人的债权人今天可以获得的资产，例如他的计算机、汽车和书籍。第二类资产包括债权人和债务人今天都无法获得的资产——如果债务人活着，这些资产对他有价值，但如果债务人（和其他人）知道他明天就会死去，这些资产的价值就会消失。人力资本属于这一类，其特殊表现形式也属于这一类，如法律或医学学位。这一类还包括特殊形式的非破产财产权，例如挥霍信托和未来继承权。最后，第三类资产包括债务人目前可以得到但债权人无法得到的资产，除非债务人首先“兑现”这些资产。这类资产包括传统的豁免财产以及某些类型的权利，如 Keogh 退休计划和各种杂项权利，如配偶对遗嘱的选择权。

261 第一类财产既不受非破产法的保护，也不受破产法全新开始政策的保护。因此，它构成了索赔者共享的破产财产，而破产的集体程序为其利益服务。第二类财产，一般来说，包括受破产法全新开始政策保护的财产类型——像人力资本一样，只有在债务人活着的情况下才能得到，而他的债权人同样只有在他继续活着时才能获得同样的资产。破产法的全新开始政策的核心似乎规定，根据非破产法，这些资产在“到期”时应属于债务人和债务人未来的债权人。因此，它们是未来资产，不应视为破产财产。[15]

第三类财产可能更难评估，但通过关注属性可以提高清晰度。这是一种财产形式，根据非破产法，债权人无法通过自己的行动获得它，但债务人可

15. 本章前面已经探讨了保护人力资本的原因。“保护”遗产和赠与的理由与以下事实有关：即使没有这种保护，债权人也不可能享受这种保护（因为如果唯一的受益人是债权人，就不会享受到这些遗产）。See Segal v. Rochelle, 382 U.S. 374（1966）.

以获得，一旦获得，债权人通常也可以获得。[16] 这种财产的相关属性——在债务人获得之前，债权人无法获得——是债权人在破产中无法获得的财产的一种形式所共有的属性：根据适用的非破产法豁免的财产。[17] 事实上，州法通常标记为“豁免”的财产的唯一共同属性是其免于被非自愿债权人执行。但是，州法如何称呼这些财产并不重要。相关的问题是，它是否具有豁免财产的基本属性——不可供非自愿债权人的执行。

这种方法解释了像 *McCourt* 这样的案件。[18]McCourt 的妻子去世了，把她所有的财产留给了她的父亲。根据适用的州法，McCourt 对其配偶的遗嘱有“选择权”[19]：他可以选择获得其配偶遗产的三分之一，以代替遗嘱中规定的内容（在本案中，没有任何内容）。McCourt 在其妻子去世后，但在做出选择的时间到期前，就申请了破产。 262

做出这一选择的后果很明显。一旦做出选择，McCourt 将获得其配偶净遗产的三分之一，这将构成他的申请破产前债权人可以利用的财产，以满足他们的债权。如果 McCourt 没有选择，财产将转移到遗嘱中指定的人名下，而 McCourt（和他的债权人）将一无所获。

选择权是为了申请前债权人的利益而转移给托管人的吗？法院将该问题作为一个州标签进行分析，并得出结论：“所涉及的利益完全是私人性质的，而不是财产权。”[20] 但是，人们应该怀疑这样一种分析，即寻求州法来确定标签，而不是属性。在这种情况下，即使没有深入研究未行使选择权的遗产规

16. 除非被称为豁免，否则根据旧的《破产法典》§ 70a，这就是财产。See Country man, “The Use of State Law in Bankruptcy Cases（pt. 1）”, 47 *N.Y.U. L. Rev*. 407, 432–33（1972）. 这一政策可以说是由 § 541（c）(1) 延续下来的，尽管鉴于在最后一刻国会对豁免财产的妥协，该条的影响值得商榷。Eisenberg, “Bankruptcy Law in Perspective,” 28 *UCLA L. Rev*. 953, 972 n.60（1981），对这一点的讨论如下：“众议院和参议院报告中关于 § 541 拟全面涵盖范围的声明是在众议院版本的破产改革将包含一个联邦豁免制度的时候做出的，无论州法如何规定，该制度在破产中可以适用。一个不能被各州剥夺的联邦豁免制度可能被认为是对债务人的公平补偿，因为 § 541 具有包容性。一旦 § 522 在通过前夕被重新修订……联邦豁免和对 § 541 的广泛观点之间的权衡可能不再适用。”

17. See, e.g., N.Y. C.P.L.R. § 5205.

18. 12 Bankr. 587（Bankr. S.D.N.Y. 1981）.

19. N.Y. Estate Powers and Trust Law § 5–1.1.

20. 12 Bankr., at 589.

划特征，可能表明其放弃不仅仅是试图不让索赔者得到资产，其属性是明确的。一个州法院曾经认为，选择权“不能通过敌视配偶的方式来行使，也不能强迫其为了债权人的利益行使”。[21] 因此，对属性的审查表明，从债权人的角度来看，选择权是豁免财产，除非债务人首先行使，否则债权人无法获得该权利。因此，至少对于选择非破产豁免权的债务人来说，它应该被视为第 522（b）条范围内的豁免财产。[22]

专注于属性，并认识到豁免财产的关键属性，是适当的、相对容易的。例如，考虑一个相当常见的案例——Keogh 退休账户中的资金。许多法院已经考虑了
263 这些资产在破产中是否作为第 541（c）（2）条规定的“挥霍信托”或第 522（b）条规定的豁免财产而免受债权人影响。绝大多数人的共识是，这两个条款都没有保护它们。[23] 尽管根据第 541（c）（2）条，[24] 这一结论可能是正确的，但作为对第 522（b）条的解释，它似乎毫无意义。Keogh 计划是根据国会授权建立的自营职业退休信托（self-employment retirement trusts）。作为接受联邦税收的一个条件，这些计划必须排除利益的转让或分配。然而，计划受益人有可能通过放弃税收优惠和缴纳税款罚金来提取资金。这种提取权，加上《破产法典》的立法历史没有将 Keogh 计划列为非破产联邦法律豁免的财产的这一事实，导致法院认定他的财产不在第 522（b）（2）条的豁免范围内。[25]

---

21. Dalisa v. Dumoff, 286 App. Div. 856, 141 N.Y.S.2d 700, 上诉被驳回（appeal denied）, 286 App. Div. 967, 146 N.Y.S.2d 477（1955）.

22. 如果债务人在 § 522(d) 中选择其破产豁免，这种方法就行不通了。根据文中的分析，并假设（几乎可以肯定的是）选择权不会受到 § 541(c)(2) 的保护，人们会得出结论，选择权会转移给托管人。有人可能会怀疑这是否是国会的本意，但目前仍不清楚的是解决方案是否就是操纵财产的定义。

23. See, e.g., *In re* Goff, 706 F.2d 574（5th Cir. 1983）; *In re* Graham, 726 F.2d 1268（8th Cir. 1984）; *In re* Johnson. 724 F.2d 1138（5th Cir. 1984）.

24. 挥霍信托不同于豁免财产，前者有两个主要属性：它们（与豁免财产一样）不受债权人执行，它们（与豁免财产不同）不能被债务人接触。Keogh 计划未能通过这第二个测试。See *In re* Lichstrahl, 750 F.2d 1486（11th Cir. 1985）; see also SSA Baltimore Fed. Credit Union v. Bison, 42 Bankr. 338（D. Md. 1984）; *In re* Kwaak, 42 Bankr. 599（Bankr. D. Maine 1984）（特定 ERISA 信托满足挥霍信托测试）; but see Note, “Corporate Pension Plans as Property of the Bankruptcy Estate,” 69 *Minn, L, Rev*. 1113（1985）; Note, “Contra Goff: Of Retirement Trusts and Bankruptcy Code § 541(C)(2),” 32 *UCLA L. Rev*. 1266（1985）.

25. See *In re* Graham, 726 F.2d 1268（8th Cir. 1984）.

然而，就属性而言，这个结果是错误的。第 522（b）条中的豁免财产概念应解释为具有某些非破产属性的财产，而不是非破产法标记为“豁免”的财产。[26] 然后，通过查看具有债权人无法获得相关属性的财产来对豁免财产进行分类，作为优先于债务人的一个类别。在破产中，所有共享该属性的财产也将被排除在债权人的范围之外。事实上，Keogh 计划与矿山经营（mine-run）豁免财产共享一个关键属性。由于合格的 Keogh 计划中对转让的限制，除非 264
债务人首先提取资金，否则资产不可用于非自愿债权人执行。鉴于在破产外，Keogh 计划中的资产是功能上豁免的（functionally exempt），它们理应在破产内得以豁免。

免责的效力与豁免财产的属性

到目前为止，我们一直将破产法的免责政策视为在根本上与人力资本有关，并追溯了破产法将非破产法规则纳入其他形式豁免财产的结果。但是，目前的《破产法典》，即使与非破产豁免法有关，而不是第 522（d）条中规定的一系列破产豁免条款，事实上也在几个方面影响了非破产豁免法。通过免责政策的规范性视角来关注这些条款是值得的。

在第 522（f）条中，某些类别的豁免财产的非合意担保权和非占有、非购买价金担保权（non-purchase money security interests）被撤销。对于当事人而言，由于第 522（d）条规定的破产豁免，这一条是必要的。这些类型的财产受到破产法保护，并可能在破产之外获得优先权或担保物权，在这些情况下，它们可能不被认为是豁免的。但是，第 522（f）条的担保权撤销规定也适用于非破产豁免制度，这是我们现在关注的焦点。

---

26. 在许多州，财产是被豁免的，是因为它或者被列在豁免财产清单上，或者是因为它被认为是不可剥夺的。例如，在纽约，禁止转让或转让人身损害索赔。N.Y. Gen. Obligation Law § 13–101, 以及根据 C.P.L.R. § 5201（b），“金钱判决可以针对任何可转让或转移的财产强制执行……除非该财产豁免适用以满足判决的要求。”根据 522（b）条的规定，法院将纽约的人身伤害索赔视为被豁免的，没有任何问题。See *In re* Mucelli, 21 Bankr. 601（Bankr. S.D.N.Y. 1982）. 根据这一分析，个人退休账户（IRA）应与 Keogh 账户区别对待，因为 IRA 不是《国内税收法》§ 401 规定的“合格”计划。因此，它们不受第 401(a)(13) 条禁止转让条款的约束，可被债权人扣押。See CCH Pension Plan Guide ¶2533.65.

首先，考虑在豁免财产上撤销某些合意担保物权的能力。在一个什么财产可以不受非破产法约束的制度里，在破产中是否有正当理由作出这一规定？债务人是否能够放弃其豁免某些资产的权利，正如他实际上通过授予这些资产的担保物权一样，这个问题，通常被非破产法认为属于豁免财产的合意转让的一部分，这是一个更宽泛的问题。[27] 首先，社会并没有要求个人首先购买特定类型的豁免财产；也没有要求他保留他可能获得的任何此类财产。就像投资于人力资本的决定（例如，通过上大学）一样，是否通过使用耐用品来
265 推迟消费的决定——也许是豁免财产的原型——随着时间的推移通常由个人决定。

尽管个人享有转让豁免财产的普通自由，但破产法仍可能禁止将这些财产置于可在破产中强制执行的一般（即非购买货币）[28] 担保物权之下。正如我们所看到的，将与人力资本有关的全新开始法律联邦化是合理的，因为这涉及一个全国性的问题，需要遵循统一的规则。相比之下，决定将豁免法留给各州也许是合理的，因为各州适合豁免的财产类别各不相同，而且各州最有能力根据其公民的特殊需要调整这些类别。但是，即使各州能够更好地界定豁免财产的一般类别，联邦规则禁止债权人对这些财产强制执行某些担保物权仍然可能是合理的，因为冲动、不完全启发和外部性的普遍存在，使得放弃这些豁免成为国家统一立法的适当主题。当一个人出售一项资产时，可用它换取现金。相比之下，授予资产一般担保物权的个人保留了对资产的占有和使用，但承诺在发生意外情况时（如违约）放弃该资产——受不完全启发的影响，他可能会低估意外情况发生的可能性。正是后一个方面使得豁免财产的担保物权问题有别于出售问题，并表明为什么一种情况可能不仅仅是另

27. 目前，允许豁免财产担保物权通常是基于以下理由进行辩护，通过出售或赠与转让豁免财产的较大权力包括对该财产设置抵押的较小权力。See, e.g., State v. Avco Fin. Serv., 50 N.Y. 2d 383, 388, 406 N.Y.S.2d 181, 183–84（1980）.

28. 购买价金担保物权是卖方在赊销时保留的担保物权，或由贷款人取得的担保物权，贷款人的贷款直接用于为债务人的收购融资。See Uniform Commercial Code § 9–107（1978）. 一般担保物权约束将特定的资产（可能包括现有资产）绑定为贷款担保，无论该贷款是否促成了这些资产收购。

一种情况中包含较少（lesser-included）的情况。

然而，这样说并不能说明为什么禁止对豁免财产的担保物权的可执行性是一种只能在破产中可执行的限制，而不是一项全面适用的联邦规则。原因可能类似于只在破产时人力资本及其收益才被豁免的原因：希望不抑制债权人和债务人在破产之外达成合意交易的能力，以涵盖破产不太可能发生的广泛情况。

鉴于全新开始政策的规范性基础，尽管禁止在豁免财产上授予完全可执行的普通担保物权是合理的，但对购买价金担保物权应予以区别对待。与普 266
通担保物权不同，购买价金担保权是通过授信帮助债务人获得的同一资产担保的。由于债务人有能力获得——并因此消费——资产，首先源于他放弃财产相对于购买货币贷款的豁免地位，购买价金担保物权应排除在一般规则之外，即禁止担保债权人在破产时获得豁免资产。[29]

然而，这些理由只涉及各方同意的转让，其形式是通过抵押个人本来希望保留的资产以借款的形式用于当前消费。非自愿债权人执行则是另一回事。在非自愿债权人执行是常态的情况下，根据适用的非破产法律，该财产将不会被豁免（因为免于执行是豁免财产的关键属性），并且将没有机会使用第522（f）条。然而，在某些情况下，在破产之外财产通常不受非自愿债权人的执行，但非破产规则赋予特定种类的债权人以特殊权利，如税收索赔者或侵权行为受害者。[30] 在这些情况下，财产的豁免地位只授予普通债权人，而非特殊类别的债权人。在一个由非破产法决定豁免什么的制度中，当特殊类别是非自愿的而不是自愿的，破产法没有什么理由推翻这种州的平衡。即使看到破产法对现有资产和未来资产进行了区分，也无法为重新评估州对这种豁免财产形式的限制提供任何依据。

29. 这将是将学生贷款视为不可免责的另一个理由。参见前文第 10 章的讨论。

30. See, e.g., Calif. Code Civ. Proc, § 704.140（c）（人身伤害诉因豁免的例外，以及医护服务提供者就与伤害相关的服务提出的索赔豁免的例外）；N.Y. C.P.L.R. § 5206（a）（宅基地豁免不适用于税收债权）。

这一点与一个反复出现的问题有关。《破产法典》第 525 条规定，禁止政府单位，除了其他事项，基于债务人使用破产或基于在破产中被免责的债务而拒绝、撤销或拒绝更新执照、许可证或者类似的授权。这一理论源于 *Perez v. Campbell* 案，[31] 根据“至上条款”，该案驳回了一项州的诉讼，该州拒绝更新破产后的债务人的驾驶执照，原因是其未支付一项已在破产中免责的汽车侵权判决。

267 如果从车辆到运营都有未支付的侵权判决，拒绝更新驾照会如何干扰债务人的全新开始？为了开车，债务人必须全额偿还侵权行为受害者的费用。这笔钱很可能来自债务人的未来收入，因此会在一定程度上侵犯其人力资本。但是，每当债务人想要保留一项资产，则已经通过破产程序且存在未失效的担保权时，情况就是如此。[32] 在所有这些情况下，债务人都面临着一个选择，即从其他资金来源偿付索赔者或失去资产。

仔细分析，该问题与以下问题并无不同。如果各州向侵权行为受害者提供了对债务人特定资产的担保权，那么该担保权将通过破产转移，除非债务已全额偿还，或该资产是受第 522（f）条规定的债务人撤销权约束的豁免财产。无论侵权受害者权利的非破产标签是对债务人资产的担保权还是撤销权，结果都应该是一样的。我们讨论的资产是一份驾照，但没有理由认为这会有所不同。驾照无疑是重要的，但这并不一定意味着它应该受到破产法的全新开始政策的保护，特别是考虑到以下事实，即除了人力资本之外，破产法将什么是豁免财产的问题留给了非破产法处理。

即使将破产法的全新开始政策视为是对现有资产和未来资产的区分，似乎也不会改变任何事情。例如，如果 Henderson 在破产时是芝加哥期货交易所（Chicago Board of Trade）的会员，他的会员资格就是破产财产的一项资产。

31. 402 U.S. 637（1971）.

32. See §524. See also Long v. Bullard, 117 U.S. 617（1886）；*In re* Tarnow, 749 F.2d 464（7th Cir. 1984）；United States v. Marlow, 48 Bankr. 261（D. Kan. 1984）.

保留或续期该会员资格须符合某些条件（如向同为董事会成员的破产前索赔者付款），但这一事实不应改变已经界定现有产权的事实。这将与 Henderson 将来可能获得的会员地位形成对比。获得一项资产的可能性也许是一种预期，但它不是一项现有资产。

此处讨论的资产来自各州这一事实似乎不会改变什么。一个人有驾照，但在某些情况下（如不偿还债务）可能会失去驾照，他看起来拥有一个现有的财产权益。同样，拥有酒牌或环境经营许可证的人在破产时拥有有价值的资产。在破产之后，他可能会因不偿还债务而失去资产，而这些债务本会在破产期间造成资产损失（如果在破产期间出现续期事件），这一事实对于索 268
赔者的相对优先权不应有什么影响。

因此，第 525 条的错误在于对这两种情况进行了不同的分析。这一条款的作用是使个人手中所有形式的政府权利等同于豁免的财产。无论破产的全新开始政策是否应该采用这种方式，可以肯定的是，这个问题从来没有用这些术语进行过分析，因为这些属性被标签掩盖了。在一个非破产法是豁免财产来源的世界里，第 525 条的适用范围似乎更窄。破产法似乎关注的是保护未来资产——如果债务人在破产时死亡，他将不会拥有的资产。根据这种观点，现有的驾驶执照、酒类执照和环境经营许可证将被视为现有资产，但许多形式的政府权利则不是。例如，一个人在破产后申请政府工作或政府福利而被拒绝，理由是他已经破产，那么可以说他是破产法全新开始政策干预的受害者，因为他因破产中的免责而被剥夺了未来资产。与人力资本本身一样，全新开始政策可能决定这是一种未来资产，不可用于分配给申请前债权人。

同样，雇主拒绝提供工作机会的报复行为也可适当地适用第 525 条。破产的全新开始政策的核心是保护人力资本及其未来的表现形式。雇主解雇债务人的原因，要么是因为债务人使用了破产法，要么是因为他清偿了对雇主或其他人的债务，实际上是在试图将这份工作视为雇主可以控制的另一种资产。因此，从分析上看，这似乎与债权人通过扣押工资获得的权力非常相似，而无视这种扣押是破产全新开始政策的核心。

在所有这些案例中，分析第 525 条的适当规范作用，是通过特别关注破产法的全新开始政策所保护的内容而得到帮助的，即人力资本和其他各种未来资产，以及关注非破产法在界定债务人可以保留哪些过去的财产方面发挥什么作用。在第 524 条中也出现了类似的问题。假设保险公司为债务人提供了健康和人寿保险。由于债务人利用破产，所以保单上的未付保费被视为申请前索赔，并与其他有担保的债权人按比例支付。债务人随后获得了免责。然后，债务人要求保险公司为其续签保单。保险公司拒绝续保（并假设这种
269 拒绝可以表明是基于其“不支付未偿债务，不续保”的政策）。这是否是第 524 条所禁止的由申请前索赔者提出的对已免责债务的催收行为？

乍一看，它似乎就是这样。但正如我们在第 7 章中所看到的，还有另一种特征：保险公司的续约可以被看作是一种财产权的形式，其中保险公司有一种担保权的形式。保险公司在实现全额支付方面的有效性如何，将取决于保险公司是否有任何种类的不可替代的商品可以提供。如果其商品是可替代的，其保单将不会导致付款，因为债务人可以去找其他保险公司。但如果商品不是完全可替代的，债务人可能会决定，为了确保财产安全，全额支付申请前债务比不支付更好。任何时候作出这样的决定，都意味着债务人（及其未来的债权人）得到的人力资本会减少。但这并不是相关的问题。从分析上看，这似乎是一种担保权转移的情况，因为这是保险公司拥有的一项权利，不同于普通的破产前无担保债权人的权利。与第 525 条一样，在非破产法决定什么是豁免财产的世界里，没有理由以任何其他方式解释第 524 条。

这些涉及免责后对破产前债权人影响的问题，提出了另一个关于免责后对豁免财产的影响问题。有时，豁免财产的定义方式是对财产及其收益进行

豁免。[33] 这些定义类似于一个豁免制度，允许债务人通过破产保护一定数量的现金，而且不会造成免责后的特别问题：这些现金是债务人（及其未来的债权人）有权获得的资产，而申请前的债权人则没有。但更常见的是，豁免财产被定义为财产本身；出售财产所获得的收益不予豁免。[34]

在这种情况下，如果根据非破产法，该财产的收益将不被豁免，那么破产免责是否不仅要保护豁免财产，还要保护该财产的收益？根据适用的非破产法，通过破产程序获得豁免的财产，在出售之前，仍然不受申请后债权人主张权利的限制。届时，债务人可能不得不与他的申请后债权人分享收益。 270
问题是，申请前的债权人是否有权将这些收益作为他们也可以追求的资产。同样，第 524 条对这个问题的回答似乎是“否”。但是，从一项全新开始政策的角度来看，该政策诉诸非破产法来定义豁免财产，尚不清楚这个答案是否正确——至少在所有类型的豁免财产方面是正确的。[35] 同样，试图区分收益是现有资产的另一种形式的情况和收益可被视为获得受破产的全新开始政策保护的未来资产的属性的情况，在分析上可能更有用。

首先，考虑一下普通形式的豁免财产，如汽车、书籍或贸易工具。各州已将诸如此类的特定资产定义为豁免资产。原因一定是各州想要保护这些资产，而不是它们的现金等价物。这些州从未说过债务人可以保护现金，而只是保护规定种类的财产。根据非破产法，当这样的资产被出售时，其收益就不再是被豁免的。鉴于此，一旦债务人出售资产，从破产法的规范性观点来看，没有理由在非破产法不保护这些收益的情况下，保护这些收益免于受到申请前索赔者的影响。

---

33. See, e.g., Calif. Code Civ. Proc, § 704.010（a）,（b）（豁免机动车辆和为期 90 天的收益）; id., § 704.100（a）,（c）（人寿保险单和收益）; id., § 704.110（d）（公共退休福利收益）; N.Y.C.P.L.R. § 5205（b）（因取得豁免财产的诉因而取得的为期一年的收益）。

34. See, e.g., N.Y. C.P.L.R. § 5205（a）,（c）.

35. 对于一个引发相关问题的案件（在该案件中，小组中每个法官对该案件的看法完全不同）, see *In re* Weiman, 22 Bankr. 49（9th Cir. Bankr. App. 1982）（涉及可以在宅基地上获得担保权但在出售前不得强制执行的法律；问题是，为了申请前债权人的利益，托管人是否有这样的担保权）。

然而，这样说并不一定意味着没有实际理由不将破产视为普通索赔者（对特定资产没有权利）的末日。在管理上，一个允许破产前的索赔者追求豁免财产的收益的制度，可能会复制存在于破产之外的掠夺竞赛。为了解决这个问题，例如，制定一项允许托管人追索收益的规则，以便在申请前的索赔者之间按比例分配，这将产生在申请前和申请后的索赔者之间分配这些收益的权利的问题。例如，要求在出售豁免财产时通知托管人，可能会使托管人与申请后的索赔者和债务人有太多关系。一项允许托管人参加申请后债权人和债务人的掠夺竞赛的规则，可能对托管人提供的动机太少了，以至于根本做不了什么。由于这些原因，保护豁免财产及其收益不受申请前索赔者影响的规则可能是合理的，但其理由是为了管理上的便利，而不是为了实施全新开始政策。

271 牢记受破产全新开始政策保护的各类资产和受非破产豁免制度保护的各类资产的不同属性，让我们能够关注那些似乎同时具有两种属性的资产。以退休账户（retirement accounts）为例。与 Keogh 计划一样，通常这些账户不受非自愿债权人的扣押。但有时情况并非如此，如军队退休基金。[36] 尽管退休基金可以被扣押，但不能提前支付：债权人必须等待债务人在其妻子的正常工作中有权获得这些款项。[37] 这些资金是过去努力的产物，在一定程度上，被视作一种现有资产。此外，许多形式的豁免法将它们视为豁免的。

那么，破产法应该如何对待军队退休基金？由于债权人的扣押，这些资金是债权人可以优先于债务人获得的资金。然而，在某些方面，这些退休基金与人力资本有着共同的属性，如果不是因为破产法，债权人的扣押会优先于债务人获得工资的权利。虽然，不可支付性不会导致替代问题（正如工资的替代问题），因为从这个意义上说，资产已经是“赚来的”，但这种资产

36. See *In re* Haynes, 679 F.2d 718（7th Cir. 1982）（军队退休基金不是破产财产，因为它们是“真正的”未来工资，是对退休期间减少服务的补偿）；*In re* Harter, 10 Bankr. 272（Bankr. N.D. Ind. 1981）（同样的结果，因为其“品质使得付款类似于工资”，并且因为债务人只能通过生计来获得付款）。

37. *In re* Harter, 10 Bankr. 272, 275（Bankr. N.D. Ind. 1981）.

的意义是作为未来工资的替代品，而且与人力资本一样，它们相对是不可分散的。由于这些原因，保护表现为工资的人力资本的政策也可能涉及退休基金，因为这些基金是应付给债务人的。由于这种资产与目前所制定的破产全新开始政策的核心财产有着密切的亲缘关系，因此，全新开始政策可以被视为超越了非破产法不将付款权视为免于扣押的事实。事实上，即使退休基金免于扣押，通常向债务人支付后的收益也不会被扣押。这里也是如此，因为这些收益反映了与工资共同的实质性属性，所以很容易将它们视为受破产法全新开始政策的保护，即使其他形式的豁免财产的收益没有受到如此保护。[38] 就普 272
通形式的豁免财产而言，受到保护的是资产本身。然而，退休账户受到保护，并不是为了保护自己，而是为了他们未来的收入流。

制定破产全新开始政策的其他方式以及第 13 章与第 7 章的关系

到目前为止，我们一直在强调将破产法中所体现的全新开始政策视为保护人力资本和相关未来资产的一种后果，同时将保护其他形式的财富留给非破产法。这么做的理由是，保护人力资本是一个全国性的问题，可以采用统一的规则，而其他形式的财富也许最好留给各州，这样它们就可以根据公民的特殊需要调整其豁免财产的类别。但是，这种特殊的平衡并非绝对。如果认为人力资本以外的某些形式的财富与其共享特定属性——例如不可分散性或代表未来的一种储蓄形式——它们也可能被认为是适合于全国范围的解决方案。

将全新开始政策的重点放在人力资本上，也不一定意味着个人不应该能选择构成其全新开始的人力和其他资本的组合。在我提出的让免责不可放弃的三个理由中（冲动行为、不完全启发和对外部性的忽视），没有一个理由

38. 就人力资本而言，当债务人死亡时，其价值也随之消失。然而，退休基金有时是不同的。可能会有一个剩余受益人。如果作为非破产法的问题，债权人可以优先于剩余受益人获得退休基金，那么在这种情况下，没有理由从破产的全新开始政策中排除申请前债权人参与该资产的分配。

反对允许个人决定他们的哪些资产应该受到免责的保护，假设债权人可以获得的资产数量保持不变。由于两个原因，个人在选择是否保护人力资本或其他形式的财富时不太可能犯系统性的判断错误：第一，在两种情况下，必须移交给债权人的资产的衡量标准都是债务人现有有形资产的市场价值；第二，人力资本和耐用品都代表未来的消费项目。虽然一个人可能会高估他能够用未来的收入偿债的程度，但似乎出错的风险很小，因为债务人的计划将受到司法监督，如果债务人的未来收入（被证明）不足，他的债权人将保留扣押
273 有形资产的权利。

此外，允许债务人选择保护哪种形式的财富是有充分理由的。只有个人能够准确地衡量他对一项资产的价值和市场价格之间的差异。[39] 给予个人选择权以利用他对自己主观偏好的了解。因此，破产法越来越倾向于让个人在保护人力资本和保护其他形式的财富之间做出选择，这可能是合理的。

许多债务人面临的选择是根据第 7 章还是第 13 章寻求保护，可以被视为这种选择的一个例子：第 7 章以牺牲其他资产为代价来保护人力资本，而第 13 章以牺牲一些人力资本为代价来保护现有资产。[40] 然而，第 7 章和第 13 章之间权衡的性质并不表明，选择保护哪些资产会改变免责的程度。然而，第 13 章确实影响了免责的范围，它允许免责而不受第 727 条的限制，并将根据第 523 条规定的不可免责的所有债务类别（赡养费除外）视为可免责的（在根据第 13 章计划完成支付时）。就全新开始政策而言，这种免责范围的变化令人费解。

对免责权本身的限制：为执行社会规范拒绝获得免责

免责主要是释放债务人人力资本的一种手段。当标的是债务人的豁免财

39. Cf. Schwartz, “The Case for Specific Performance,” 89 *Yale L.J.* 271, 275–78（1979）（认为强制履行的一个理由是难以对某些合同协议进行估值）。

40. 比较 §§ 524，727 与 §§ 1306，1325（a）（4），（b）（1）（B）.

产时，其授予或拒绝授予通常并不受关注，因为该财产因非破产法而豁免，而不是在破产中授予免责。我们必须问，在人力资本的背景下，什么时候应该准许或拒绝免责。对破产法的大多数解释都坚持认为，免责只适用于“诚实但不幸的”债务人。但是，如果冲动行为、不完全启发式或外部性的概念首先证明了个人有权释放其未来的收入流，那么，为什么一个人应该因为他在过去所犯的任何错误而被拒绝免责呢？一个人的某些行为应该在多大程度 274
上剥夺其全新开始的机会，是整体上还是在特定债务方面？

拒绝向从事某些不良活动的人免责的一个常见理由是，拒绝免责将有助于阻止此类行为。就像过去一百多年来破产法中类似条款所列的行为，《破产法典》第727条所列的活动有一个共同的属性：它们都涉及欺诈或针对债权人的类似不当行为。[41] 与对禁止通过合同放弃免责权的规定不同，对欺诈和类似行为的禁令可以被视为旨在阻止各种活动，无论这些活动是冲动、不完全启发还是无视外部性的产物。

因此，问题在于否认债务人的免责权是否是防止欺诈行为的适当手段。第727条并没有否认对纵火或谋杀的债务人免责，尽管这些行为通常被认为是比欺诈更恶劣的行为。而且，许多刑事制裁，如短期监禁或缓刑，对个人的经济处罚比第727条规定的要轻。此外，拒绝债务人免责并不是阻止他们对债权人不当行为的唯一路径。罚款、监禁和其他刑事或准刑事制裁是有时与拒绝免责一起使用的替代方案，并且可以用来代替。因此，对欺诈债权人

41. 债务人将被拒绝免责，如果他（a）故意进行欺诈性转移，§727（A）(2)；（b）无正当理由销毁相关的商业记录，§727(a)(3)；（c）在破产案件中撒谎或行贿，§727(a)(4)；（d）未能令人满意地解释任何资产的不足，§727(a)(5)；或（e）拒绝服从合法的法院命令，§727(a)(6)。此外，这种活动与另一个涉及内部人的破产案件相结合，将导致类似的惩罚，§727(a)(7)。

第727条(a)(8)和(a)(9)款的理由与本条其他部分不同。这些小节规定了六年内禁止再次使用破产来免责债务的若干条件。在我看来，这些规定与第727(a)条中的其他规定大相径庭，而且与通常的看法是相反的—see Perry v. Commerce Loan Co., 383 U.S. 392, 399（1966）；Note, “Toward A Reform of the Six-Year Bar to Discharge in Bankruptcy,” 97 *Harv. L. Rev*.759, 759-61（1984）——似乎最好的解释是它们保护了债务人。由于这些规定，一个最近经历了破产并保留了少量资产的人可能仍然能够获得信贷，因为潜在的债权人知道他们的债权在六年内不能被免责。然而，这种保护的影响被以下事实冲淡了：第11章和第13章都没有禁止在第7章案件的六年内使用这些章节，也没有禁止在六年期间重复使用这些章节。

的适当法律回应不一定必须与免责挂钩。

尽管如此，对于立法者来说，破产免责似乎是一个自然的起点，可以为
275 针对债权人的某些欺诈活动制定惩罚措施。第 727 条所涵盖的活动与债权人的收债努力之间的关系可能非常密切，以至于有理由推定拒绝对从事这些活动的债务人的免责——除了施加他还会受到其他应有的惩罚之外。第 727 条禁止的是在个人债务人破产期间，旨在挫败债权人的收债努力的行为，这些行为很可能与破产程序有关。与谋杀不同，谋杀的发生可能与破产程序的出现无关，这种行为最好通过实质上消除其效用的处罚进行阻止。[42]

即使一项在社会上不受欢迎的活动与破产或债权人的收债努力紧密相关，以至于对债务人财务全新开始活动的某些限制是合理的，完全拒绝免责也不一定是适当的反应。在决定适当的惩罚时，人们必须权衡全新开始政策的好处和使用拒绝免责作为强制执行行为规范的杠杆的有效性。

有鉴于此，考虑第 727（a）（2）条规定，该条规定在以下情况下拒绝免责：

> 债务人意图阻碍、延迟或欺诈债权人或根据本法负责保管财产的各州官员，已经转移、取消、毁损、破坏或隐藏，或已经允许被转移、取消、毁损、破坏或隐藏
>
> （A）债务人的财产，在提出申请之日前一年内；或（B）破产财产，在提出申请的日期之后。

考虑到这一规定，考虑是否应该拒绝债务人在破产前夕将其非豁免资产转换为豁免资产，以便在预期破产程序中最大限度地豁免债务。[43] 尽管有一项

42. 关于犯罪的一般理论同样可以研究惩罚的有效性，并聚焦于如何让惩罚不因时间的推移而打折扣。See J. Wilson & R. Herrnstein, *Crime and Human Nature*（1985）.

43. 这可以代表一种选择退出的行为，see Eisenberg, supra note 16, at 996–98. 这种类型的行为将在很大程度上消失，在一个豁免以美元金额而不是财产类型为限制的制度下。与此相关的“选择退出”行为被称为“装载”，指的是一个人在破产前陷入信贷狂欢的行为，1984 年，这种行为被列为禁止行为，从某种意义上说，由此产生的某些债务是不可免责的。See § 523（a）（2）（C）.

立法声明表明《破产法典》并未涉及此类行为，[44]但法院经常将此类故意的转 276
换视为属于第727（a）（2）条的禁止范围。[45]法院在得出这一结果的判决书中评论道："允许一名年收入18万美元的债务人在破产前夕将他的全部主要的非豁免资产转换为受保护的财产，实际意图是欺骗他的债权人，然后精心策划了沉浸于破产水域中以洗清未来的债务的一幕，这将构成对《破产法典》目的的曲解。"[46]为了分析法院结果的可取性，人们必须仔细权衡若干因素，其中尤其是将某些资产而且仅仅是某些资产视为豁免的理由是什么以及联邦免责政策和各州豁免法之间的关系。

一般来说，豁免制度保护的是特定的资产，而不是一笔钱。人们倾向于保护特定资产，这大概是有原因的：因为个人可能低估了他的信贷决策将导致他损失某些资产的可能性，或者因为这些资产对债务人的价值高于对债权人的价值。仅仅为了通过破产保护更多财富而获得的商品不会引起同样的担忧。从规范的角度来看，一个人为什么在破产前夕购买10万美元的豁免财产，与一个人为了不让债权人知道而隐藏10万美元的现金处于相同的地位。当财产获得仅是为了保护财富时，特定资产豁免法旨在改善的两个问题均未涉及。[47]

然而，这种分析并不完整。如果没有意识到分析的两个组成部分，人们 277
实际上无法解决破产前夕转换所带来的问题——豁免的正当性和拒绝免责的

44. 众议院和参议院的报告都指出："根据现行法律，债务人将被允许在提交破产申请之前将非豁免财产转化为豁免财产。这种做法对债权人来说没有欺诈性，并允许债务人充分利用他根据法律有权享有的豁免。" S. Rep. No. 989, 95th Cong., 2d Sess. 76（1978）；H. Rep. No. 595, 95th Cong., 1st Sess. 361（1977）. 这些声明的解释相关性令人怀疑，因为它们都是在国会达成允许各州选择退出联邦豁免制度的妥协之前作出的。See Mickelson v. Anderson, 31 Bankr. 635, 637–38（Bankr. D. Minn. 1982）（声称立法评论"缺乏权威性"）。

45. See, e.g., *In re* Reed, 700 F.2d 986, 991（5th Cir. 1983）；*In re* Collins, 19 Bankr. 874（Bankr. M.D. Fla. 1982）；*In re* Mehrer, 2 Bankr. 309（Bankr. E.G. Wash. 1980）； but see *In re* Blum, 41 Bankr. 816（Bankr. S.D. Fla. 1984）.

46. *In re* Reed, 700 F.2d, at 992. 尽管法院得出结论，根据得克萨斯州法律，该财产有权保持豁免，但法院还是得出了这一结果。

47. 如果豁免的功能是保护某一特定类型的耐用品，理由是这种资产对债务人的价值通常高于对其债权人的价值，那么，债务人是否在破产前夕获得了这种资产确实很重要。史蒂文·哈里斯（Steven Harris）提出了相反的观点，see Harris, "A Reply to Theodore Eisenberg's Bankruptcy Law in Perspective," 30 *UCLA L. Rev*. 327, 341–42（1982），但是，他的立场只有在州法对特定的耐用品或购买该商品所需的现金提供豁免的情况下才具有说服力。大多数州没有遵循这条路线：债权人不能在保护特定资产或同等数量的现金之间做出选择。然而，正如我们在文中所研究的那样，允许在破产前夕进行转换可能意味着同样的事情。

可取性这两点是相互联系的，尽管名义上第一个是非破产问题，第二个是破产问题。

在涉及非破产豁免制度的情形中，什么是豁免财产的问题不是由《破产法典》控制而是由非破产法控制的。一个州可以决定建立一个豁免制度，允许个人保护特定数额的资金，比如说 10 万美元，而这个决定在破产中会得到尊重。一个州如果采用允许破产前夕转换的制度，从豁免转换资产的意义上说，实际上可能只是允许个人保护现金。如果一个州允许其居民保留（作为豁免的）在破产前夕获得的财产，拒绝免责可能是不适当的。因为尽管拒绝免责的问题主要涉及保护人力资本，因此是联邦破产政策的核心，但什么是“阻碍、迟延或欺骗债权人”[48] 的问题仍然可以从非破产法中获得其属性。[49] 因此，可能很难从第 727(a) (2) 条中得出结论，即午夜转换（a midnight conversion）会妨碍、迟延或欺骗居住在某一州的（债务人的）债权人，而该州会对所产生的财产给予豁免地位。[50] 然而，在一个将最后一刻转换视为放弃豁免权的州，第 727(a) (2) 条规定的免责问题仍然是一个联邦法律问题，因为该州关于豁免地位的立场没有解决债务人阻碍、迟延或欺诈的意图问题。在破产程序中，法官不会仅仅因为州法院拒绝豁免而被断定债务人意图通过转换阻碍其债权人。

假设阻碍债权人的意图可以被证明，那么惩罚应该有多严厉？一些考虑
278 因素表明，惩罚应该比单纯的重新取回资产更严厉。[51] 毕竟，对于欺诈来说，重新取回是一种相对较轻的惩罚。由于欺诈行为往往难以发现，因此几乎可以肯定，重新取回资产不足以起到威慑作用。只有面对重新取回资产的威胁，

---

48. § 727 (a) (2) .

49. 因此，什么是阻碍、延迟或欺诈债权人的问题与 § 541 规定的什么是“破产财产”的问题类似。虽然这是一个联邦问题，但其属性来自于州法律。See Chicago Board of Trade v. Johnson, 264 U.S. 1（1924）, 在第 4 章中讨论过。

50. 这种推理表明，*In re* Reed, 700 F.2d 986（5th Cir. 1983）和类似案件可能被误判。如果州允许资产继续豁免，那么它似乎是州豁免政策的一部分。在这种情况下，以欺诈性转让为由拒绝免责似乎凌驾于该州政策之上。

51. 当然，对于涉及欺诈或其他行为不端（如违反反垄断法，受到三倍损害赔偿的制裁）的各种补救措施而言，重新取回不能起到足够的威慑作用的观点是普遍的。相比之下，对偏颇性清偿的惩罚仅仅是重新取回。当被讨论的活动本身并不可取时，这种方案可能更合适。See Eisenberg, supra note 16, at 996–98；另参见第 6 章的讨论。

许多债务人会认为从事欺诈活动是值得的，并希望它不会被发现。为了使不当行为成为一种风险更大的选择——因而不太可取的选择——可能需要额外的惩罚。[52] 拒绝免责就起到了这个作用。诚然，拒绝错误的债务人免责可能并不总是合适的；事实上，作为对许多类型的行为的反应，它可能是过度的。在每种情况下，都必须权衡全新开始政策的好处和拒绝免责所造成的损害。

同样，对于特定债务的不可免责问题，应当对照破产法通过其全新开始政策所要做的事情进行分析。[53] 以侵权索赔为例。与合意信贷情况不同，由于 279
侵权行为造成的过度授信似乎不太值得免责。由于社会政策要求侵权行为人将这些侵权行为的成本内部化，也许冲动行为和不完全启发式不应该为这种内部化提供借口。由于上述原因，与合意产生的债务相比，侵权行为在免责方面的吸引力要小得多。

然而，这并不是问题的终点。作为一项法律规则，因为股东受到有限责任原则的保护，公司可以对侵权责任予以免责。因此，公司不一定会将其侵权行为的成本完全内部化。在一个公司所有者可以免除侵权责任的世界里，拒绝在破产中免除个人的侵权索赔似乎并不合适。因为对于个人而言，还存

52. See, e.g., Clark "The Interdisciplinary Study of Legal Evolution," 90 *Yale L.J.* 1238, 1249–50（1981）［认为对不当行为的发现不足是衡平居次原则的一个理论基础（rationale），该原则超越了那些实际上证明会损害债权人利益的活动］。人们应当注意不要把拒绝免责的问题与让各州负责豁免法的问题混为一谈。

53. 在考虑 § 523 规定的不可免责债务时，还出现了其他问题。例如，"故意和恶意伤害……他人"，§ 523（a）（6），是一种被禁止的行为，拒绝免责相关债务可以威慑这种行为。第 523 条所涵盖的活动类别与第 727 条所涉及的活动类别之间的一般差异，与这些活动所造成的损害程度有关。就第 727 条所涵盖的活动而言，损害是广义的：它不针对任何特定的债权人。就第 523 条列举的活动的而言，首先，损害似乎更多的是针对独立的债权人。

然而，这条界线在实践中并不明确。考虑到 *In re* McCloud, 7 Bankr. 819（Bankr. M.D. Tenn. 1980）. 在该案中，法院将担保债权人的抵押品的未经授权的出售视为援引第 523（a）（6）条的机会，因此将该债权人的债权视为不可免责的。但可以说，这种行为也损害了其他债权人。假设债务人有一台价值 10,000 美元的钻床，作为银行 10,000 美元的贷款、价值 20,000 美元的其他资产以及 40,000 美元的其他债权的担保。除非该钻床被转换。银行将在破产程序中获得全部 10,000 美元，而其他债权人将从他们的 40,000 美元债权中获得 20,000 美元，或 50%。在一次转换后，假设无法追踪其收益，包括银行在内的所有债权人将平分 2 万至 3 万美元的资产。（实际数额取决于债务人是否以不增加其现有资产价值的方式挥霍了收益。）银行显然受到了伤害。如果转换后剩余的资产少于 25,000 美元，其他债权人也会受到损害。第 523 条解决了这一分配问题，将银行的债权视为不可免责的。这一易于适用的规则可能是合适的解决方案，但是没有理由认为银行是唯一一个因转化而受到损害的主体。

一些法院在选择第 523 条而不是第 727 条中的类别时似乎受到了影响，因为其认为第 727 条的处罚比该行为应受到的处罚更严厉。See *In re* McCloud, 7 Bankr. 819（Bankr. M.D. Tenn. 1980）.

在一个问题，那就是不免责对未来的生产效果意味着什么。因此，在这里，人们应该像在破产法的其他地方一样，谨慎地在脱离实际的情况下做出改变。要真正掌握破产政策，我们必须在更大的法律范围内进行审查。正是破产法的这一特点使其不断具有挑战性且令人感到兴奋，即使在人们对集体行动和免责政策的教训变得敏感之后也是如此。

破产法典章节索引

（索引页码为原书页码，即本书边码）

总索引